시냅스 독서법

시냅스

공부가 기쁨으로 바뀌는 순간

독서법

박민근 지음

매일경제신문사

일러두기

이 책에 나오는 이름은 모두 가명임을 밝힙니다.

책 읽는 기쁨이
공부머리를 만듭니다

"선생님도 제게 책 읽히려는 거죠?"

제가 하는 일은 흔히들 '위너'가 아닌 '루저'라고 불리는 아이들을 상담하는 일입니다. 부모가 이끄는 대로 공부를 해오다 청소년기에 이르러 그만 삶의 목적을 잃고, 공부를 그만두다시피 한 아이들이지요. 한때 영재, 수재라는 말을 듣기도 했지만 심한 방황의 아픔을 겪는 아이들도 많습니다. 물론 아이가 이렇게 된 데에는 여러 가지 이유가 있겠으나 특히 잘못된 독서법의 영향이 무척 큽니다. 무턱대고 책 읽기를 강요한 것, 아이가 좋아하지 않거나 개성과 맞지 않는 책을 두서없이 읽힌 것, 아이의 읽기 능력을 무시한 것, 지나치게 많은 시간 동안 책 읽기를 강요한 것 등등…. 많은 부모님들이 흔히 저지르고 있는 이 크고 작은 실책들이 주는 영향은 처음에는 눈에 띄지 않을 정도로 미미합니다. 그러다 어느 시점이 되면 도저히 돌이키기 힘든 가혹한 결과로 폭발하죠. 단순히 아이가 책 읽기나 학습 자체를 완강하게 거부하는 것에 그치지 않고 부모와 관계도 심각하게 틀어집니다.

부모님들도 할 말은 많습니다. 공부 잘 하게 하려고, 책 많이 읽혀 보려고, 이 방법, 저 방법 써보았지만 아무 소용없었다고 한탄하는 분들도 정말 많고요. 또 왜 내 아이는 독서교육 베스트셀러나 텔레비전 영재 프로그램에 등장하는 사례처럼 되지 않느냐며 반문하는 부모님도 있습니다. 빛과 그림자는 늘 공존합니다. 하나의 성공 사례 뒤에는 실패하거나 경기에서 진 수많은 루저들이 있기 마련이지요. 제가 상담에서 주로 만나게 되는, 독서가 지독히 싫은 아이, 공부에 질린 아이, 공부 때문에 우울증까지 걸린 아이, 그 모든 아이들에게는 한 가지 공통점이 있습니다. 바로 잘못된 독서교육입니다.

요즘 큰 인기를 끄는 독서교육 책들, 아이에게 무조건 책만 많이 읽히면 공부도 저절로 잘하게 된다고 주장하는 그런 책들이 저는 몹시 불편할 때가 있습니다. 잘못된 독서법을 알려주는 정도가 아니라, 어떤 아이라도 독서를 잘하고 심지어 공부까지 잘하게 만들 수 있다는 식으로, 마치 자신의 독서 프로그램이 만병통치약이라도 되는 양 선전하고 있기 때문입니다. 성공한 1퍼센트의 사례를 마치 모든 아이의 일인 것처럼 포장해 부모님들을 현혹해서는 안 될 일입니다.

학교와 학원 건물 앞에 자랑스레 걸려 있는 현수막과 독서교육 관련 베스트셀러에는 명문대에 입학한 아이의 이름과 사례만 있을 뿐 흥미를 잃어 공부를 포기하거나 입시에 실패해 크게 낙담한, 나머지 무수히 많은 아이의 이름은 없습니다. 그들은 자신들이 놓쳐버린 혹은 망쳐버린 아이들의 실패담을 선뜻 드러내지 않습니다. 안타깝게도 그들이 내세우는 이름은 수백 개의 실패 사례 중 불과 한 번의 성공에 불과합니다. 그렇게 안 하느니만 못한 서툰 독서교육의 폐해가 고스란히 우리 아이들에게 돌아가고 있습니다. 잘못된 방법으로 강요된 독서로 인해 책 읽기 자체가 끔찍이 싫어진 나머지 스마트폰에 중독되거나 우울증에 걸려 고통받는 안타까운 사례도 너무나 많습니다. 공부만 많이 하느라 인성은 모자라다고 비난받거나 부모와의 관계가 영 틀어져버린 일은 더 이상 드라마 속 허구가 아닙니다.

이 책은 우리 아이들이 그 잘못된 전철을 밟지 않으며 성공적인 독서와 공부를 하는 것은 물론 부모님들이 아이와 좋은 관계를 이어가기를 바라는 마음으로 썼습니다.

또한 요즘 코로나19 사태로 인해 예기치 않게 시작된 언택트 교육에 대한 부모님들의 걱정이 매우 커졌습니다. 아이들이 집 안에 머무는 시간이 늘어난 만큼 올바른 홈스쿨링 방법에 대한 궁금증도 커진 상황입니다. 이때 올바른 독서교육은 가정에서 아이의 자기주도학습력을 키워주는 아주 좋은 방편이 될 수 있습니다. 아이들 공부에 대해 고민이 깊은 부모님들에게 이 책이 좋은 길잡이가 되리라 생각합니다.

아이가 공부를 멀리하는 5가지 이유

상담실을 찾아온 아이들을 만나면 일단 면밀한 학습검사를 합니다. 그중에서도 특히 아이가 공부에 얼마나 열의를 느끼고 있는지, 즉 학습의욕에 관한 점을 중심으로 검사합니다. 이 검사에서 드러나는 아이들의 학구열은 천차만별입니다. 일반적으로 통용되는 기준에 따르면 크게 다음의 8단계로 나눌 수 있습니다.

1. 무기력 단계 : 학습동기가 거의 없는 상태

2. 외적 강압 단계 : 누가 강제하거나나 구체적인 지시를 할 때만 공부하는 상태

3. 내적 강압 단계 : 자발적 동기가 아닌 외적 보상 때문에 공부하는 상태

4. 유익 추구 단계 : 특정 목적이나 이득을 위해 공부하는 상태

5. 의미 부여 단계 : 자기 가치에 따라 공부하는 상태

6. 지식 탐구 추구 단계 : 지식 탐구의 즐거움 때문에 공부하는 상태

7. 지적 성취 추구 단계 : 공부 효능감을 느끼는 상태

8. 지적 자극 추구 단계 : 공부가 즐거운 상태

일반적으로 '공부에 문제가 있다'고 의뢰해온 아이들 대부분은 무기력 단계나 외적 강압 단계, 내적 강압 단계에 머물러 있습니다. 공부에 대한 자발성을 거의 찾을 수 없는 상태이지요. 이러한 경우 공부에 대해 긍정적인 생각이 거의 없어 매 학습 상황을 임시방편으로 때우려는 '피상적 학습자'에 해당한다고 할 수 있습니다. 어떤 목적을 갖고, 이를테면 시험을 잘 보기 위해 시험이 닥쳤을 때만 열심히 공부하는 '전략적 학습자'와도 거리가 먼 상태입니다. 다시 말해 부모가 기대하듯 스스로 필요성을 느껴 자발적인 공부를 하기가 좀처럼 쉽지 않은 상황입니다.

그렇다면 아이는 대체 왜 이런 상태가 되었을까요? 아픈 질책일 수 있겠지만, 아이가 공부를 하지 않게 된 까닭이 다음의 5가지 중 어느 쪽에 속하는지 점검해볼 필요가 있습니다.

첫째, 아이가 10세가 되기 전에 충분히 그리고 즐겁게 책을 읽지 못

한 경우입니다.

실제 상담해보면 가장 많은 아이들이 이 경우에 해당합니다. 이것은 제가 이 책을 쓰게 된 가장 큰 이유이기도 합니다. 사실 아이에게 읽히는 책은 양보다 질이 훨씬 중요합니다. 전집을 쌓아놓고 읽혀도 단 한 권의 책도 즐겁게 읽지 못한다면 무용지물입니다. 한 권의 책을 재미있게 읽으며 경험한 '독서기쁨'이 차곡차곡 쌓이면 아주 단단하고 확고한 '독서애호감'이 되어 내면에 자리잡습니다. 독서애호감은 이 책 전반에서 아주 강조하게 될 중요한 개념입니다. 아이의 호기심과 학구열은 바로 이 독서애호감을 바탕으로 자라기 때문입니다.

둘째, 아이와 소통에 문제가 있는 경우입니다.

상담을 위해 찾아온 부모님과 아이를 관찰하면 아무리 양보해도 아이의 잘못이 10, 부모 잘못이 90일 때가 대부분입니다. 부모는 최선을 다했다고 하지만, 아이는 부모님이 강압적이고 고집불통이며 자신을 배려하지 않는다고 느낀다고 말할 때가 많습니다. 이런 경우 부모님이 자신의 양육태도를 되돌아보아야 비로소 문제해결의 실마리를 찾을 수 있습니다. 특히 부모님의 대화법이 바뀌어야 합니다. 말 한마디로 아이기 달라질 수 있습니다. 더 나은 대화법과 양육법을 배운다면 부모와 아이의 유대는 지금보다 더 단단해질 수 있고, 이것이 더 나은 독서와 성적 향상으로 이어질 수 있습니다.

셋째, 아이에게 공부에 대한 긍정적인 생각이 부족한 경우입니다.

공부를 잘 하려면 공부에 대한 긍정적인 생각을 갖고 있어야 합니다. 아이가 공부보다 더 유익하고 좋은 일이 있다고 생각한다면 공부 대신 그 일에 집중할 것입니다. 아이는 자신이 '학생'이라는 정체성을 갖고 있고, 공부는 중요하고 가치 있는 일이며, 공부를 열심히 했을 때 삶의 많은 부분이 좋아질 것이라는 생각을 갖고 있어야 합니다. 설사 아이의 진로가 공부와 다소 거리가 있는 경우에도 마찬가지입니다. 아이가 어떤 일을 하든 풍부한 교양과 독서 능력은 필수입니다. 이를 위해 부모님이 아이와 공부에 대해 충분히 이야기를 나누고 아이의 진로, 가치관, 삶의 진리에 관한 이해가 성장하도록 도와야 하는데, 이 과정에서도 책이 중요한 매개체가 됩니다.

넷째, 아이가 공부보다 더 재미있는 것에 빠져 있는 경우입니다.

일단 스마트폰부터 점검해야 합니다. 독서나 공부에 대한 동기는 바닥 수준이지만 게임, 친구와 주고받는 소통이나 놀이, 정크푸드, 쇼핑, 화장과 패션에는 놀랄 만큼 집착하는 아이들을 수없이 만났습니다. 특히 스마트폰, 게임에 깊이 빠져 헤어나지 못하는 아이들의 수는 해마다 급증하고 있습니다. 세상에는 공부나 독서보다 재미있는 일이 너무 많지요. 하지만 스마트폰을 비롯한 다른 일은 몇 시간 심심풀이로 해본 것만으로도 막대한 쾌락을 얻을 수 있습니다. 따라서 스마트폰이나 게임과 같이 아이에게 분명한 이득을 주기 어려운 일은 자제하고, 독서와 공부에 대한 동기와 열정을 키울 수 있어야 합니다. 이를 위해 아이가 공부나 독서에 재미를 느낄 수 있도록 본인과 부모, 그리고 조력자들이 온 마음을 다 해 노력해야 합니다.

다섯째, 공부상처가 있는 경우입니다.

'공부상처'란 제가 《공부 못하는 아이는 없다》라는 책에서 집중해 다룬 바 있는 주제입니다. 한마디로 공부에 대한 아이의 감정이 부정적인 상태를 말합니다. 아이들이 공부를 못하는 이유 가운데 가장 큰 것이 긴 학령기 동안 갖게 되는 공부상처입니다. 공부를 하며 여러 번 마음을 다치고, 부정적 경험이 쌓이면서 공부에 싫증을 느끼거나 무기력해지는 것입니다. 학업 스트레스로 인한 우울증도 여기에 해당합니다. 아이가 이 경우에 해당한다면 부모님의 도움만으로는 해결하기 어려울 수 있습니다. 전문가의 도움을 고려해야 합니다.

이외에도 다양한 이유들이 존재하지만 아이가 공부를 멀리하게 된 이 5가지의 원인은 결국 하나로 귀결됩니다. 바로 '양육'의 문제라는 것입니다. 아이가 책 읽는 기쁨을 느끼지 못하고, 부모와 마음을 터놓고 이야기하는 것에 익숙하지 않으며, 공부에 대해 부정적인 생각을 갖고 있거나, 스마트폰이나 게임에 집착할 만큼 생활습관이 바로 잡히지 않은 것, 그리고 공부 과정에서 마음에 상처를 입는 것에 이르기까지, 이 모든 공부를 방해하는 원인들은 모두 양육의 관점에서 접근해 풀어야 하는 문제라는 것입니다. 다시 말해 이는 유명하다는 학원에 보낸다든지, 좋은 공부법을 알려준다든지 하는 식의 방법만으로는 결코 해결되지 않습니다. 아이 공부는 보다 근본적으로 한 인간을 양육하는 관점에서, 한 아이를 키워 성숙한 인간으로 만들어나간다는 관점으로 접근해야 합니다.

독서와 공부를 양육의 관점에서 해결한다고 했을 때, 즉 독서양육의 관점에서 아주 효과적인 수단이 바로 책 읽기입니다. 이때 아이가 진심으로 기쁘게 책을 읽는 것이 중요합니다. 이후 보다 자세히 설명하겠지만 책을 기쁘게 읽으면 그것만으로도 아이의 두뇌 속에는 놀라운 변화가 일어납니다. 뉴런이라는 두뇌신경세포 중 신경전달물질을 주고받는 부분인 시냅스의 반응이 매우 활발해지는 것입니다. 따라서 흔히들 말하는 공부머리를 키우기 위해서는 다름 아닌 시냅스의 반응을 활발하게 해주는 독서를 해야 하고, 이것은 아이의 정서적인 반응과 밀접하게 관련해 있습니다. 즐겁고 재미있게 읽어야 공부머리도 좋아지는 것입니다. 그래서 저는 이처럼 아이가 기쁨을 느껴 두뇌 활동이 활발해지는 독서를 '시냅스 독서법'이라고 부르며 이 책 전반에 걸쳐 소개하고자 합니다.

만약 아이가 10세 이전이라면, 시냅스 독서법을 실천하기에 더할 나위 없이 좋은 시기입니다. 그렇다고 아이가 이 시기를 조금 벗어난 중학생, 고등학생인 경우에는 희망이 없다는 의미가 결코 아닙니다. 다만 생애 초기 10년에 비해서는 더 많은 노력이 필요한 것이 사실입니다. 모든 문제는 하루아침에 생겨난 것이 아니기에 일순간에 해결될 수도 없습니다. 그러나 아이의 독서와 공부를 바꾸고 싶다는 충분한 문제 인식과 자기반성이 있고 그에 대한 정확한 해결책과 로드맵을 갖고 있다면 문제의 뿌리부터 차근차근 해결해나갈 수 있습니다.

시냅스 독서, 아이의 성적뿐만 아니라 인생 전체를 바꿉니다

그룹 BTS의 리더 RM은 독서가로 잘 알려져 있죠. 한 신문기사에 나온 그의 서재에는 무라카미 하루키의 《상실의 시대》, 밀란 쿤데라의 《참을 수 없는 존재의 가벼움》, 알베르 카뮈의 《이방인》, 조지 오웰의 《1984》 같은 문학작품은 물론이고, 마이클 샌델의 《정의란 무엇인가》나 앤드루 솔로몬의 《한낮의 우울》 같은 수준 높은 교양서적도 놓여 있다고 합니다. 취재한 기자에 따르면 20대 초반 청년치고는 장서량이 무척 많아서 놀랐다고 합니다.

특히 RM은 자신이 읽었던 헤르만 헤세의 소설 《데미안》을 여러 번 읽으며 큰 감명을 받았다고 밝힌 바 있는데요. 실제로 이 소설은 BTS가 자신의 성장을 이야기할 때 자주 인용되고 있습니다. 특히 2집 앨범 〈윙스Wings〉의 앨범 수록곡 '피, 땀, 눈물'은 《데미안》에서 많은 모티브를 얻은 것으로 알려져 있습니다. 실제 RM 스스로 '피, 땀, 눈물'의 뮤직비디오 속 여러 장면을 《데미안》에서 빌려왔다고 밝힌 적도 있습니다. 사실 제가 놀란 지점은 BTS의 또 다른 앨범인 〈맵 오브 더 솔 : 7MAP OF THE SOUL : 7〉이 심리학자 칼 융의 이론을 잘 풀어쓴 책인 머리 스타인의 《융의 영혼의 지도》에서 모티브를 얻었다고 말하는 대목이었습니다. 《데미안》을 제대로 이해하기 위해서 칼 융이라는 심리학자의 사상을 이해하는 것은 거의 필수적인데, 이 사실은 그리 잘 알려져 있지 않죠. RM은 단순히 《데미안》에서 영감을 받거나 이를 모티브로 삼은 정도가 아닌, 문학작품 안에 깊이 숨겨진 의미까지 너무도 잘 알고 이를 작품화한 것입니다.

모든 부모님이 꼭 내 아이가 전교 1등이 되기만을 바라지는 않을 겁니다. 아이가 자신의 꿈을 향해 나아가는 데 있어 필요한 지식과 정보를 적절히 활용하고, 배움의 기쁨, 앎의 즐거움을 느끼고, 또 이렇게 RM처럼 자신의 '인생 책'을 만나 창조적인 활동에 활용할 수 있기를 바랄 것입니다. 그러려면 어떻게 해야 할까요? 성적을 올리기에 급급해, 공부머리와 언어능력을 신장시켜주는 책이라는 이유로 억지로 책을 읽히기만 해서는 안 될 것입니다. 아이가 스스로 책과 함께 하는 즐거움과 혜택을 알고 성공과 좌절을 함께 맛보면서 더 나은 인격체로 성장해나갈 수 있도록 도와야 할 것입니다.

이 과정은 부모님이나 선생님이 대신해줄 수 없습니다. 결국 아이 스스로 겪어야 하는 일입니다. 다만 부모님은 선택할 수 있습니다. 아이의 성장 과정을 비약적이고 효과적으로 도울 수 있는 기쁨의 독서, 시냅스 독서를 하도록 안내할 것인가, 아니면 하지 않을 것인가 하는 선택 말입니다. 만약 그 선택을 하기로 마음먹었다면, 이 책이 친절한 안내자가 되어 줄 것입니다. 아이에게 언제부터 어떤 책을 어떻게 읽혀야 하고, 성장하면서 마주하게 되는 갖가지 문제 상황에서 책을 어떻게 활용할 것인지, 지난 20여 년 간 상담실에서 책과 함께 울고 웃었던 약 6,000여 명의 학생들 그리고 그 학부모들과 나눈 수많은 이야기와 노하우를 이 책에 모두 쏟아 부었습니다.

이 책은 총 7개의 장으로 이루어져 있습니다. 1장과 2장은 시냅스 독서법의 밑바탕이 되는 기본기에 대해서 이야기하는 장입니다. 그리고 3장에서 7장까지는 아이의 성장과 발달에 맞춘 독서를 어떻게 진행해야 하는지에 대해 정리했습니다. 시냅스 독서, 결코 어렵기만 한 일이 아닙니다. 이 책과 함께 지금 아이의 손을 잡고 책과 함께하는 여행을 떠나보세요. 지금껏 알지 못했던 새로운 즐거움과 놀라운 변화가 바로 내 아이와 함께할 것입니다.

박민근

차례

제1장 공부머리 독서법의 함정

제2장 성공적인 시냅스 독서법의 조건

공부머리
독서법의
함정

공부가 기쁨으로 바뀌는 순간
시냅스 독서법

무조건 많이 읽으면
공부머리가 좋아질까?

아이에게 책을 많이 읽히면 공부머리가 좋아진다는 주장, 부모님 입장에서는 분명 귀가 솔깃해지는 말입니다. 물론 책 읽기가 언어지능을 키우는 가장 효과적인 도구라는 데에는 의심할 여지가 없습니다. 책을 좋아하고 열심히 읽는 아이는 언어능력이 좋고 지적발달도 잘 이루어집니다. 게다가 이 둘은 마치 동전의 양면처럼 서로 연결되어 있습니다. 책을 열심히 읽으면 언어능력이 좋아지고 세상을 이해하는 폭도 넓어져 지적능력이 좋아집니다. 거꾸로 지적능력이 좋아지면 언어능력도 더욱 좋아지게 되죠. 선순환 구조입니다. 그러니 책 많이 읽는 아이가 똑똑하고 공부도 잘하는 것은 당연합니다.

그런데 여기서 주의해야 할 점이 하나 있습니다. 아이에게 책을 많이 읽히기만 하면 성적이 올라간다는 발상은 정말이지 너무나 위험합니다. 다시 말해 책과 아이의 기계적 결합이 반드시 책 잘 읽는 아이, 언어지능이 높은 아이를 만들지는 않는다는 것입니다. 독서로 공부머리를 좋게 만드는 일은 매우 세심히 주의를 기울여야 합니다. 마치 멋진 도자기를 만드는 것처럼 지극히 섬세한 과정이 필요한 이 작업에 함부로 달려들었다가는 모든 것이 와장창 깨지기 십상입니다. '말을 억지로 물가에 끌고 갈 수는 있어도 억지로 먹게 할 수는 없다'는 말이 여기에 딱 들어맞습니다.

저는 '무리한 전집 읽히기' 같은 폭력적 독서 때문에 책에 두려움을 느끼고 그것이 심리문제로까지 이어진 아이들을 참 많이 만났습니다. 그 아이들의 부모님은 결코 유달리 지독하거나 나쁜 사람이 아니었습니다. 오히려 지극히 평범한 부모님에 가까웠습니다. 하지만 그 보통의 부모님들이 책으로 아이에게 말할 수 없이 심한 폭력을 가하는 것입니다. 어떻게 이런 일이 가능할까? 저는 늘 그것이 궁금했습니다. 어쩌면 아주 오랫동안 이 사회 깊숙이 스며든, 학습 경쟁과 조기교육 열풍에 편승한 이상한 독서법이 사이비종교처럼 퍼졌기 때문일지도 모릅니다.

가장 큰 실수는 책과 아이를 이어줄 때 '기쁨'이라는 접착제가 필요하다는 사실을 잊을 때 발생합니다. 적어도 생애 초기 독서만큼은 즐거워야 합니다. '재미는 이 정도 줬으니 됐고, 이제 무언가를 아이에게 가르쳐야지', '책 많이 읽혀 언어지능을 발달시켜야지' 하는 순간 애써 쌓은 공든 탑이 와르르 무너져버리는 것입니다.

"책은 정말 재미있어."

"책을 읽을 때 정말 기뻐."

신경과학적으로 말하자면, 아이가 책을 읽을 때 활성화되는 두뇌 속 보상회로 즉 '책=재미', '책=기쁨'이라는 연결고리가 단단하게 구조화되어야 합니다. 아이의 두뇌 속 수많은 신경세포가 자신이 사랑하는 책을 향해 무수하게 가지를 뻗어냅니다. 이런 아이는 책을 손에 쥘 때마다 뇌에서 도파민과 세로토닌이 마구 샘솟습니다. 중독까지는 아니라도 너무 책을 사랑한 나머지 손에서 책을 쉽게 뗄 수 없게 됩니다. 그렇게 초등학교에 입학할 무렵이 되면 스스로 도서관에서 책을 빌리고 싶어 하고, 책을 소유하기를 갈망하며, 또 즐겁게 책을 읽는 일이 하루하루의 중요한 일과가 됩니다. 그러면 부모님은 거의 모든 것을 세심하게 통제하던 매니저에서 그때그때 아이의 독서에 필요한 것을 돕는 조력자 정도로 자연스럽게 직책이 바뀝니다.

책에 대한 기쁨을 체득한 아이에게 공부머리는 자연스럽게 뒤따라옵니다. 학습능력 향상은 두말할 것도 없습니다. 많은 부모님들이 갈망하는 그 목표, '책 많이 읽어서 공부 잘하는 아이'가 절로 된다는 것입니다.

너무 이상적인 시나리오처럼 보이나요? 결코 그렇지 않습니다. 단언컨대, 그 어떤 아이도 제대로 된 책 읽기를 시작한다면 이러한 상태에 도달할 수 있습니다. 만약 내 아이는 이미 늦었다고 생각하는 분이 있다면, 이렇게 말씀드리고 싶습니다. 우리 아이들에게 '너무 늦은 시기'란 결코 없다고요. 얼마든지 우리 아이도 책을 사랑하고 학습에 재미를 느끼는 아이로 키울 수 있다고 말입니다.

언어지능은 노력으로
좋아지지 않는다

"단기간에 공부머리나 언어지능을 높일 방법이 있나요?"

요즘 상담실에서 이런 질문을 하는 부모님들이 부쩍 늘었습니다. 이는 제가 이 책을 써야겠다고 마음먹게 된, 중대한 동기이기도 합니다. 이에 대한 제 답은 이렇습니다.

"독서나 공부를 즐기게 하는 것은 가능하지만, 갑자기 공부머리를 만든다거나 언어지능을 높이는 일은 쉽지 않아요. 그런 부모님의 욕심 때문에 아이 마음이 다치는 경우가 훨씬 더 많죠."

부모님들 입장에서는 실망스럽기 짝이 없는 대답일 겁니다. 하지만 비난을 받더라도 저까지 헛된 희망을 부추기는 일에 동참할 수는 없습니다. 사실 요즘 독서에 대해서, 또 공부에 대해서 함부로 말하는 사람들이 너무 많습니다. 아이에게 책만 많이 읽히면 공부머리가 좋아져 좋은 대학에 보낼 수 있다는 달콤한 이야기로 학부모를 현혹하거나, 전집을 많이 읽히면 독서천재가 된다는 둥 사리에 전혀 맞지 않는 말을 하는 사람들도 있습니다. 심지어 아직도 책을 열심히 읽으면 돈도 많이 벌고 성공할 수 있다는, 말도 안 되는 소리를 하는 사람들도 있어요(그 말이 정말 사실이라면 저는 아마도 빌 게이츠만큼이나 돈을 많이 벌어야 했을 겁니다). 저는 유명 학원에 다니거나 독서 프로그램을 받다가 그에 적응하지 못해 힘든 시간을 보내는 아이들을 무척 많이 상담하고 있습니다. 그런데 그 아이들을 지도했다는 학원 원장이나 강사들이 자신의 성공경험 혹은 명문대에 입학한 아이들 이야기만을 모아 책을 내는 경우가 종종 있더군요. 자신의 독서 프로그램이야말로 최고이고, 이 프로그램만 제대로 따라 하면 'SKY'쯤은 너끈히 들어갈 수 있다면서 많은 부모님들을 현혹합니다. 그런 책을 마주할 때면 그 억지스러운 독서 프로그램 때문에 우울증이 생길 지경이 된 아이들 얼굴이 하나둘 떠오릅니다. 그런 책들이 어렵지 않게 베스트셀러가 될 만큼 요지경이 되어버린 대한민국의 현실이 씁쓸할 따름입니다.

사실 언어지능은 상당 부분 유전자에 의해 결정됩니다. 19세 혹은 20세쯤 치는 수학능력시험에 있어 언어지능을 비롯해 타고난 유전자의 영향은 적어도 30~50퍼센트 정도는 될 겁니다. 세상에는 열심히 해도 도무지 따라잡기 힘든 특별한 능력도 존재하는데, 언어지능이 바로 그렇습니다. 물론 후천적인 노력이 전혀 영향을 주지 못하는 것은 아니지만 타고난 고정값을 결코 무시할 수 없다는 의미입니다. 특히 요즘처럼 아이들이 서로 비슷비슷한 성장 환경에서 자라는 경우라면 더더욱 그러합니다.

높은 언어지능을 타고난 아이들은 단지 유튜브를 열심히 보거나 친구와 수다를 떠는 것만으로도 언어지능이 빠르게 성장합니다. 대부분의 언어지능이 뛰어난 아이들은 활자 매체를 무척 즐기는 경향이 있고, 특별히 강요하지 않아도 스스로 이런저런 책이나 블로그 글을 열심히 읽을 가능성이 높죠. 한편 아무리 국어 문제를 풀어도 언어지능이 좀처럼 향상되지 않는 아이도 있어요. 잘 알려져 있진 않지만, 심지어 활자를 잘 읽지 못하는 난독증이나 이에 가까운 뇌 기능 문제가 있는 친구들도 의외로 많이 있습니다.

아무튼 국어 공부를 별로 안 해도 국어 점수를 꽤 잘 받는 친구들, 주변에 한둘은 있는 이런 아이들이 바로 언어지능을 타고난 아이들이죠. 매우 현실적인 예를 하나 들어볼까요? IQ 140인 아이를 IQ 100 정도 되는 아이가 따라가려면 초인적인 노력과 시간 관리가 필요합니다. 최고의 전문가들이 제공하는 뛰어난 교수법, 학습법도 동원되어야 하고요. 노력은 물론 돈도 워낙 많이 드는 일이라 여느 평범한 아이들이 시도하기란 결코 쉽지 않은 일입니다.

미국 아이비리그 대학들에는 특별 전형이 많습니다. 성적 대신 다른 비교과 활동을 통해 학생을 선발하는 대학들도 많고요. 가령 고교 미식축구팀 주장을 한 친구들에게 높은 사정 점수를 주는 식으로 말이죠. 그런데 이런 특별 전형이 생기게 된 이유가 실은 유태인들 때문이라는 주장이 있습니다. 시험 성적으로만 학생을 뽑았더니 유태인 학생들이 터무니없이 많이 합격해버렸기 때문에, 아예 선발 방식 자체를 바꾸는 전형이 등장했던 거죠. 실제 유태인의 지능이 인류 평균에 비해 10점 정도 높다는 것은 공공연한 비밀입니다. 정말 큰 차이죠(여기에 관한 연구가 따로 있을 정도입니다). 노벨상의 경우 유태인이 비유태인에 비해 10배 가까이 많이 받았죠. 그러니 책 좀 많이, 열심히 읽었다고 좋은 대학에 갈 수 있다는 말은 어불성설입니다.

　물론 언어지능이 높다고 수능 시험에서 모두 좋은 성적을 내는 것은 아닙니다. 수능 시험에는 타고난 언어지능만으로는 풀기 어려운, 통합적이고 심층적인 문제들이 많이 출제되지요. 그러니 높은 언어지능 외에도 체계적인 공부가 바탕이 되어야 시험에서 좋은 성적을 낼 수 있습니다. 특히 20세에 치는 수능 시험은 타고난 지능의 영향을 상당히 많이 받을 수밖에 없습니다. 또한 수능 시험은 타고난 지능 외에도 전폭적인 교육 투자와 경제적 지원이 뒷받침되어야 구할 수 있는 뛰어난 학습 멘토 그리고 학생 본인의 강력한 학구열이 결합할 때에야 비로소 그럭저럭 원하는 성과가 나오는, 무척 지난한 문제입니다. 이 중 하나라도 빠지면 대학입시에서 좋은 성과를 내기란 무척 어렵습니다. 그러니 혹세무민하는 이야기들에 대해서 우리 모두 좀 더 냉정해질 필요가 있습니다. 단지 몇 년 간 책 좀 많이 읽힌다고 내 아이가 'SKY'에 갈 수 있는 건 아니라는 사실을 인정해야 합니다.

심층적 학습자
vs. 전략적 학습자

    그렇다면 책 같은 건 그다지 읽을 필요가 없는 걸까요? 물론 그렇지 않습니다. 20세에 치는 수능 시험만이 우리 아이의 목표는 아니기 때문입니다. 아이가 평생 자신에게 필요한 정보를 습득하고, 20세는 물론 30세, 50세, 70세에도 끊임없이 발전하며 정체되어 있지 않은 상태로 자신의 능력을 꾸준히 개발해나가기를 바란다면, 그 무엇보다도 필요한 것이 바로 독서입니다.

    20대에는 세 번이나 과거에 떨어졌으나, 70세에는 최고의 학문적 성과를 낸 인물이 있습니다. 바로 퇴계 이황 선생이지요. 퇴계 선생은 심한 공부 스트레스로 인해 20대 때 여러 해 우울증에 시달리기까지 했습니다. 그러나 그의 학문은 점점 무르익어 60대에는 누구도 범접할 수 없는 경지에 이르렀습니다. 20대에 치는 시험이 아닌 70세에 내는 책이나 논문에는 선천적인 지능의 효과가 거의 사라질 수밖에 없습니다. 이때에는 경제적인 문제마저도 변수가 되지 못합니다. 50년 가

28

까이 얼마나 성실하게 독서하고 또 연구했는가가 훨씬 더 중요한 영향을 미치기 때문입니다.

전문가들은 최고의 학습자로 '심층적 학습자'를 꼽습니다. 퇴계 선생과 같은 사람이 바로 심층적 학습자입니다. 이들은 공부하는 과정 그 자체를 즐깁니다. 늘 호기심에 차 새로운 배울 거리를 반기며, 공부의 과정에서 성취감과 기쁨을 만끽하고, 몰입합니다. 그런데 처음부터 심층적 학습자로 태어나는 아이는 없습니다. 다시 말해 모든 심층적 학습자는 만들어진다는 겁니다. 부모님이라면 당연히 내 아이가 심층적 학습자가 되었으면 하고 바라겠지만, 안타깝게도 내 아이가 여기에 해당할 가능성은 매우 낮습니다. 한국에서는 최상위 성적을 가진 아이들 중에도 찾기 힘든 것이 바로 이 심층적 학습자입니다.

그 이유는 뭘까요? 이를 위해 심층적 학습자를 판별하는 목적으로 사용하는 '학습준비도검사'에 대해 한번 살펴보겠습니다. 이는 말 그대로 학습자가 얼마나 준비되었는지 알아보는 검사인데요, 학습준비도검사는 공부에 대한 아이 마음의 전반적인 수준을 알아보는 수십 개의 문항으로 구성되어 있습니다. 이 문항 중 평균 80~90퍼센트 이상에서 좋은 점수를 받을 때 앞서 말한 심층적 학습자의 후보가 될 수 있습니다.

다음 페이지에 나오는 학습준비도검사 항목을 살펴보면 우선 그 개수가 꽤 많다는 사실을 알 수 있습니다. 그만큼 공부를 잘할 수 있는 마음은 유기적이고 복합적으로 이루어져 있다는 의미입니다. 우리가 이 검사에서 눈치챌 수 있는 또 한 가지는, 심층적 학습자가 되려면 머릿속에 학습 내용을 잘 저장하거나 공부기술을 더 많이 알아야 하는

- 기초학습기술과 문제해결능력
- 새로운 문제들을 창조적으로 대하는 창의성
- 자신의 학습에 대해 책임감을 느끼는 것
- 학습에 대한 자기주도성과 독립성
- 효율적인 학습자라는 자아개념
- 학습에 대한 사랑
- 학습기회를 반기는 개방성
- 미래 지향성
- 학습에 대한 애착
- 학습자 본인에 대한 자기 확신
- 새로운 도전에 대한 개방성
- 학습적인 호기심
- 자기이해와 자기성찰
- 학습에 대한 바른 목표 설정
- 주변 학습 자원들을 잘 파악하는 능력
- 학습을 꾸준히 할 수 있는 지속능력(그릿grit, 끈기)
- 학습에 대한 자기관리 능력(자제력)
- 노력을 통해 공부를 잘할 수 있다는 확신

것이 아니라는 점입니다. 그보다 중요한 것은 아이(학습자)의 마음입니다. 다시 말해 아이의 '자존감'이나 '동기'와 같은 학습심리가 심층적 학습자로 직결됩니다.

어쩌면 이는 지금까지 우리가 가져왔던 공부에 대한 상식에 반하는 내용일 수도 있습니다. 어떻게 학습능력이 공부의 양이나 문제풀이 능력이 아닌, 마음가짐에 달려 있단 말일까요? 어떻게든 공부를 많이 해서 많은 내용을 암기하는 것, 그렇게 얻은 뛰어난 문제풀이 능력, 높은 국·영·수 실력, 높은 언어지능을 갖는 것이 공부를 잘 하는 데 있어 더 중요하지 않다는 말일까요?

사실 우리가 흔히 학습능력의 핵심이라고 여기는 총 기억량이나 학습기술은 단지 공부를 싸고 있는 외피에 지나지 않습니다. 자발적인 학습이 중단되는 순간 이는 모두 연기처럼 사라져버립니다. 초등학교까지는 최상위권 성적이던 학생이 중학교에 가서 어느 순간 학습의욕을 잃고 반에서 하위권이 되는 사례를 숱하게 봅니다. 혹은 중학교까지 전교에서 최상위권이던 학생이 고등학교에 진학해 성적이 곤두박질치는 경우도 정말 많지요. 이런 일들이 주변에 비일비재하게 일어나는 이유가 바로 여기에 있습니다.

하기 싫은 공부를 억지로 하면 학습자는 어느 순간 공부에 대한 순수한 호기심을 잃고 '전략적 학습자'로 전락합니다. 전략적 학습자는 단지 합격이나 점수, 등수와 같은 목적을 이루기 위해서만 공부하는 사람을 말합니다. 겉으로는 문제가 없어 보이지요. 하지만 이는 가장 다양하면서도 많은 문제를 안고 있는 학습 유형입니다. 아이러니하게도 우리 주변에서 공부를 열심히 하는, 어떤 시험에 통과하기 위해 밤을 새워 공부하는 사람들 다수가 여기 해당합니다.

물론 "그게 도대체 무엇이 문제인가?" 하고 반문할 수도 있습니다. 공부해서 목표를 이루는 것이니까요. 일반적으로 전략적 학습자는 특정 시기에 두각을 보이고, 주변 사람들 역시 이들이 이룬 높은 성취를 칭찬합니다. 한편, 전략적 학습자는 언뜻 심층적 학습자와 비슷해 보일 뿐 그들의 실질적 관심은 심층적 학습자와는 완전히 다릅니다. 전략적 학습자는 점수를 잘 따는 일에 관심이 있을 뿐, 공부 내용 자체, 나아가 세상의 진리에 대해서는 큰 관심이 없습니다.

전략적 학습자의 공부는 오래갈 수 없습니다. 대학만 진학하면, 바라던 시험에 합격하기만 하면, 공부를 하는 이유도 사라지기 때문입니다. 더 큰 문제는 이 학습 유형이 심리적 위기에 자주 노출된다는 점입니다. 앞서 설명한 공부상처가 가장 많이 생기는 유형이 바로 전략적 학습자입니다. 또한 전략적 학습자의 지적 호기심, 학구열은 어느 한 순간 작은 일로도 영영 사라지고 맙니다. '쥐어 짜낸' 학습능력이기에 삭은 충격에도 모래성처럼 와르르 무너져버리는 것입니다.

10세까지 완성하는 평생학습의 기본기, 독서애호감

그렇다면 과연 어떤 아이들이 심층적 학습자가 될 수 있을까요? 전략적 학습자 즉 시험에 대비하기 위해 어쩔 수 없이 공부하는 시험 기계가 아닌, 퇴계 이황처럼 60대 무렵에는 아시아의 성인으로 칭송 받을 만한 대단한 연구 업적을 내는, 평생 성장하는 아이는 어떤 아이들인 걸까요? IQ가 높은 아이, 사교육에 '몰빵'한 아이, 부모님의 엄격한 통제에 따라 공부한 아이, 유명 독서 프로그램을 계속 따랐던 아이…?

모두 아닙니다. 그것은 바로 10세 전후로 마음속에 책 읽기를 사랑하는 마음을 깊이깊이 새긴 아이입니다. 책에 대한 긍정적인 마음이 좀처럼 변하지 않는 아이 말이죠. 저는 아이가 책을 좋아하는 마음을 '독서애호감'이라고 부릅니다. 어릴 적, 성인이 되기 전 형성된 높은 독서애호감은 거의 '원형 기억', '화석 기억'에 가까워서 좀처럼 변하지 않고 아이의 평생 학습과 지식 탐구에 영향을 줍니다. 여기서 우리가 염두에 두어야 할 것이 있습니다.

첫째, 아이의 독서애호감은 초등학교 고학년쯤 거의 결정된다는 사실입니다. 그때쯤이면 책에 대한 감정 그리고 그 감정을 만드는 뇌신경이 고착화됩니다. 냉정하게 말하자면 이 시기가 지난 후에 아이의 독서애호감 정도를 변화시키거나 극적으로 성장시키기가 무척 어렵습니다. 따라서 아이가 태어나서 10년, 이 기간 동안 독서 경험이 아이의 평생학습 기본기를 마련하는 데 정말 중요합니다.

둘째, 책을 즐겁고 재미있게 읽어야 아이 지능도 좋아집니다. 머리가 좋다는 것은 뇌의 정보처리 속도가 빠르다는 뜻입니다. 정보처리 속도를 높이려면 우리 뇌의 신경세포 회로가 치밀해야 하는데, 신경세포 회로가 치밀해지는 것을 수초화 현상이라고 부릅니다. 수초화를 '미엘린화'라고도 부르는데요, 미엘린myelin이라는 성분이 뇌의 신경세포 축색돌기를 둘러싸 마치 전선의 막을 형성하는 것처럼 되기 때문입니다. 우리 뇌의 정보는 전기적 신호로 전달되는데, 미엘린이 시냅스(축색돌기)를 덮어 막이 두껍게 형성되면 전기신호가 중간에 사라지거나 약해지지 않아 전달 속도가 빨라지죠. 즉, 정보처리 속도가 빨라지고 지능이 발달한다는 의미입니다.

그런데 미엘린화 현상은 매우 느리게 진행됩니다. 꾸준히 반복 학습과 연습을 할 때에만 비로소 이루어지지요. 하지만 일단 한 번 만들어진 미엘린은 잘 파괴되지 않습니다. 그래서 습관이나 숙련된 기술, 지식은 오랜 시간 유지되는 것이지요. 미엘린화를 돕는 방법 중 가장 좋은 것이 바로 '즐거운 독서' 즉, 시냅스 독서법입니다.

미국 피츠버그대학교의 마르셀 저스트 박사 팀은 8~10세 어린이 중 글을 잘 읽는 25명과 잘 읽지 못하는 47명을 대상으로 '확인 텐서

영상'이라고 불리는 뇌 영상 검사를 진행했습니다. 이 검사를 통해 뇌의 백색질에 흐르는 물을 측정해서 뇌 구조를 파악하고, 시간에 따른 변화도 분석할 수 있었습니다. 그 결과 읽기에 문제가 있는 아이들은 좌측 전두엽의 미세구조 조직이 부족한 것으로 확인되었습니다.

이 연구팀은 읽기 능력이 부족한 아이들 중 35명에게 6개월 간 독서 교육을 진행했습니다. 물론 그것은 이 분야의 전문가들과 함께하는 '즐거운' 독서 과정이었습니다. 교육이 끝나고 다시 검사해보니 아이들의 왼쪽 전두엽의 백색질이 눈에 띄게 증가해 있었습니다. 미엘린화가 급격히 진행되어 시냅스가 잘 연결된 것입니다.

책과 아이 그리고 아이의 뇌는 서로 협력하고 함께 성장합니다. 오랜 시간 즐겁게 책을 읽는다면 그 자체가 매우 훌륭한 자제력 훈련입니다. 시냅스 독서법은 아이가 훈련 과정에서 거의 고통을 느끼지 않으면서도 성과는 놀라우리만치 좋습니다. 특히 아이는 좋아하는 책을 자발적으로 재미있게 읽을 때 더 깊이 몰입할 수 있고 효과 또한 극대화됩니다.

사실 시냅스 독서법의 비밀은 매우 간단합니다. 가능한 한 10세 이전에, 아이 스스로 즐겁게 책을 읽도록 도울 것. 그렇게 하면 아이의 두뇌를 발달시킬 수 있는 것은 물론, 평생학습의 기본기를 탄탄하게 마련해줄 수 있습니다. 아이를 우울증과 마음의 상처로 몰아넣기 일쑤인 유명 입시학원의 천편일률적인 독서 프로그램과는 근본적으로 큰 차이가 날 수밖에 없는, 또한 덤으로 부모님과 아이가 평생 즐거운 추억을 쌓을 수 있는 행복한 독서법입니다.

지금 책을 읽고 있는
아이의 표정부터 살펴라

제 둘째아이가 5세쯤 되었을 무렵, 아직 한글을 읽지 못하던 때이 일입니다. 당시 아이는 기차를 무척 좋아해 몇 달째 기차와 관련된 책만 읽고 있었습니다. 그런데 이 이야기를 듣고 어떤 분이 걱정스럽게 묻더군요.

"너무 한 가지 종류의 책만 읽히면 좋지 않은 것이 아닐까요?"

그분의 말씀도 일리가 있습니다. 당시 구할 수 있었던 기차에 관한 책은 모두 다 합쳐 100종 정도. 그중에는 명작이나 좋은 책이라고 볼 수 없는 책도 제법 있었거든요. 아무리 아이가 기차 책을 좋아한다지만 굳이 질이 떨어지는 책까지 읽힐 필요가 있을까 하는 질문이었습니다. 저는 이렇게 말씀드렸습니다. 어떤 책을 읽느냐도 중요하지만 그보다 훨씬 더 중요한 것은 아이가 책을 읽으면서 느낄 '기쁨'이라고요. 기쁨만이 아이의 뇌신경과 마음을 성공적으로 확장시켜줄 수 있고, 책에 대한 사랑 즉 독서애호감을 차곡차곡 채워줄 수 있기 때문이죠. 기쁨은 책과 아이를 이어주는 단단한 마음의 접착제입니다.

　보통 사람들에 비하면 조금은 별종에 속할 정도로 독서광인 저 역시 어린 시절부터 책이 주는 기쁨에 단단히 중독된 채로 성장했습니다. 지금도 제 가방 속에는 늘 책이 한 권 이상 있습니다. 군대 시절에는 군장에 책을 몰래 넣어갔다가 선임병에게 혼난 적도 있습니다. 저는 외출할 때 항상 가방을 들고 나가는데요. 그 이유는 오직 읽을 책을 넣어 다니기 위해서입니다.

　그런 제게 어린 시절 책 읽는 기쁨을 가득 안겨준 책들이 있으니 바로 계림문고 시리즈였어요. 저는 초등학교 시절 계림문고 시리즈의 열렬한 독자였습니다. 아직도 몇 권, 제 서가에 꽂혀 있는 이 계림문고는 사실 내용이나 형식, 물성物性 면에서 결코 우수한 책이라고 할 수 없습니다. 하지만 그게 뭐가 중요하겠습니까. 제가 너무도 기쁘게 그 책들을 읽었는걸요. 저는 당시 몇 년 간 계림문고 시리즈를 읽고 또 읽으며 무한한 희열과 감동에서 좀처럼 헤어나지 못했어요. 그렇게 저는 좋아하는 책들과 함께 독서열을 무한대로 키우며 성장했습니다. 아마 제 유년에 계림문고가 없었다면 지금의 저도 존재하기 힘들었을 것입니다.

　독자는 크게 두 종류로 나눌 수 있습니다. 자발적 독자와 비자발적 독자가 그것입니다. 자발성은 대단히 중요한 심리특성인데요, 자기결정성, 자기주도성도 이와 같은 말입니다. 이때 자발적 독자와 비자발적 독자를 구분하는 기준이 있으니, 바로 '기쁨'입니다. 정말 중요한 감정이기에 이를 특별히 '독서기쁨'이라는 말로 부르겠습니다. 책을 읽을 때 독서기쁨을 느끼는 아이의 뇌에서는 기쁨 호르몬인 세로토닌

책 한 권이 준 독서기쁨이 쌓여 거대한
독서애호감을 형성한다.

과 도파민이 샘솟습니다. 위의 그림에서 블록 하나는 책 한 권이 준 독
서기쁨입니다. 그리고 그 독서기쁨이 차곡차곡 쌓여 거대한 '독서애호
감' 피라미드를 형성합니다. 이 과정을 통해 그 어떤 것에도 무너지지
않는 단단하고 확고한 독서애호감이 만들어지는 것입니다.

아이들이 책을 읽는 이유는 다양합니다. 감동, 호기심, 재미, 앎에
대한 욕구 등등 여러 가지 동기가 존재하지요. 이때 그 이유가 무엇이
되었든 책 읽는 즐거움 즉 독서기쁨이 없으면 자발적 독서가 불가능합
니다. 특히 아이들은 더 그렇습니다. 아이는 부모님에게 효도하기 위
해, 공부를 잘하기 위해, 부모님이나 선생님의 기대를 충족시키기 위
해 등 비본질적 동기로는 자발적 독서를 이어갈 수 없고 독서애호감을
만들 수 없습니다. 오로지 독서기쁨만이 자발적 독서를 가능하게 해줍
니다. 그래서 저는 아이와 책을 읽을 때 가장 먼저 아이의 표정부터 살
펴보라고 말합니다.

책에 푹 빠진 아이 얼굴에 드러나는 특유의 표정이 있어요. 그게 단
지 즐겁고 웃는 표정만은 아닙니다. 책의 내용에 따라 슬픔, 기쁨, 두

려움, 놀람, 호기심, 경이로움, 불안, 만족감 등등 다양한 감정이 얼굴에 배어 나오죠. 이는 실제 경험에서 생기는 직접적인 감정과는 차원이 다른, 매우 안전하면서도 깊이가 있는 '독서감정'입니다.

책을 읽고 있는 아이의 얼굴을 한번 잘 관찰해보세요. 정말 즐겁게, 독서기쁨을 듬뿍 느끼며 책을 읽고 있는 경우라면 아이의 표정에 그 기쁨이 그대로 나타날 것입니다. 특히 한 권의 책 읽기가 즐겁게 끝났을 때, 아이의 표정에는 매우 만족스러우면서도 책이 준 복합적인 선물로 만들어진 '어떤 빛남'이 떠오르게 됩니다. 그 특이점, 그 반짝이는 표정을 감지할 수 있다면 시냅스 독서법의 첫 단추를 아주 잘 꿰고 있는 겁니다.

한 부모님과 제법 길게 독서에 관한 이야기를 나눈 적이 있습니다. 그 분은 대학에서 문헌정보학을 전공했고, 독서에 대한 관심이 남달라 전문가 못지않은 실력과 지식을 갖추고 있었습니다. 그 분에게는 오랜 시간 계발해온 자신만의 명작 목록이 있었고, 아이가 어릴 적부터 그 목록에 따라 차근차근 책을 읽혀오고 있었습니다. 또한 그는 자신만의 독서 프로그램을 잘 완성해 훗날 독서교육 사업을 시작하겠다는 포부까지 갖고 있었습니다.

그런데 최근 아이에게 사춘기가 오면서 도무지 책을 읽으려 하지 않아서 큰 걱정이라고 했습니다. 그래서 제게 상담까지 받게 된 것이었죠. 줄곧 아이와 함께 도서관에 다니며 매일 시간을 정해 같이 책을 읽어왔는데 이런 일이 생겨 너무 당황스럽고 속상하다더군요. 이처럼 오랜 시간 공들여 진행해온 독서 교육이 위기에 봉착하게 된 이유가 대체 뭘까요? 아마 이 글을 읽고 있는 분들이라면 쉽게 답을 줄 수 있을 거예요. 그렇습니다. 그 아이에게는 독서기쁨이 모자랐던 겁니다. 그래서 아이 마음에 독서애호감이라는 피라미드가 없거나 무너져버렸던 거죠.

　독서기쁨은 대충 뚝딱 만들 수 있는 것이 아닙니다. 정말 맛있는 김치를 만들 때처럼 제법 까다로운 공정이 필요합니다. 과정 하나하나는 물론 섬세한 시간 관리도 무척 중요하고요. 앞으로 이 독서기쁨이 만들어지는 메커니즘에 관해 상세히 말씀해드릴 테니 한번 주의 깊게 살펴보기 바랍니다.

공부가 기쁨으로 바뀌는 순간
시냅스 독서법

제2장

성공적인
시냅스 독서법의
조건

공부가 기쁨으로 바뀌는 순간
시냅스 독서법

늦어도 돌 전에
책 읽기를 시작하라

사실 '어떤' 책을 읽는가보다 중요한 것은 '언제부터' 읽는가입니다. 이는 앞서 1장에서 강조했던, 독서기쁨, 독서애호감과도 깊이 연관되어 있습니다. 생애 초기 10년, 책에 대한 애착을 제대로 형성하지 못하면, 그 영향은 이후에도 계속해서 이어집니다. 뒤늦게 아이의 뇌와 마음에서 독서기쁨이나 독서애호감이라는 감정의 불꽃을 피우기가 여간 어려운 일이 아니기 때문이지요. 때로는 중고등학생이 될 때까지 독서기쁨을 느껴보지 못한 아이에게 강력한 독서애호감을 새로이 심어주기란 거의 불가능에 가깝다는 생각을 할 때도 있습니다.

그래서 저는 "2세의 1년 책 읽기가 12세의 1년 책 읽기보다 몇 곱절 더 중요하다"고 말하곤 합니다(이는 물론 부모님의 책임감이나 불안을 야기하기보다는, 오로지 효율성 측면을 고려한 표현입니다). 노벨 경제학상 수상자인 제임스 헤크먼이 고안한 헤크먼 방정식은 연령별 교육투자 대비 수익을 그래프를 통해 잘 설명하고 있습니다.

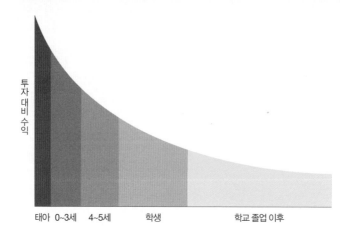

0~18세 사이의 아이들에게 들어가는 투자 자금 대비 사회가 거두는 수익을 나타
낸 방정식. 0~3세까지는 투자 대비 수익이 크지만, 4~18세까지는 점점 줄어들다
가 19세 이후는 아주 적어진다. 즉 아이가 태어나자마자 교육에 투자할 때 가장
높은 수익률을 기대할 수 있다.

이 도표에서 보듯이 초기 교육 투자를 통해 얻는 이득이 청소년, 성
인 이후 얻는 투자 대비 이득보다 훨씬 큰 것을 알 수 있습니다. 0세부
터 4~5세 사이에 얼마나 많은 교육 투자를 했느냐가 결정적인 차이
를 만든다는 것입니다. 그렇다면 5세까지 아이에게 해줄 수 있는 최선
의 교육 투자는 과연 무엇일까요? 분명한 것은 비싼 사교육 기관에 아
이를 보내는 것은 아니라는 점입니다. 부모가 아이와 충분히 놀아주
고, 정서적 교감을 하고, 아이가 기쁨을 느끼는 책 읽기에 집중하는 것
이야말로 가장 큰 교육 투자입니다. 연령에 따른 독서 단계는 대략 다

음과 같습니다.

0~3세 : 아이 그림책 단계

4~6세 : 그림책 단계

7~10세 : 그림책에서 동화책으로의 이행기, 동시에 글쓰기 애착 단계

7~13세 : 동화책 단계

10~17세 : 청소년 독서 단계

15세 이후 : 성인 독서 단계

아이의 독서 시작 시점이 유치원이나 초등학교 입학 때까지 늦추어져서는 안 됩니다. 그때는 이미 늦고 맙니다. 특히 0~3세 아이 그림책 단계가 중요합니다. 생후 6개월부터, 힘들어도 1세를 넘기 전에 아이 그림책을 읽어주기 시작하는 것이 좋습니다. 이 시기 아이의 독서가 부족해지지 않도록 정성을 기울여 책에 대한 애착, 즉 '책 애착'이 자리잡을 수 있게 해주어야 합니다. 그러지 못하면 이후 도미노처럼 부정적인 연쇄반응이 이어질 수 있습니다.

어느 날 갑자기 샬롯 브론테의 《제인 에어》나 도스토예프스키의 《죄와 벌》을 잘 읽어내는 아이는 없습니다. 훗날 아이가 커서 뛰어난 문학작품이나 어려운 성인 도서를 읽어내려면 시간과 에너지는 물론 그 책을 읽을 만한 읽기 능력과 내적 동기를 모두 갖추어야 합니다. 시간과 에너지는 언제라도 어떻게든 할애할 수 있겠지만, 읽기 능력과 독서 동기는 저절로 생기지 않기에 이를 어릴 때부터 차근차근 마련해 두어야 합니다.

영국에서 시작된 북스타트 프로그램에서 생후 6개월 이상의 유아부터 책 읽기를 시작하도록 권장하는 이유가 여기에 있습니다. 일찍 책을 접할수록 책에 대한 친밀감을 키우기 쉽고, 또한 이 시기에 형성된 책에 대한 친밀감은 무의식 저 너머까지 영향을 미치기 때문에 아이의 평생에 걸쳐 영향을 줍니다.

앞서 언급했듯 이를 '책 애착'이라 부를 수 있는데요. 책이 인격을 가진 존재는 아니지만 마치 부모님이나 주양육자와 같은 위상을 갖고, 아이와 아주 안정적인 애착 관계를 형성한다는 의미입니다. 안정적인 책 애착이 형성된 아이는 장차 삶의 여러 국면에서 책으로부터 매우 유익한 도움, 구원, 치유, 위안을 받게 될 거예요. 뿐만 아니라 북스타트를 경험한 아이들의 언어지능과 언어능력은 그렇지 않은 아이들에 비해 좀 더 많이 그리고 잘 발달한 것으로 알려져 있습니다.

혹시라도 이 글을 읽고 우리 아이는 이미 많이 늦은 게 아닌가, 한탄하는 분이 있다면 지금 이 순간이 언제나 가장 적기이고 빠른 때라고 말씀드리고 싶습니다. 지난 일에 너무 연연할 필요 없이 지금 바로 시작하면 됩니다. 날을 잡아 서점이나 도서관을 방문해 아이가 좋아할 만한 책을 골라 한 권씩 읽어보세요. 최고의 명작이 아니어도 됩니다. 어떤 책이 좋은지 잘 모르겠다면 이 책에서 소개하고 있는 책들을 참고해도 좋습니다. 그것을 마중물 삼아 한 권씩 내 아이의 책을 늘려나가 보기 바랍니다.

그렇게 마음에 드는 책 몇 권을 빌려 집으로 가져가서 아이에게 읽어주세요. 대개 5권쯤 읽어주다 보면 그중 하나쯤 아이가 유독 좋아하는 책이 있습니다. 그렇게 아이의 반응을 잘 관찰하며 반복해서 읽어주다가, 아이가 좋아하는 책을 구입하면 됩니다. 그리고 아이 눈이 자주 가는 곳에 책꽂이를 두고 아이가 원할 때마다 그 책을 꺼내 읽어줍니다. 단순하지만 이런 과정의 반복으로 아이의 내면에는 커다란 내적 성장이 이루어집니다.

이 시기 아이에게 책을 읽어주는 시간은 길어야 하루 1시간 정도면 충분합니다. 그 이상은 필요하지도, 가능하지도 않습니다. 아이들이 집중할 수 있는 시간이 그리 길지 않기 때문입니다. 또한 이 시기에는 독서만큼이나 다른 발달 과제들과 몸 놀이도 무척 중요합니다. 아이에 따라 책 읽는 데 유독 더 큰 관심을 보이는 경우도 있습니다. 하지만 그러한 경우에도 책 읽기에만 몰두해서는 안 됩니다. 지나치게 책을 많이 읽느라 다양한 사물놀이, 신체놀이, 각종 발달과제를 수행하는 시간이 부족해지지 않도록 주의해야 합니다.

스마트폰을 많이 본
아이 두뇌에 생기는 일

　　요즘 아이들 스마트폰 때문에 정말 걱정이죠. 저 역시 제 아이들과 스마트폰에 대해 이런저런 이야기를 나누고 사용 규칙 등을 정하는 데 꽤 많은 시간을 할애하고 있습니다. 스마트폰이 등장하면서 우리의 삶이 상당히 달라졌습니다. 그런데 이 변화는 어른들보다도 아이들에게 더 크게 나타났습니다. 이제 예전처럼 공터에 나와 공놀이를 하는 아이들을 찾아보기 힘들죠. 대부분 혼자 혹은 몇몇이 모여 스마트폰을 하면서 시간을 보냅니다. 이처럼 요즘 아이들은 어릴 적부터 스마트폰이나 스크린 미디어의 막대한 영향력 아래 놓일 수밖에 없기 때문에 스마트폰 과의존에 특히 주의해야 합니다. 유아동을 대상으로 한 각종 조사를 보면 스마트폰 과의존 위험군 비율이 이미 20퍼센트에 육박하고 있습니다. 그리고 그 비율은 갈수록 늘어가고 있습니다.

　　그렇다면 아이들의 경우 스마트폰을 하루에 어느 정도 쓰는 것이 좋을까요? 권위 있는 미국소아과학회AAP의 기준은 다음과 같습니다.

스마트폰 과의존 위험군 현황

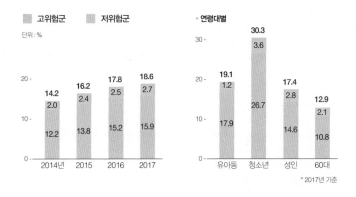

출처 : 과학기술정보통신부, 한국정보화진흥원

1. 만 2세 이하 자녀의 텔레비전 시청은 금지하고 만 2~5세 자녀는 하루 시청 시간을 1~2시간으로 제한해야 한다.

2. 부모님이 가사 일을 할 때 자녀가 텔레비전을 보거나 스마트폰을 가지고 놀게 하는 대신 손으로 가지고 놀 수 있는 장난감을 주는 방식을 활용한다.

3. 자녀 방에는 텔레비전을 들여놓지 말고, 혼자서 스마트폰 이용하는 것을 제한한다.

하지만 저는 이보다 좀 더 엄격한 기준을 제시하고 싶어요. 다음은 제가 생각하는 스마트폰 사용 기준입니다.

1. 만약 3세부터 하루 1~2시간 스크린 미디어를 사용하더라도 만 8세까지는 부모님이 항상 곁에서 아이가 보는 내용을 감독해야 한다

성공적인 시냅스 독서법의 조건

(언제라도 해로운 내용을 볼 수 있기 때문이다. 가령 미국 아이들은 18세가될 때까지 각종 미디어를 통해 약 20만 건의 폭력물을 접하는데, 이로 인한부정적 영향이 존재한다는 견해가 다수다).

2. 아이가 잠들기 적어도 3시간 전부터 스크린 미디어의 시청을 금한다(그러지 않을 때 아이의 성장과 수면에 매우 부정적 영향을 미칠 수 있다는과학적 연구가 있다).

3. 초등학교 시절에는 하루 동안의 스마트폰 사용 기록을 반드시 일계장에 적고, 일주일에 1~2일은 스크린 미디어를 전혀 쓰지 않는 스마트폰 휴일제를 둔다.

위의 내용이 너무 엄격하다고 생각할 수도 있겠지만, 아이들이 건강하게, 정서적인 안정을 유지하며 자라기 위해서 꼭 필요한 기준이기에 한번쯤 곰곰이 생각해보았으면 합니다. 물론 스마트폰 사용이 무조건 나쁘다고 단정할 수는 없습니다. 몇몇 연구에서는 디지털 미디어 사용이 가져다주는 지능계발 효과가 증명되기도 했어요. 또 독서능력이나 독서열의 차이가 반드시 텔레비전 시청이나 스마트폰 사용의 영향이라고 단정할 수 없다는 연구 결과도 있습니다. 하지만 무엇이든, 심지어 독서마저도 과한 것은 좋지 않죠. 특히 스마트폰의 과도한 사용은 경계해야 합니다.

제가 아는 한 스마트폰 사용에 어려움을 느끼는 아이들은 거의 없습니다. 나이 든 세대나 노인들과는 반응부터가 완전히 다르죠. 그리고 스마트폰 사용을 허락했을 때 이를 마다할 아이도 거의 없을 거예요. 그만큼 스마트폰과 그 콘텐츠들은 아이들의 욕구나 취향과 잘 맞아떨어진다고 할 수 있습니다. 심지어 겨우 3세 남짓의 아동이라고 해도 스마트폰 사용에 금세 능숙해집니다. 개별적인, 별도의 지도를 해 주지 않아도 스마트폰과 빠르게 친숙해집니다. 아이들이 이처럼 스마트폰과 친숙한 만큼 의존하거나 과몰입할 가능성도 높습니다(실제 통계가 이를 뒷받침하고 있고요).

한편 한 아이가 독서와 글쓰기에 능숙해지고 두 활동에 대해 애호감이 생기기까지는 매우 많은 노력이 필요합니다. 섬세하면서도 체계적인 지도가 필요하죠. 그리고 스마트폰은 독서기쁨이나 독서애호감을 아주 쉽게 빼앗아버립니다. 무엇보다도 스마트폰은 책 한 권을 끝까지 읽어내는 높은 수준의 주의력을 키우는 일에 큰 방해가 됩니다.

만 8세쯤 된 아이가 엘윈 브룩스 화이트의 《샬롯의 거미줄》을 읽는다고 해봅시다. 이 책은 무척 흥미롭고 아이들의 호기심을 자극할 만한 내용으로 가득합니다. 하지만 그림이 거의 없고 분량도 적지 않아서, 끝까지 잘 읽어내려면 상당한 주의력과 지구력이 필요합니다. 이책처럼 그림책에 비해 글자가 더 많은 동화책을 읽어내기 위해서는 소위 '초점성 주의력goal-directed attention'이란 것이 꼭 필요합니다.

인간의 주의력은 크게 2가지로 나뉩니다. 배 속에서부터 갖고 태어나는 반응성 주의력stimulus-driven attention과, 대상에 집중해 지루한 상황에서도 집중력을 유지하는 초점성 주의력이 그것인데요. 가령 컴퓨터 게임에서 적들의 움직임을 금방 알아차리는 일에 필요한 반응성 주의력은 태어날 때부터 이미 우리 뇌에 만들어져 있습니다. 뇌의 아랫부분에서 본능적으로 발생하는 주의력이지요. 그러나 숙제나 시험공부, 독서를 할 때 필요한 초점성 주의력은 오직 후천적인 연습과 반복을 통해서만 키울 수 있습니다. 뇌의 위쪽에서 아래로 퍼지며 의식적으로 유지하고

자 애써야만 지속할 수 있는 주의력입니다.

한 아이가 스마트폰이나 텔레비전, 컴퓨터 게임에 푹 빠져 있다면 이는 독서를 하는 데 필요한 초점성 주의력이 아닌 반응성 주의력을 주로 사용하고 있는 것입니다. 그리고 이 두 주의력이 서로 불균형 상태에 빠지면 즉각적인 외부 반응이 지나치게 활성화되어서, 읽기나 쓰기, 말하기와 같은 지구력을 요하는 활동은 싫어하거나 잘하지 못하는 아이가 될 수 있습니다. 심하면 ADHD 같은 질병 수준의 주의력 문제가 생기기도 합니다.

한 통계에 따르면 최근 스마트폰과 같은 강렬한 자극이 없는 학교 수업에 적응하지 못하는 아이들이 점점 늘고 있습니다. 그 이유는 바로 과도한 스마트폰 사용으로 인한 '팝콘 브레인popcorn brain' 현상 때문입니다.

데이비드 레비 교수는 스마트폰의 과도한 사용과 팝콘 브레인 증후군의 연관관계를 밝혀 미국 사회에 큰 충격을 주었죠. 컴퓨터와 스마트폰 등에 오래 노출된 아이들은 '팝콘이 터지는 것 같은 강한 자극'에만 반응하고, 평범한 자극에는 주의를 기울이지 못합니다. 예를 들어 팝콘 브레인 상태에 있는 아이들은 불빛에 맞춰 손뼉을 치거나 발을 구르는 것 같은 주의력 테스트에서 많이 뒤처지는 모습을 보입니다. 또한 스마트폰이 주는 강력한 자극에 오래 노출된 아이들은 민들레꽃이 핀 들길이나 산들바람이 불어오는 시냇가 같은 부드러운 자극에서 감흥을 얻기 힘들어합니다. 마약 중독자가 점점 더 고농도의 마약을 갈망하듯 스마트폰의 강한 자극에 노출되면 좀 더 강한 자극만을 끊임없이 갈망하게 되는 것입니다. 아직 그 상관관계가 완전히 규명되진 않았지만, 스마트폰이 마약과 같은 중독을 일으키고 치료가 상당히 힘들다는 사실은 전문가들 사이에는 어느 정도 공감대를 형성하고 있는 사실입니다.

프랑스 작가 피에르 쌍소는 현대인이 불행히도 "고요한 방에 들어앉아 휴식할 줄" 모르는 어리석은 존재로 변하고 있다고 말하고 있습니다. 강한 스마트폰 자극에 지친 아이들의 뇌와 마음을 충분히 쉬게 할 필요가 있습니다. 다음은 제가 상담실에서 자녀의 스마트폰 사용으로 고민하는 부모님들에게 건네는 처방전입니다.

스마트폰을 많이 하고 싶은 아이들을 위해 부모님이 도와줄 일들

1. 가끔 멍하니 먼산을 바라보게 한다. 하늘, 수평선, 해안선, 숲 등도 좋다.

2. 마음챙김 명상을 함께 배운다.

3. 즐겁게 독서하는 시간을 갖는다.

4. 수면시간을 잘 지킨다. 8시간 이상 숙면하도록 돕는다.

5. 보드게임 같은 아날로그 게임으로 관심을 돌린다. 레고 조립이나 모델키트_{model kit} 만들기, 종이접기 등 손을 많이 쓰는 놀이가 좋다.

6. 음악 감상이나 그림 그리기 시간을 자주 갖는다.

7. 아이의 개성에 맞는, 푹 빠져 할 만한 신체활동을 만들어준다.

8. 친구와 편안한 대화를 나누도록 돕는다.

9. 애완견과 놀기, 가볍게 산책하기, 숲길 걷기 같은 스마트폰 휴식 방법을 하나씩 해보며 아이의 마음에 드는 활동을 찾는다.

아이를 중심에 두는
책 읽기

아이의 독서에 관심이 많은 부모님은 크게 두 유형으로 나뉩니다. 하나는 세상에 존재하는 많은 책부터 욕심내는 부모님이고요(앞서 예로 든, 독서 프로그램을 운영하는 부모님도 여기 속하겠죠), 다른 하나는 좋은 책에 대해서도 충분히 고려하지만 아이의 개성과 조건을 먼저 따지는 부모님입니다. 후자야말로 독서기쁨을 먼저 생각하는, 바람직한 부모님 유형인데 안타깝게도 현실에서 극소수에 불과합니다.

대부분의 부모님이 첫 번째 유형입니다. 좋은 책을 보면 누구라도 욕심이 생기기 때문이죠. 도서관에서, 서점에서, 북카페에서 이런저런 아이 책을 접하고 이를 바탕으로 한 권씩 독서 목록을 정리하다 보면, 아이가 읽어야 할 책이 종잡을 수 없이 많이 늘어나죠. 이미 알게 된 좋은 책, 이미 사버린 전집을 부모님 입장에서 쉽게 포기하기란 어려운 일입니다. 저 역시 마찬가지입니다. 마음만은 제가 아는 모든 좋은 책을 아이에게 다 읽히고 싶죠.

하지만 아이가 아닌, 좋은 책을 중심을 두다 보면 자신도 모르게 어느새 아이에게 책 읽기를 강요하기 십상입니다. 가장 피해야 할 일이 생기고 마는 것입니다. 앞서 여러 번 이것이 아이의 소중한 독서 인생을 망치는 정말 위험한 일이라고 말씀드렸죠.

그렇다면 아이를 중심에 두는 책 읽기, 아이의 개성을 살피는 책 읽기란 과연 무슨 뜻일까요? 그것은 아이에게 책을 읽히기에 앞서 아이의 성별, 아이의 개성, 아이의 뇌 특성부터 살펴야 한다는 뜻입니다. 그리고 그 개성에 맞는 책부터 조심스럽게 권한다는 말이겠죠. 또 여기에 아이가 하루 중 편안하게 책을 읽을 수 있는 시간은 얼마나 되며, 아이의 읽기 능력을 고려할 때 하루에 읽을 수 있는 책의 권수는 얼마인지, 또 아이가 반복해서 읽기를 좋아한다면 한 권의 책을 몇 번이나 함께 읽을 것인지까지도 계산에 넣어야 한다는 뜻입니다.

세상 모든 좋은 물건을 내 집에 들일 수 없는 것처럼, 아무리 좋은 책이라도 그 책 모두를 내 아이의 독서 목록에 넣어서는 안 될 일입니다. 좋은 책들의 목록은 이제 제발 서랍 속에 넣어두세요. 지금 필요한 책은 내 아이가 기쁨으로 맞이할 한 권의 책이니까요. 매 순간 그 한 권의 책 그리고 그 책을 만나는 내 아이의 마음에 불붙는 '스파크'가 핵심입니다.

우선 아이의 타고난 기질과 개성부터 파악해야 합니다. 아이의 개성을 탐색하는 가장 중요한 기준은 다음의 5가지와 같습니다. 성별, 기질과 성격, 좌뇌형과 우뇌형, 다중지능, 언어지능이 바로 그것입니다. 하나씩 차근히 살펴보겠습니다.

아이의 개성을 파악하는
5가지 기준

성별

님자아이와 여자아이의 특싱에 내해서는 아직 공식화된 검사를 찾기 어려워요. 이는 아직도 연구가 많이 필요한 분야라고 할 수 있습니다. 학자들 사이에서도 남자아이, 여자아이의 특성에 대해 의견이 분분하죠. 물론 남자아이라고 해서 여성성이 없는 것도 아니고, 여자아이라고 해서 남성성이 없는 것은 아닙니다. 하지만 보편적으로 남자아이는 남자아이의 특성을 드러낼 때가 많고, 여자아이는 여자아이의 특성을 드러낼 때가 많습니다. 세심한 관찰이 따라야 하겠지만, 이런 경향성이 아이의 독서에도 반영되는 것이 좋습니다.

저 역시 두 아이를 키우며 각 아이의 성별 특성이 확연히 다른 모습을 볼 수 있었습니다. 큰딸 예나는 인형들과 이야기하는 걸 무척 좋아했어요. 하지만 둘째인 아들 녀석은 다르더군요. 그 많은 인형들에는 큰 관심이 없고 차와 기차를 정말 좋아했어요. 마트에 가면 인형보다 새로 발견한 자동차를 사달라고 조르곤 했죠. 또한 기차나 지하철을 탈 때마다 정말 기뻐했습니다. 이런 아들을 위해 몇 년 간 우리 가족은 주말마다 새로운 종류의 기차와 지하철을 타러 가는 여행을 다니곤 했습니다. 지금도 둘째 아이는 그때를 정말 행복하게 기억하고 있지요. 그리고 아이가 좋아하는 것을 자연스럽게 독서로 이어주기 위해 아이가 좋아하는 기차를 책에서도 만날 수 있게 해주었습니다. 집에는 아이의 기차 책들이 하나씩 늘어갔고요. 그러면서 기차만큼이나 책 읽기도 점점 아이에게 기쁨을 주는 대상이 되어갔어요.

검증된 심리 실험에 따르면 남자아이들은 사물에 좀 더 관심을 보이고, 여자아이들은 사람들과의 소통에 좀 더 관심을 두는 편입니다. 이런 성별의 차이로 인해 남자아이는 공룡, 공구 등에, 여자아이는 사람 형상의 인형이나 또래, 어른과의 접촉, 감정 교류에 더 관심을 보이곤 합니다. 이런 차이는 일찌감치 아이의 독서에도 나타납니다. 가령 남자아이의 경우 유독 공룡 그림책에 관심을 보일 수 있어요. 여자아이라면 감정과 소통, 관계가 주제인 그림책에 더 관심을 둘 수 있지요. 남자아이가 기차 그림책만 보는 것을 걱정해 별로 좋아하지도 않는 다른 그림책들을 더 많이 읽히려고 한다면 오히려 역효과가 생길 수도 있습니다. 반대로 여자아이가 도형이나 수에 관해 관심이 부족한 것 같다고 억지로 그런 내용을 담은 그림책을 강요하면 되레 아이의 독서 흥미를 반감시키죠. 따라서 성별에 따른 독서 취향을 잘 반영해 아이의 독서기쁨과 독서애호감을 늘려주는 것이 좋습니다.

이런 성별 차이는 선천적 특성에 가까우므로 쉽게 바뀌지 않는 것은 물론 억지로 바꾸려 했다가는 심각한 결과를 초래할 수 있습니다.

대문호 헤밍웨이가 여기에 해당하죠. 헤밍웨이는 평생 극심한 우울증과 성격 문제에 시달렸는데, 이는 그가 가졌던 성 정체성 장애와 관련이 있습니다. 이것은 훗날 헤밍웨이의 자녀들에게까지 이어졌죠. 심지어 그의 아들은 나중에 성전환수술을 받았습니다. 헤밍웨이의 어머니는 남편과 불화가 심했어요. 그래서 그의 어머니는 증오하는 남편을 꼭 닮은 아들 헤밍웨이를 몹시 싫어했습니다(정확히 말하면 헤밍웨이의 성별이 싫었던 거죠). 그래서 여러 해 동안 그녀는 아들 헤밍웨이에게 여장을 해 키웠다고 해요. 이는 끔찍한 아동 학대입니다. 이런 경험은 헤밍웨이에게 평생 씻을 수 없는 상처로 남았고요. 헤밍웨이가 권총 자살로 생을 마감한 원인 가운데는 분명 이 끔찍한 유년의 기억도 차지하고 있을 거예요. 이처럼 아이가 가진 성별 특징은 더할 나위 없이 존중받아야 할 대상입니다.

물론 아이들 가운데는 여자지만 남성성이, 남자지만 여성성이 강한 아이들도 있을 것이고, 드물지만 타고난 신체조건과는 뒤바뀐 성 정체성을 가진 아이도 있을 수 있습니다. 제가 가장 좋아하는 문학가인 버지니아 울프는 양성애자였는데, 그는 양성성이야말로 가장 뛰어난 능력, 미래의 능력이라고 말하곤 했죠. 태어날 때부터 이런 특별한 정체성을 가진 아이라면 반드시 이를 잘 아는 전문가와 상의해 그 아이만의 개성적인 양육을 고민해야 합니다.

성별의 특성은 남성의 뇌, 여성의 뇌가 가진 신경학적 차이에서 오는 개성이라고 할 수 있어요. 뇌의 생김새가 달라서 생기는 근원적인 욕구의 차이이기 때문에 충분히 지지받아야만 합니다. 남자아이들은 혼자서 하는 독립 학습에서 좀 더 강점을 보일 수 있어요. 반면 여자아이들은 여러 명이 어울려 소통하며 진행하는 집단 학습이 좀 더 효과적일 수 있어요. 서로 선의의 경쟁을 하고 소통하고, 정서적으로 지지할 때 학습동기가 상승하는 것이죠. (물론 전문적인 역량을 가진 학습 멘토가 이끌어주는 집단 학습이어야 하고, 협동 학습과 독립 학습이 적절한 비율로 조화되어야 한다는 전제가 있습니다.) 따라서 아이에게 책을 읽히는 것은 물론 학습 방법에 있어서도 아이의 성별적 특성이나 차이를 고려하는 것이 효과적입니다.

성격

두 번째로 고려할 사항은 아이의 기질이나 성격입니다. 아이들은 저마다 다른 개성, 자기만의 우주를 갖고 있습니다. 특히 어린 시절 아이들이 보이는 타고난 성격을 기질이라고 부릅니다. 성격이라고 하면 MBTI를 떠올리기 쉬운데요. 사실 성격에 관한 가장 믿을 만한 설명은 빅파이브 성격이론the Big Five Personality Theory입니다. 빅파이브 성격이론에서는 인간의 성격을 크게 5가지 차원으로 나누는데, 성실성, 외향성, 신경성, 수용성, 개방성이 바로 그것입니다.

아이마다 이 5가지 성격 차원의 수준, 정도가 각기 다릅니다. 모두 자기만의 성격 프로파일을 형성한다는 뜻이죠. 이 역시 유전자에 새겨진 것이라서 비교적 어릴 때부터 뚜렷하게 나타나죠. 아이가 보여주는 행동과 말, 습관 등 거의 모든 측면이 성격과 이어집니다. 당연히 독서 취향에도 큰 영향을 미치고요.

일단 외향적인 아이들은 야외에서 즐기는 신체활동에 좀 더 적극적이죠. 반면 내향적인 아이들은 집 안에서 친밀한 사람과 놀거나 혼

빅파이브 성격이론의 5가지 성격 차원

성실성	성실성은 자신의 생각과 행동을 통제하는 특성이다. 성실성이 높은 사람은 책임감이 강하고 세심하며 참을성이 있고 어려운 일도 잘 처리해낸다. 이와 달리 성실성이 낮은 사람은 무책임하고 조심성이 없으며 산만하다.
외향성	자신의 세계에 적극적, 긍정적으로 참여하는 특성이다. 외향적인 사람은 대담하고 적극적이며 활력이 넘친다. 외향성과 반대되는 특성은 내성적이고 조용하고 나약하고 억제되어 있으며 활발하지 못하고 둔감하다.
신경성	신경성은 부정적인 감정을 경험하고 스트레스를 받으며 불안감과 상처, 죄책감 등을 쉽게 느끼는 특성이다. 어떤 사람이 일에 대해 얼마나 긴장하고 불안해하고 화를 내는가는 신경성에 의해 결정된다.
수용성	수용성은 다정한 사람이 될 것인지 아니면 갈등을 유발하는 사람이 될 것인지를 결정한다. 수용성이 높은 사람은 협조적이고 사려 깊으며 공감 능력이 뛰어난 반면, 수용성이 낮은 사람은 공격적이고 무례하며 심술궂다.
개방성	상상력이 얼마나 풍부한가, 얼마나 창의적이며 얼마나 빨리 배우는가, 얼마나 통찰력이 있는가와 관련된 특성이다. 새로운 경험에 대한 개방성이나 감수성은 의욕을 일으키는 데 매우 중요하다. 개방적인 사람은 인지적 처리 문제에 있어 갈등적인 정보에 개방적이며, 이를 피하지 않고 잘 처리한다.

자 하는 개인 활동을 좀 더 즐기는 편이에요. 아무래도 내향적인 아이들에게 책을 읽히기가 쉽습니다. 하지만 외향적인 아이라고 해서 마냥 밖에서만 놀게 할 수는 없겠죠. 이럴 때에는 외부 활동에서 즐거움을 느꼈던 경험을 독서로 이어주는 것이 좋습니다. 앞서 제가 기차 여행과 기차 책 읽기를 연결시켰던 것처럼 말이죠.

성실성, 수용성, 개방성 역시 아이의 생활과 독서 취향을 가르는 중요한 요인이죠. 가령 게으른 아이보다는 성실한 아이들에게 규칙적인 독서 활동이 더 잘 습관화될 것이고, 반면 게으른 아이라면 독서 활동을 통해 부족한 성실성을 잘 성장시켜 나가야겠죠.

부모님이 가장 신경 써야 할 성격 차원은 바로 신경성입니다. 신경성이 높은 아이들은 심리문제를 갖게 될 가능성이 높습니다. 높은 신경성은 우울증의 주요 원인이죠. 신경성이 높은 아이에게서는 매순간 남다른 언행을 발견하게 됩니다. 신경성이 두드러지게 높은 아이는 까다롭고 예민한 아이라 불리는데, 이 아이들은 그렇지 않은 다른 아이들과는 현저히 다른 성격적·정서적 차이를 보입니다.

심리학자이자 민감성 연구가인 일레인 아론은, 아무래도 미국적 상황을 염두에 둔 것이겠지만, 민감한 아이들 상당수는 학교생활이 오히려 해가 되는 탓에 과감하게 홈스쿨링을 하라고 권고합니다. 특히 시끄러운 소리에 민감한 아이들은 소음과 자극이 많은 학교생활에 적응하기 쉽지 않기 때문입니다.

나이가 들면 적응하겠지, 하고 생각할 수도 있지만 그렇지 않은 경우가 많습니다. 학년이 올라간다고 유전자에 새겨진 성격 구조까지 바뀌지는 않으니까요. 이는 둔감화나 적응의 사안이 아니라는 말입니다. 성격 문제를 스스로 어느 정도 통제할 수 있으려면 성인이 되고도 한참이 지나야 합니다(마흔이 넘은 나이에도 민감한 성격 때문에 겪는 어려움을 상담받으러 오는 분들이 많습니다). 특히 사춘기가 다가오면 이런 문세가 크게 폭발할 수도 있습니다. 아이의 민감성을 억압하면 감당할 수 없는 대반전이 찾아올 수 있으니 정말 조심해야 합니다.

아이의 민감성은 평생 이어지는 특징이에요. 미국의 경우 초등학생의 홈스쿨링이 합법화되어 있지만 한국에서는 엄두를 내기 어려운 일입니다. 저도 여기에 대한 묘안을 찾기가 무척 어렵습니다. 저도 초민감자이지만 학교를 꾸역꾸역 다녔고 심지어 군대까지 다녀왔습니다. 제 두 아이도 모두 초민감자이지만 지금 학교에 다니고 있죠. 안타깝게도 민감한 아이를 둔 부모님이 풀어야 할 숙제가 참 많습니다.

어쨌든 민감한 자녀가 학교생활에서 이러저러한 어려움을 호소한다면 일단 부모님은 정성을 다해 그 어려움에 귀 기울여줘야 합니다. 아이의 말 하나하나는 중대한 '심리적 현실'(이는 실제 현실과는 다를 수 있습니다)을 반영한 것이고, 만약 이에 대한 적절한 대처가 이루어지지 않으면 다양한 내적 문제를 불러일으킬 수 있습니다.

아이의 기질은 비교적 빠른 시기에 나타나는데, 이를 확인해볼 수 있는 간단하면서도 매우 유용한 기질 테스트가 있습니다. 머리. S 커신카의 《긍정으로 교감하라》라는 책에 나오는 것으로 유아나 어린 아이들이 보이는 기질 특성에 대해 무척 상세하게 파악할 수 있는 테스트입니다.

커신카는 9가지 항목의 질문을 통합해 침착한 아이, 활발한 아이, 활력이 넘치는 아이라는 3가지 종류로 아이들을 구분합니다. 이때 침착한 것이 좋고, 활력이 넘치는 것이 나쁘다고 단정할 수는 없습니다. 각각의 장단점이 있습니다. 침착한 아이라고 무조건 잘 성장하는 것이 아니며 활력이 넘쳐나는 아이라고 항상 부모님 속을 끓이는 것도 아닙니다.

기질 테스트의 마지막 항목을 보세요. 침착한 아이들은 보통 기분이 좋고 만족스러운 반면 활력이 넘치는 아이들은 심각한 것 고칠 점을 잘 찾아내죠. 침착한 아이는 책을 읽을 때 "모두 다 괜찮아요" 하며 책의 내용에서 마음이 들지 않는 부분을 굳이 찾으려 하지 않을 수도

커신카의 내 아이 기질 테스트

왼쪽 항목에 가까우면 1점, 두 쪽이 섞여 있지만, 왼쪽 항목에 조금 더 가깝다면 2점, 두 쪽의 항목들이 거의 균형을 이루면 3점, 오른쪽 항목에 가까우면 5점, 두 쪽이 섞여 있지만, 오른쪽 항목에 조금 더 가깝다면 4점을 준다.

1	2	3	4	5

부드러운 반응 / **격렬한 반응**

부드러운 반응	격렬한 반응
훌쩍이며 운다	그냥 울기만 하는 법이 없고 고함을 지른다
흥분하는 모습을 보기 어렵다	순간순간 감정이 변한다
반응이 온화하다	모든 반응이 격하다
즐거울 때 미소를 짓는다	좋아서 꽥꽥 소리친다
두려워하지 않고 문제를 해결하려 든다	쉽게 공포에 사로잡힌다

1	2	3	4	5

쉽게 포기한다	계속 몰두한다
쉽게 다른 활동으로 전환한다	하던 일이나 생각에 매달린다
몇 분 울다가 그친다	몇 시간이고 울음을 그치지 않는다
"안 돼"라는 지시를 받아들인다	"안 돼"라는 말을 절대 받아들이지 않는다

1	2	3	4	5

그다지 예민하지 않다	대단히 예민하다
주변이 시끄러워도 잠을 잔다	잠들려면 조용히 해야 한다
까칠까칠한 촉감에도 상관없다	솔기가 바깥쪽으로 난 양말만 신으려 한다
이상한 냄새가 나도 개의치 않는다	빛, 소리, 냄새, 혼잡함 등을 힘들어한다
무엇이든 잘 먹는다	편식이 심하다
부모님의 스트레스를 의식하지 못한다	부모님의 스트레스를 그대로 반영해 보여준다
자기 느낌을 겉으로 드러내지 않는다	좋고 싶은 느낌을 강하게 드러낸다

성공적인 시냅스 독서법의 조건

1	2	3	4	5

별로 한눈을 팔지 않는다   **주위에 관심을 쏟는다**

· 하던 일을 할 뿐 창밖의 새들을 바라보지 않   · 대부분 사람들이 보지 못하는 것에 집중한다
  는다

· 기름기 섞인 웅덩이에 생긴 무지개를 보지 못   · 기름기 섞인 웅덩이에 생긴 무지개를 보느라
  하고 지나간다   5분씩 쭈그리고 앉아 있다

· 손쉽게 여러 가지 지시사항을 기억하고 완수   · 복잡한 지시사항을 쉽게 잊어버린다
  한다

1	2	3	4	5

적응이 빠르다   **적응이 느리다**

· 하던 행동을 쉽게 멈추고 다른 행동으로 전환   · 한 활동이 끝나고 다른 활동이 시작되면
  한다   울거나 소란을 피운다

· 식사시간과 낮잠시간이 유동적이다   · 식사와 낮잠 시간이 정확하게 정해져 있다

· 갑작스러운 일에 별로 당황하지 않는다   · 갑작스러운 일에 몹시 불안해한다

1	2	3	4	5

규칙적이다   **불규칙적이다**

· 거의 매일 같은 시간에 잠든다   · 같은 시간에 잠드는 일이 거의 없다

· 규칙적으로 배가 고프다   · 매일 서로 다른 시간에 배가 고프다

· 배변이 규칙적이다   · 배변이 불규칙적이다

1	2	3	4	5

조용하다   **매우 활동적이다**

· 잠잘 때 한 자리를 벗어나지 않는다   · 온 사방을 돌아다니며 잔다

· 오랫동안 가만히 앉아 조용히 논다   · 늘 움직이고 앉아 있을 때도 가만히 있지 않는다

1	2	3	4	5

바로 빠져든다 · 일단 거부하고 직접 해보기 전에 관찰한다**

· 새로운 상황에서 머뭇거리지 않는다 · 뒷걸음질을 치고 움츠러든다
· 행동하면서 배우는 것 같다 · 보면서 배운다
· 새로운 활동에 개방적이다 · 새로운 활동이나 사물에 긴장감을 느낀다
· 별다른 불만 없이 새로운 요구를 받아들인다 · "싫어요"라는 대답이 즉각 튀어나온다

1	2	3	4	5

대개 만족스러운 상태이다 **대개 심각하고 분석적이다**

· 보통 좋은 기분이다 · 보통 심각하다
· 긍정적이다 · 고쳐야 할 문제점을 찾아낸다

9~18점	19~28점	29~45점
침착한 아이	활발한 아이	활력이 넘쳐나는 아이

있어요. "좋았어요. 엄마와 책을 읽는 것만으로도 기뻐요" 하는 식으로
요. 하지만 이러한 반응이 항상 바람직한 것은 아닙니다. 때로는 문제
점을 잘 발견하지 못하는 아이를 위해 문제가 될 만한 내용을 살짝 알
려주는 것도 필요합니다. 대상을 냉정하게 분석하고 판단하는 비판적
사고능력 또한 중요하기 때문입니다.

한편 활력이 넘치는 아이는 책을 읽을 때 불편한 반응을 나타내기
쉽고 문제점들을 찾아 캐묻는 경향이 있습니다. 에디슨은 자신이 어릴
적 항상 활력이 넘치는 아이였다고 말하죠. 달걀을 품으면 자신도 병

아리를 부화할 수 있을 거라는 엉뚱한 상상력이 훗날 그를 역사상 가장 위대한 과학자이자 발명가로 이끌었습니다. 따라서 활력이 넘치는 아이를 둔 부모님이라면 이러한 아이의 기질을 충분히 이해한 상태에서 아이를 어떻게 대해야 할지 방법을 세우는 것이 좋습니다.

성격에 관한 테스트를 하나 더 소개해볼까요. 앞서 빅파이브 성격 이론에서 제시하는 5가지 부문을 각각 점검해보는 방식입니다. 일단 다음 항목들에 각각 점수를 매겨보기 바랍니다.

이 테스트를 통해 내 아이를 좀 더 잘 이해하고 이끌 수 있습니다. 가령 개방성이 높은 아이는 예술가 기질을 타고난 아이인데요. 이런 아이라면 조금 과장된 상상이 담긴 책이라도 즐겁게 읽을 거예요. 학령기 전이라면 모리스 센닥의《괴물들이 사는 나라》나 크리스 반 알스버그의《하늘을 나는 배, 제퍼》같은 그림책이, 초등 고학년이라면 C. S. 루이스의《나니아 연대기》시리즈나 조앤 롤링의《해리 포터》시리즈를 즐겁게 읽을 겁니다. 한편 친화성이 높은 아이라면 성격적 특성대로 관계와 감정, 사랑에 대한 주제들을 다룬 책을 권해봅니다. 이처럼 아이의 성격적 특성을 책 선정에 반영하면 아이가 책에 훨씬 더 깊게 몰입하고 만족해할 겁니다.

성격의 이해와 관련해 좀 더 전문적인 검사를 받아볼 수도 있습니다. MBTI의 아동용 버전을 MMTIC Murphy Meisgeier Type Indicator for Children라고 하는데, 나쁘지는 않지만 최근 신뢰도 문제가 대두되고 있습니다. 그보다는 전문가들이 상당히 신뢰하는 기질 및 성격검사인 TCI Temperament and Character Inventory를 받아보길 권합니다. 정신과 의사 클로닝거가 생물학과 심리학을 접목해 만든 것으로 가장 많이 사용하는 성격검사입니다.

글을 읽을 줄 알면 아이가 직접 해도 좋고, 아직 어리다면 부모님이 관찰해서 답하면 된다. 전혀 아니다는 1점, 별로 아니다는 2점, 중간이다는 3점, 약간 그렇다는 4점, 매우 그렇다는 5점을 준다.

문항	전혀 아니다	별로 아니다	중간 이다	약간 그렇다	매우 그렇다
1. 모임에 참석하면 여러 사람들과 대화를 나누는 편이다.	1점	2점	3점	4점	5점
2. 다른 사람과 있을 때 먼저 대화를 시작하는 편이다.	1점	2점	3점	4점	5점
3. 비교적 말이 많은 편이다.	1점	2점	3점	4점	5점
4. 남들이 자신에게 관심 가지는 것을 꺼리지 않는다.	1점	2점	3점	4점	5점
5. 모임에서 다른 사람들을 이끄는 편이다.	1점	2점	3점	4점	5점
6. 걱정이 많다.	1점	2점	3점	4점	5점
7. 화를 자주 낸다.	1점	2점	3점	4점	5점
8. 짜증을 쉽게 낸다.	1점	2점	3점	4점	5점
9. 마음이 흔들릴 때가 많다.	1점	2점	3점	4점	5점
10. 우울할 때가 많다.	1점	2점	3점	4점	5점
11. 다른 사람에게 관심이 많다.	1점	2점	3점	4점	5점
12. 사람들에게 친절한 편이다.	1점	2점	3점	4점	5점
13. 사람들의 기분을 잘 이해하는 편이다.	1점	2점	3점	4점	5점
14. 사람들과 지내는 시간이 많다.	1점	2점	3점	4점	5점
15. 남의 말에 잘 공감하는 편이다.	1점	2점	3점	4점	5점
16. 청소를 자주 한다.	1점	2점	3점	4점	5점

17. 계획한 일은 미루지 않는 편이다.	1점	2점	3점	4점	5점
18. 내 일에 대해서는 최선을 다한다.	1점	2점	3점	4점	5점
19. 일의 세부적인 사항까지 꼼꼼히 체크하는 편이다.	1점	2점	3점	4점	5점
20. 모든 물건은 제자리에 놓여 있는 것이 편하다.	1점	2점	3점	4점	5점
21. 어려운 단어를 자주 쓰는 편이다.	1점	2점	3점	4점	5점
22. 각종 상식이나 정보에 대해 관심이 많고 많이 아는 편이다.	1점	2점	3점	4점	5점
23. 이것저것 공상할 때가 많다.	1점	2점	3점	4점	5점
24. 생각에 깊이 빠질 때가 많다.	1점	2점	3점	4점	5점
25. 상황 판단이나 이해가 빠르다.	1점	2점	3점	4점	5점

모두 체그했디먼 각긱의 싱걱 특성에 대한 합을 구한다.

- 1~5번 (외향성) 합계 _____점
- 6~10번 (신경성) 합계 _____점
- 11~15번 (친화성) 합계 _____점
- 16~20번 (성실성) 합계 _____점
- 21~25번 (개방성) 합계 _____점

합계를 냈다면 다음과 같이 도표를 만들어본다.

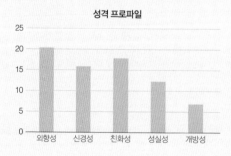

성격 프로파일

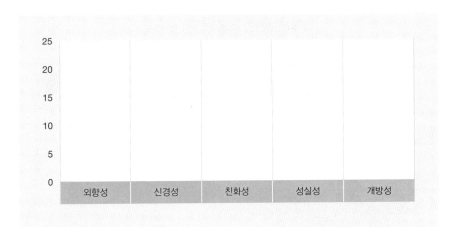

한편 많은 고등학생들이 받고 있는 홀랜드 직업적성검사를 초등학생쯤 조금 빨리 받아보는 것도 매우 좋습니다. 제 경험상 10세 전후에 이 검사를 해보면 양육과 교육, 진로 등 아이와 관련된 여러 가지에 대해 풍부한 이해를 얻을 수 있습니다.

유독 신경성이 높은 아이, 민감성이 높은 아이를 위한 검사도 있습니다. 민감성 연구의 권위자 일레인 아론이 제공하는 아동 민감성 테스트인데요, 어른이라면 자신의 성격적 특성을 억누르거나 잘 다스릴 수 있지만 아이는 좀처럼 그럴 수가 없지요. 따라서 민감한 아이들은 좀 더 많은 관심과 전문적인 양육 지식을 필요로 하기에 이 검사가 많은 도움이 됩니다.

일레인 아론은 아동 민감성 테스트 문항 중 만약 13개 이상 체크된다면 민감한 아이가 맞으며, 이런 아이들에 대한 양육과 교육은 다른 아이들과는 분명 달라야 한다고 조언하고 있습니다. 실제로 민감한 아

일레인 아론의 아동 민감성 테스트

문항	✓
1. 쉽게 놀란다.	○
2. 거친 옷감이나 양말의 봉합선, 피부에 닿는 상표에 불편해한다.	○
3. 깜짝 놀랄 만한 일을 즐기지 않는다.	○
4. 강한 처벌을 할 때보다 부드럽게 바로잡아줄 때 더 잘 배운다.	○
5. 내 마음을 읽는 것 같다.	○
6. 나이에 비해 어렵고 풍부한 어휘를 사용한다.	○
7. 아주 희미한 냄새를 금세 알아차린다.	○
8. 영리한 유머감각을 가지고 있다.	○
9. 매우 직관적인 것처럼 보인다.	○
10. 신나는 하루를 보내고 난 후에는 쉽사리 잠들지 못한다.	○
11. 큰 변화에 잘 적응하지 못한다.	○
12. 옷이 젖거나 모래가 묻으면 빨리 갈아입고 싶어한다.	○
13. 질문을 많이 한다.	○
14. 완벽주의자이다.	○
15. 다른 사람의 고통을 잘 알아차린다.	○
16. 조용한 놀이를 더 좋아한다.	○
17. 깊이 생각하게 만드는 질문을 던진다.	○
18. 고통에 매우 민감하다.	○
19. 시끄러운 장소에서 불편해한다.	○
20. 미묘한 차이를 알아차린다(어떤 물건을 옮겼다든지, 어떤 사람의 외모에 변화가 생겼다든지 하는 것들).	○
21. 높은 곳에 올라가기 전에 먼저 안전한지 아닌지 꼼꼼히 살핀다.	○
22. 주위에 낯선 사람이 없을 때 일을 가장 잘한다.	○
23. 사물을 마음속 깊이 느낀다.	○

출처: 일레인 N. 아론, 《까다롭고 예민한 내 아이, 어떻게 키울까?》, 이마고, 2011

72

이들은 많은 부분에서 차이가 납니다. 책 한 권을 읽더라도 무척 조심스럽게 읽을 거예요. 한 권의 책이 주는 자극의 정도 역시 매우 높죠. 그래서 오래 생각하고, 많이 생각하고, 많은 말을 합니다. 《빨강 머리 앤》의 앤처럼 한 권의 책에 대해 정말 쉬지 않고 많은 이야기를 쏟아낼 수도 있을 거예요. 부모님이 그것을 싫어하거나 굳이 막지만 않는다면요.

자녀가 민감한 아이에 속한다면 일레인 N. 아론의 《까다롭고 예민한 내 아이, 어떻게 키울까?》를 꼭 읽어보기 바랍니다. 또 일자 샌드의 《센서티브》나 주디스 올로프의 《나는 초민감자입니다》 같은 책에서도 많은 도움을 얻을 수 있습니다.

두뇌 유형

아이의 두뇌 특성 즉 아이가 좌뇌형인지 우뇌형인지 아니면 중뇌형인지를 알면 아이에게 맞는 독서를 하는 데 큰 도움이 됩니다. 다음은 좌뇌, 우뇌가 각각 담당하는 활동과 또 선호하는 활동들을 구분한 간단한 표입니다.

이 표를 보면 두 영역이 서로 대립하는 특징을 보이는 것을 확인할 수 있죠. 두 영역 가운데 아이가 어느 쪽 특징을 좀 더 많이 갖고 있는지 관찰해봅니다. 그렇게 아이를 좌뇌형 아이, 우뇌형 아이로 분류할 수 있습니다. 한편 두 영역의 특징이 서로 섞여 구분하기 어려울 때도 있습니다. 그런 경우 그 아이는 중뇌형일 가능성이 높습니다. 중뇌형 아이는 두 쪽 뇌를 다 쓰는 아이라서 상대적으로 지능이 높고 영리합니다. 중뇌형 아이는 뇌의 좌반구와 우반구를 이어주는 뇌량이 선천적

좌뇌와 우뇌가 담당·선호하는 활동

좌뇌	• 체계적으로 문제를 해결한다. • 순차적이고 이성적인 사고를 한다. • 분석과 추론을 통해 학습한다. • 사실적인 것, 현실적인 것을 선호한다. • 수학 계산을 한다. • 이름을 기억한다. • 언어를 구사하고 언어정보를 기억한다. • 이성적으로 감정을 통제한다.
우뇌	• 얼굴과 형상을 기억한다. • 감각이 뛰어나고 새로운 사실을 좋아한다. • 감정을 표현한다. • 재미있는 생각과 행동을 한다. • 경험적이고 활동적인 학습에 익숙하다. • 직관을 통해 문제를 해결한다. • 환상적이고 상상적인 것을 선호한다. • 말할 때 제스처를 한다.

으로 좀 더 두껍고 촘촘하다고 알려져 있습니다. 대표적으로 아인슈타인이 중뇌형이었죠.

이러한 뇌 특성의 차이 역시 독서 취향이나 습관으로 이어집니다. 우뇌형 아이들은 책의 자세한 내용이나 한 장면, 한 장면에 집중하기보다는 그때그때의 정서적 특징이나 상황에 좀 더 반응합니다. 책이 가진 전체적인 맥락을 잘 이해하죠. 좌뇌형 아이는 읽은 내용에 담긴 세밀하고 분석적인 정보를 이야기하는 것에 능숙할 거예요. 학습 면에서 많은 장점을 가진 뇌 유형입니다. 반면 우뇌형 아이들은 좀 더 창의적인 독후 활동을 하면 좋습니다. 가령 책에서 읽은 내용을 바탕으로 공작이나 그림 그리기 하는 것을 즐길 수 있어요.

내 아이의 좌우뇌 유형이 궁금하다면 인터넷에서도 쉽게 검색할 수 있는 테스트를 이용할 수 있지만 보다 정밀한 검사를 위해 다음의 책을 활용하는 것도 좋습니다. 전공서적이긴 합니다만, 다이앤 코넬의 책《뇌 기반 교수-학습 전략》에 뇌 유형 검사가 실려 있습니다(이 책에는 다중지능검사, 학습유형검사도 실려 있습니다). 또한 이언 맥길크리스트의《주인과 심부름꾼》, 다니엘 핑크의《새로운 미래가 온다》그리고 김영훈의《압도적인 결과를 내는 공부두뇌》에서 쉽고 자세한 설명을 얻을 수 있습니다. 특히 김영훈의 책에는 좌뇌형·우뇌형 판별 테스트가 있습니다.

다중지능 프로파일

이 책에서 가장 중점을 두고 설명하고 싶은 개성 탐색 기준은 바로 다중지능 이론입니다. 이 방법은 좀 전에 설명했던 좌뇌형, 우뇌형 분류에 비해 좀 더 세밀하고 구체적입니다. 심리학자 하워드 가드너는 20세기를 풍미했던 IQ 시대에 마지막을 고하며 다중지능 이론을 주장했습니다. 다중지능 이론은 그를 위대한 교육자 반열에 오르게 한 이론으로 인간이 가진 무한한 잠재력을 단지 IQ 하나로 설명하는 것은 부당하다는 관점입니다. 인간의 지능은 IQ 검사로 측정되는 논리수학지능이나 언어지능 외에도, 음악지능, 공간지능, 신체운동지능, 자연탐구지능, 대인관계지능, 자기성찰지능 등 좀 더 다양하고 폭넓게 분류될 수 있다는 것입니다. 그리고 각각의 지능은 독자성과 독립성을 가지고 있고요.

자폐증이 있지만 미술 등 특정 분야에 놀라운 재능을 가지는 경우가 있습니다. 이를 서번트 신드롬이라고 부르는데요. 이런 일이 가능한 것은 뇌의 각 영역이 분리된 채 서로 다른 능력들을 유지하면서 불균등하게 발달하기 때문이에요. 이는 다중지능 이론이 나올 수 있었던 결정적인 증거가 되어주었습니다. 학창 시절, 공부를 못해 항상 열등생 소리를 들었지만 훗날 뛰어난 웹툰 작가가 되는 경우도 다중지능 이론으로 충분히 설명 가능합니다.

이 이론이 증명되고 지지받기까지는 꽤 오랜 시간이 걸렸습니다. 하지만 이제 다중지능 이론을 아는 부모님들도 참 많아졌죠. 최근 미국이나 서구 교육계는 바로 이 다중지능이론에 기초한 학습 과정을 가장 중요하게 생각하고 있습니다. 다중지능 이론에 의하면 세상의 어느 아이도 남과 같은 방식으로 공부하지 않습니다. 아이는 학습 대상을 자신의 두뇌 프로파일에 따라, 자기만의 고유한 방식으로 학습합니다. 그러니 이 세상 모든 아이에게 공통적으로 적용할 수 있는 공부법이란 존재하지 않죠. 당연히 한 종류의 독서 프로그램을 모든 아이에게 적용해서도 안 될 일입니다.

어떤 두 아이가 같은 시간, 같은 책을 읽어도 책을 읽는 방식은 서로 완전히 다를 수밖에 없습니다. 유전자를 많이 공유한 형제 자매 사이에도 마찬가지입니다. 가령 5~6세쯤 된 일란성 쌍둥이에게 비교적 단순한 내용의 《곰 사냥을 떠나자》(마이클 로젠 글, 헬린 옥슨버리 그림)라는 동화책을 읽힌 후 쏟아내는 이야기를 들어보면 서로 완전히 다른 것을 알 수 있습니다. 이런 경우 두 아이가 말하는 공통점보다 두 아이가 서로 다르게 읽은 내용들에 주목하는 것이 좋습니다. 그리고 각각의 아이에게 맞는 개성적인 독후 대화를 나누는 것이 바람직합니다.

아이들은 서로 다른 성격과 두뇌 특성에 따라 책을 읽기 때문에 책에서 더 자세히 보는 것, 더 잘 파악하고 이해하는 것, 더 선호하는 것, 더 많은 상상을 펼치는 지점들이 각기 다를 수밖에 없어요. 훌륭한 교사나 양육자라면 이런 불균등한 이해를 좀 더 보편적이면서 폭넓은 방향으로 확장시켜주는 역할을 해야 합니다. 어디까지나 아이의 개성을 존중하면서 말이죠.

다음은 내 아이의 다중지능 프로파일을 확인할 수 있는 검사입니다. 우리 아이를 이해하는 데 있어 무척 중요한 검사가 될 수 있으니 잘 활용해보기 바랍니다. 아이가 5~6세 이상부터는 직접 해볼 수 있고, 고등학생은 물론 대학교 1, 2학년에게도 적용할 수 있는 검사입니다.

다중지능 프로파일 검사

전혀 아니다는 1점, 별로 아니다는 2점, 중간이다 3점, 약간 그렇다 4점, 매우 그렇다는 5점을 준다. 아이가 글을 읽을 줄 안다면 스스로 체크하게 해보고 읽지 못하면 부모님이 대신 읽어주며 체크한다. 아이가 질문을 어려워하면 쉽게 풀어서 설명해준다.

1영역	전혀 아니다	별로 아니다	중간 이다	약간 그렇다	매우 그렇다
1. 나는 친구, 선생님, 형제 누구와도 잘 지낸다.	1점	2점	3점	4점	5점
2. 나는 사람들로부터 다정하고 친절하다는 소리를 자주 듣는다.	1점	2점	3점	4점	5점
3. 나는 친구 사이에서 인기가 많다.	1점	2점	3점	4점	5점
4. 나는 친구와 싸웠을 때 다시 화해하려고 노력한다.	1점	2점	3점	4점	5점
5. 나는 어떤 친구가 도움이 필요한지 잘 안다.	1점	2점	3점	4점	5점
6. 나는 친구들 사이의 다툼을 잘 해결하고 화해시키는 사람이다.	1점	2점	3점	4점	5점
7. 나는 친구의 고민을 들어주거나 도와주는 것을 잘한다.	1점	2점	3점	4점	5점

2영역	전혀 아니다	별로 아니다	중간 이다	약간 그렇다	매우 그렇다
1. 나는 수의사, 농부, 정원사, 기상캐스터 등 자연과 관련된 직업을 갖고 싶다.	1점	2점	3점	4점	5점
2. 나는 동물원이나 식물원 가기를 좋아한다.	1점	2점	3점	4점	5점
3. 나는 산과 들로 탐험하는 것을 좋아한다.	1점	2점	3점	4점	5점
4. 나는 날씨, 기후, 음식의 재료 등을 잘 안다.	1점	2점	3점	4점	5점
5. 나는 곤충 기록이나 식물 기록을 만드는 것이 재미있다.	1점	2점	3점	4점	5점
6. 나는 화초 가꾸기, 곤충 기르기, 애완견 기르기 등에 잘 참여한다.	1점	2점	3점	4점	5점
7. 나는 자연에 관한 다큐멘터리를 좋아한다.	1점	2점	3점	4점	5점

3영역	전혀 아니다	별로 아니다	중간 이다	약간 그렇다	매우 그렇다
1. 나는 어떤 일이 잘못되면 그런 일이 다시 생기지 않도록 고민한다.	1점	2점	3점	4점	5점
2. 나는 위인전을 읽고 배울 점을 찾는 것을 좋아한다.	1점	2점	3점	4점	5점
3. 나는 집이나 학교에서 내가 할 일을 찾아 실천한다.	1점	2점	3점	4점	5점
4. 나는 내 능력과 재능을 키우기 위해 노력한다.	1점	2점	3점	4점	5점
5. 나는 일기를 쓰거나 계획표를 짜는 것을 좋아한다.	1점	2점	3점	4점	5점
6. 나는 내가 피로한지, 기분이 좋은지, 나쁜지 잘 안다.	1점	2점	3점	4점	5점
7. 나는 혼자만의 시간이 꼭 필요하다.	1점	2점	3점	4점	5점

4영역	전혀 아니다	별로 아니다	중간 이다	약간 그렇다	매우 그렇다
1. 나는 집에서 음악을 즐겨 듣는다.	1점	2점	3점	4점	5점
2. 어떤 음악을 들으면 그 곡의 빠르기나 음의 높낮이를 알 수 있다.	1점	2점	3점	4점	5점
3. 나는 누가 연주나 노래를 잘하는지, 못하는지 알 수 있다.	1점	2점	3점	4점	5점
4. 나는 악기를 쉽게 배운다.	1점	2점	3점	4점	5점
5. 나는 노래 부르기, 피아노 같은 악기 연주 등을 배우고 있거나 배우고 싶다.	1점	2점	3점	4점	5점
6. 나는 숨쉬기, 빠르기, 셈여림, 감정을 잘 살려 노래한다.	1점	2점	3점	4점	5점
7. 나는 악보에 나오는 기호들의 뜻을 잘 안다.	1점	2점	3점	4점	5점

5영역	전혀 아니다	별로 아니다	중간 이다	약간 그렇다	매우 그렇다
1. 나는 운동을 잘한다는 말을 자주 듣는다.	1점	2점	3점	4점	5점
2. 나는 십자수, 조각, 조립 같은 손재주가 필요한 활동을 잘한다.	1점	2점	3점	4점	5점
3. 나는 연예인이나 아는 사람을 잘 흉내 낼 수 있다.	1점	2점	3점	4점	5점
4. 나는 무용이나 운동을 배우려고 노력하고 있다.	1점	2점	3점	4점	5점
5. 나는 몸놀림이나 손놀림이 빠르다.	1점	2점	3점	4점	5점
6. 나는 롤러블레이드, 자전거 같은 몸을 많이 쓰는 놀이를 좋아한다.	1점	2점	3점	4점	5점
7. 나는 어떤 동작이라도 몇 번 해보면 잘한다.	1점	2점	3점	4점	5점

6영역	전혀 아니다	별로 아니다	중간 이다	약간 그렇다	매우 그렇다
1. 나는 책이나 글을 읽으면 빨리 이해한다.	1점	2점	3점	4점	5점
2. 나는 사람들이 틀리게 쓴 말이나 잘못된 문장을 잘 찾는다.	1점	2점	3점	4점	5점
3. 나는 글을 잘 쓴다고 칭찬받는다.	1점	2점	3점	4점	5점
4. 나는 친구들이 모르는 단어 뜻도 잘 안다.	1점	2점	3점	4점	5점
5. 나는 시인, 소설가, 성우, 아나운서가 될 만한 소질이 있다.	1점	2점	3점	4점	5점
6. 나는 국어 시간을 좋아한다.	1점	2점	3점	4점	5점
7. 나는 사람들에게 말을 잘한다는 소리를 듣는다.	1점	2점	3점	4점	5점

7영역	전혀 아니다	별로 아니다	중간 이다	약간 그렇다	매우 그렇다
1. 나는 다른 과목보다는 수학이나 과학을 잘한다.	1점	2점	3점	4점	5점
2. 나는 남의 말에서 틀린 점이나 맞지 않는 사실을 잘 찾는다.	1점	2점	3점	4점	5점
3. 나는 그냥 외우기보다는 이유를 따지며 외우는 것이 좋다.	1점	2점	3점	4점	5점
4. 나는 논리적이고 토론을 잘한다.	1점	2점	3점	4점	5점
5. 나는 어떤 일의 원인이나 이유를 아는 것이 재미있다.	1점	2점	3점	4점	5점
6. 나는 숫자나 거스름돈 계산을 잘한다.	1점	2점	3점	4점	5점
7. 나는 과학실험같이 혼자서 하는 일이 즐겁다.	1점	2점	3점	4점	5점

8영역	전혀 아니다	별로 아니다	중간 이다	약간 그렇다	매우 그렇다
1. 나는 고장 난 장난감이나 물건을 잘 고친다.	1점	2점	3점	4점	5점
2. 나는 공부할 때 그림이나 표를 그리면서 할 때가 많다.	1점	2점	3점	4점	5점
3. 나는 길을 잘 찾는 편이다.	1점	2점	3점	4점	5점
4. 나는 만들기나 그림 그리기를 좋아한다.	1점	2점	3점	4점	5점
5. 나는 한 번 본 것도 비슷하게 그릴 수 있다.	1점	2점	3점	4점	5점
6. 나는 방이나 물건을 재미있고 예쁘게 꾸미기를 좋아한다.	1점	2점	3점	4점	5점
7. 사람들이 나에게 그림 그리기나 만들기를 잘한다고 말한다.	1점	2점	3점	4점	5점

체크했다면 합계를 내본다.

분류	1영역 대인관계 지능	2영역 자연친화 지능	3영역 자기성찰 지능	4영역 음악 지능	5영역 신체운동 지능	6영역 언어 지능	7영역 논리수학 지능	8영역 공간 지능
합계								

각 영역의 합계에 따라 내 아이의 다중지능 프로파일을 그래프로 그려본다.

그래프를 그려보면 내 아이의 다중지능 중에서 발달한 영역과 조금 떨어지는 영역이 확연히 구분됩니다. 잘하는 영역을 강점지능이라고 부르고, 떨어지는 영역을 약점지능이라고 부르죠. 각 지능의 문항들도 유심히 관찰해보면 아이가 무엇을 좋아하고 싫어하는지, 또 무엇을 잘 하고 못하는지에 대해 꼼꼼하게 정리할 수 있습니다. 이에 따라 아이의 독서나 학습 방향도 많이 달라질 거예요.

여러 지능 영역 가운데 특히 자기성찰지능은 다른 지능들과 밀접하게 연결되는 지능입니다. 자신의 강점을 잘 알고, 그것을 더 훈련하고 신장할 때 이 자기성찰지능이 꼭 필요하기 때문이죠. 피카소와 같은 재능을 가진 아이라도 자기성찰지능이 떨어지면 훌륭한 예술가로 자라기 어렵습니다. 따라서 부모님과 선생님이 꾸준히 성장시켜주어야 할 지능 영역이 바로 자기성찰지능입니다.

언어지능과 논리수학지능이 뛰어난 아이는 학습이나 독서에서 빠른 성장을 보입니다. 특히 독서 발달에서는 언어지능이 결정적인 비중을 차지하죠. 언어지능과 논리수학지능은 서로 견인하는 특성이 있습니다. 언어지능이 성장하면서 논리수학지능도 동반 성장하죠. 거꾸로 논리수학지능이 높은 아이들은 책 읽기를 즐기고 그 결과 언어지능이 성큼성큼 발달하죠. 공부를 아주 잘하는 최상위권 아이들은 대개 자기성찰지능, 언어지능, 논리수학지능이 강점지능이고, 점수대도 대개 평균 80점 이상에 해당하는 28점 이상에 분포합니다.

하지만 지금 아이의 상태가 미래의 모든 것을 결정하지는 않습니다. 아이의 상태는 계속해서 바뀌어나갑니다. 그러니 특정 영역에서 아이의 점수가 높다고 혹은 낮다고 실망하기보다는 현재 아이가 학교나 일상에서 느끼는 여러 가지 일들에 대해 스스로 어떻게 평가하고 있는지 확인하는 척도로 활용하는 것이 좋습니다. 물론 지금 아이에게 필요한 독서의 방향이 어디인지 살펴보는 데 활용할 수 있고요.

다음은 제가 다중지능에 따른 아이의 선호활동과 개성, 재능을 정리해본 것입니다. 아이의 개성과 독서 취향을 이해하는 중요한 참고자

료가 될 거예요. 독서 계획을 세우거나 아이가 읽을 책을 선택하기 전
자료로 활용하기 바랍니다.

다중지능에 따른 선호활동

구분	언어지능	논리수학지능	음악지능	공간지능
특징	• '왜?'라고 자주 묻는다. • 말하기를 즐긴다. • 어휘력이 뛰어나다. • 2가지 이상의 외국어를 구사한다. • 새로운 언어를 쉽게 배운다. • 단어게임, 말장난, 시 낭송, 말로 다른 사람 웃기는 일 등을 좋아한다. • 독서를 즐긴다. • 글쓰기를 즐긴다. • 언어의 기능을 잘 이해한다.	• 퍼즐 게임을 즐긴다. • 수를 이용한 놀이를 즐긴다. • 사물의 작동 원리에 관심이 많다. • 규칙에 따른 활동을 선호한다. • '만약 ~라면'이라는 식의 논리에 관심이 많다. • 물건을 수집하고 분류하는 것을 좋아한다. • 문제에 분석적으로 접근한다.	• 소리 패턴에 민감하다. • 자주 노래를 흥얼거린다. • 리듬에 따라 박자를 맞추거나 몸을 흔든다. • 소리들을 쉽게 구별한다. • 음에 대한 감각이 좋다. • 리듬에 맞추어 움직이는 데 능하다. • 박자 변화에 따라 운동 패턴을 조절한다. • 음조와 소리 패턴을 기억한다. • 음악적 경험을 추구하고 즐긴다.	• 그림 그리기를 즐긴다. • 시각적인 세부 묘사에 뛰어나다. • 사물 분해하기를 좋아한다. • 무엇인가 세우기를 좋아한다. • 퍼즐 놀이를 즐긴다. • 기계적으로 숙달되어 있다. • 이미지로 장소를 기억한다. • 지도 해석에 뛰어나다. • 낙서를 좋아한다.
잘하는 일	소설, 연설, 신화(전설), 시, 안내서, 잡지, 주장, 농담, 글자 맞추기, 각본, 계약서, 논픽션, 이야기, 신문, 연극, 논쟁, 재담 등	컴퓨터 프로그램, 수학적 증거, 흐름도, 대차 대조표, 퍼즐 풀이, 의학 진단, 발명, 스케줄, 논리적 명제 등	노래, 오페라, 교향곡, 연주, 작곡, 사운드 트랙 등	그림, 줄긋기, 조각, 지도, 도형, 만화, 계획, 콜라주, 모형, 건물, 미로, 엔진, 벽화, 영화, 비디오, 사진 등

구분	신체운동지능	대인관계지능	자기성찰지능	자연친화지능
특징	• 신체적으로 좋은 균형 감각을 갖고 있다. • 손과 눈의 협동 관계가 좋다. • 리듬 감각이 있다. • 어떤 문제를 직접 몸으로 접해 보고 해결하려는 경향이 있다. • 우아한 움직임을 연출할 줄 안다. • 제스처를 통해 전달하는 데 능숙하다. • 상대방의 신체 언어를 잘 읽어 낸다. • 공, 바늘 따위의 도구와 물체를 다루고 조절하는 데 빨리, 쉽게 적응한다.	• 다른 사람에 대한 감정 이입이 뛰어나다. • 또래들 사이에서 인기가 높다. • 또래나 나이가 더 많은 사람이나 똑같이 잘 사귄다. • 리더십을 보여 준다. • 다른 사람과 협동하여 일하는 데 능숙하다. • 다른 사람의 느낌에 민감하다. • 중개인이나 카운슬러 역할을 자주 한다.	• 특정한 활동에 대한 좋고 싫음이 분명하며, 그것을 잘 표현한다. • 감정 전달에 뛰어나다. • 자신의 강점과 약점을 명확히 인식한다. • 자신의 능력을 확신한다. • 적절한 목표를 설정한다. • 야심을 가지고 일한다.	• 새, 꽃, 나무 등 동식물에 관심이 많다. • 동식물의 습성과 생리에 깊은 관심을 보인다. • 인공적인 환경보다 자연적인 환경을 선호하는 편이다. • 자연물의 관찰에 상당한 시간을 할애한다. • 곤충, 파충류 등에 대한 혐오감이 상대적으로 덜하다. • 화분 등의 관리에 남다른 열정이 있다.
잘하는 일	운동, 게임, 춤, 연극, 몸짓, 표현, 신체 훈련, 연기, 조각, 조상, 재주 부리기, 보석 세공, 목재 가공 등	집단 작업, 연극, 대화, 운동, 클럽, 단체 행동, 단체 지도, 합의 결정 등	시, 일기, 예술 작업, 자기반성, 목표, 자서전, 가족사, 종교 활동 등	조개껍질이나 꽃잎 등 개인적 취향을 강하게 반영한 수집, 자연 사진, 곤충이나 애완견, 가축에 대한 관찰 메모, 동식물 스케치 등

언어지능의 수준

마지막 기준은 아이가 가진 언어지능의 수준에 따라 책 읽기를 설계하는 것입니다. 이는 아이의 읽기 능력과도 밀접하게 관련한 것으로 독서양육에서 가장 결정적인 변수로 고려해야 하는 부분이지요.

아이마다 타고난 언어지능은 천차만별입니다. 언어지능은 무척 중요한 지능 영역 가운데 하나죠. 그런데 이 역시 유전자의 영향을 무척 크게 받습니다. 즉 애초에 언어지능이 뛰어난 아이도 있지만, 언어지능이 많이 떨어지는 아이도 있습니다. 난독증 증상을 보이는 아이도 있고요. 영어권 연구에 따르면 난독증 증상을 보이는 아이들이 전체의 10퍼센트를 상회한다고 합니다. 한국에서 조사된 바로는 적어도 5퍼센트의 아이들이 난독증을 지니고 있습니다. 난독증은 매우 까다롭고 복합적인 문제이며 반드시 신속하고 전문적인 대처를 해야 합니다. 만약 아이에게 난독증 징후가 발견된다면 최대한 빨리 전문가의 도움을 받는 것이 좋습니다. 어릴수록 난독증 교정이 효과적으로 이루어지기 때문입니다.

언어지능이 뛰어난 아이들은 좀 더 빨리 한글을 깨칩니다. 인위적인 한글교육이 없더라도 말이죠. 이런 아이들은 부모님의 노력이 좀 부족해도 빠르게 읽기 독립에 도달합니다. 그런데 여기에는 성별 간의 차이가 어느 정도 있습니다. 대체로 여자아이들이 남자아이들에 비해 좀 더 빨리 언어를 습득하고, 읽기 능력의 성장도 상대적으로 빠릅니다. 여성의 뇌에는 남성의 뇌에 비해 언어뇌의 세포수가 평균 10퍼센트 이상 많기 때문이죠. 반면 외향적이고 언어지능이 떨어지는 남자아이라면 책 읽기 습관을 들이기가 상대적으로 꽤 어려울 수 있습니다.

한편 난독증까지는 아니어도 큰 노력을 들여도 좀처럼 언어가 늘지 않고, 읽기 숙달이 이루어지지 않는 아이도 있습니다. 부모로서는 답답하고 힘든 노릇이지만 걸음이 느리다고 멀리 못 가는 것은 아니지요. 나이가 들수록 더 큰 학문적 성취를 이룬 퇴계 이황의 성장 모델을 생각하며 인내심과 여유, 긴 안목을 가질 필요가 있습니다.

아이가 읽기를 잘 못한다고 독서를 강제하라는 의미는 아닙니다. 독서 시간을 더 늘려야 한다는 뜻도 아니고요. 내 아이가 아직 평균적인 간격의 징검다리를 잘 건너지 못하는 것과 같은 경우라고 보고 부모님이 아이 앞에 좀 더 많은 디딤돌을 놓아주어야 한다는 의미로 받아들이는 것이 좋습니다. 남보다 더 긴 호흡으로 독서 성장을 계획해야 한다는 의미이기도 합니다. 그러니 이는 많은 정성과 인내, 그리고 깊은 이해심이 필요로 합니다.

반면 애초 언어지능이 다른 아이들에 비해 높은 아이라면 독서 욕구도 비교적 높을 것이고, 부모님도 거기에 걸맞게 좀 더 신속하게 대응해 좀 더 풍요로운 독서 환경을 제공할 필요가 있습니다. 이 책의 지침과 방향을 따라 찬찬히 독서 과정을 설계한다면 부모님이 어느 전문가 못지않은 좋은 독서조력자로 거듭날 수 있습니다.

학계에서는 기질과 양육, 유전자와 환경의 영향력을 50 대 50이라고 말합니다. 아이가 만 7세쯤이면 두 요소가 강력하게 맞서는 때입니다. 이와 관련된 검사 하나를 소개합니다. 정확한 명칭은 '독서태도검사'로 언어능력이나 국어 실력 자체를 평가하지 않으면서도 아이의 언어지능과 독서애호감을 효과적으로 평가할 수 있는 검사입니다.

글을 읽을 수 있는 약 7세부터 검사가 가능하지만, 아이가 더 어린 경우 혹은 아직 글을 잘 읽지 못하는 경우에도 부모님이 아이에게 대신 물어보는 형식으로 해볼 수 있습니다. 독서태도검사의 목적 중 하나는 지금 아이가 독서에 대해 얼마나 열정을 갖고 있는지 그 정도를 알아보기 위한 것입니다. 그리고 부모님이 평균 수준 이상의 독서양육을 제공했다고 가정하면 이 검사 결과를 통해 아이의 현재 언어지능 수준까지도 어느 정도 가늠할 수 있습니다. 그만큼 독서애호감과 언어지능은 상당 부분 연계되어 있습니다.

아울러 독서태도검사는 지금까지의 독서양육 과정에 대해 되돌아볼 수 있는 중요한 단서들을 제공하며, 이 검사의 문항 하나하나가 앞으로 부모님이 마음에 새겨야 할 독서양육의 지침들이기도 합니다. 검사 문항들을 잘 살펴보고 앞으로 아이와 어떻게 독서 활동을 만들어나갈지 지침으로 활용하는 것도 좋습니다.

독서태도검사

문항	매우 아니다	조금 아니다	조금 그렇다	매우 그렇다
1. 나는 집에서 책 읽는 것을 좋아한다.	1	2	3	4
2. 나는 책을 읽으면 재미있다.	1	2	3	4
3. 나는 책 선물을 받으면 기분이 좋다.	1	2	3	4
4. 나는 잠자기 전에 책을 읽는 편이다.	1	2	3	4
5. 나는 집에 책이 많이 있었으면 좋겠다.	1	2	3	4
6. 나는 시간이 날 때마다 책을 읽는다.	1	2	3	4
7. 나는 게임을 하거나 텔레비전을 보는 시간보다 책 읽는 시간이 많다.	1	2	3	4
8. 나는 서점에 가는 것을 좋아한다.	1	2	3	4
9. 나는 부모님께 책을 사달라고 자주 말씀드린다.	1	2	3	4
10. 나는 친구들보다 책을 많이 읽는 편이다.	1	2	3	4
11. 나는 그림이 적은 책도 좋아한다.	1	2	3	4
12. 나는 책을 읽을 때 옆에서 누가 불러도 모를 때가 있다.	1	2	3	4
13. 나는 책을 읽는 것이 중요하다고 생각한다.	1	2	3	4
14. 나는 책을 많이 읽으면 공부를 잘한다고 생각한다.	1	2	3	4
15. 나는 책을 읽으면 아는 것이 많아진다고 생각한다.	1	2	3	4
16. 어른들은 책 읽는 것을 중요하게 생각하신다.	1	2	3	4
17. 나는 책을 많이 읽으면 생각하는 힘이 길러진다고 생각한다.	1	2	3	4

성공적인 시냅스 독서법의 조건

18. 나는 책을 읽는 나 자신이 자랑스럽다.	1	2	3	4
19. 나는 책을 잘 읽을 수 있다고 생각한다.	1	2	3	4
20. 책을 많이 읽으면 마음이 넓어진다고 생각한다.	1	2	3	4
21. 나는 게임을 하거나 텔레비전을 보는 것보다 책 읽는 것이 더 좋다.	1	2	3	4
22. 나는 학교 도서실에 자주 간다.	1	2	3	4
23. 나는 한 번 읽기 시작한 책은 끝까지 읽는다.	1	2	3	4
24. 나는 친구와 책 이야기를 하는 것이 즐겁다.	1	2	3	4
25. 나는 읽을 책을 가지고 다니는 편이다.	1	2	3	4

100점 만점에 80점 이상인 경우, 아이의 독서애호감이 뛰어난 편이며, 동시에 언어지능 역시 높을 가능성이 큽니다. 가끔 아이의 말수가 적어 언어지능이 낮지 않을까 걱정하는 부모님들을 만나게 되는데 이는 아이의 외향성과 수용성에 따른 문제이지 언어지능과는 관계없습니다. 다시 말해 내향적이거나 신경성이 매우 높은, 민감한 아이들의 경우 비록 말수는 적어도 높은 언어지능을 가지고 있을 수 있다는 의미입니다. 따라서 단지 겉으로 드러나는 면으로 판단하지 않는 것이 좋습니다.

60점 이상은 평균 수준이고요. 60점 이하는 독서애호감이나 언어지능이 떨어지거나 부모님의 독서 지도에 문제가 있을 가능성이 있다고 판단할 수 있습니다. 하지만 평균이거나 60점 이하인 아이라도 부모님의 노력과 아이 마음에 따라 결과가 얼마든지 바뀔 수 있으니 절대 실망할 필요는 없어요. 오히려 올라갈 계단이 많으니 다행이라고 여기고 시냅스 독서법을 꾸준히 실천하면 됩니다.

자, 이제 지금까지 말한 5가지의 기준에 따라 알게 된 내 아이의 개성을 한번 찬찬히 정리해봅니다. 아이가 무엇을 좋아하고, 무엇을 싫어하며, 어떤 성격적 특성이 있는지, 어떤 활동을 좀 더 쉽고 빠르게 배우는지 등을 자세히 기록해봅니다.

잘 알면 새로운 문이 열리죠. 이 과정을 통해 전에는 좀처럼 아이에게 권할 생각을 하지 못했던 책들이 갑자기 눈에 들어올 수도 있습니다. 그리고 아이는 이를 통해 한 번도 경험해보지 못한 새로운 세계로 나아가게 될 겁니다.

- 좋아하는 일

- 잘하는 일

- 싫어하는 일

- 잘하지 못하는 일

- 행동 특성

- 언어 특성

- 감정 특성

내 아이에게 꼭 맞는
독서 프로그램 만들기

아이의 독서는 크게 다음의 세 단계로 나눌 수 있습니다.

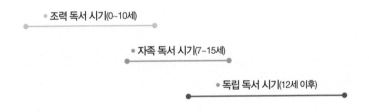

그림과 같이 조력 독서 시기, 자립 독서 시기, 독립 독서 시기인데요, 이 단계들은 각기 서로 분리되기보다 겹쳐지면서 순차적으로 이행됩니다. 0~10세 조력 독서 시기는 부모님의 도움이 절대적으로 필요한 시기죠. 책의 선정과 독서 시간, 방법의 선택까지 부모님의 도움과 관리가 절대적인 시기입니다. 독서양육의 절정기라 할 수 있습니다.

부모님이 가장 정성을 들여야 하는 시기입니다.

7~15세 자족 독서 시기는 부모님이나 독서 조력자의 도움이 어느 정도 필요하긴 하나 서서히 아이 스스로 혼자서 책을 읽고 독후 활동을 수행하는 비중이 늘어나는 때입니다. 아이가 한글을 깨치고 스스로 책을 보기 시작하면서 이 시기가 열립니다. 이 시기에 가장 중요한 과제 중 하나는 아이가 스스로 책을 고르고 읽는 능력을 키워주어 독서 동기를 충분히 찾도록 해주는 것입니다. 그래야 이후 독립 독서 시기를 잘 맞이할 수 있으니까요.

12세 이후 독립 독서 시기가 되면 아이는 다른 외부의 도움 없이 자력으로 책을 고르고, 읽고, 독후감을 쓰기 시작합니다. 이때 부모님이나 독서 조력자는 간단한 조언을 해주거나 어려움 해결을 돕는 선에서 최소한으로 관여하는 것이 바람직합니다. 아이의 독립적인 독서 활동을 지나치게 간섭하면 오히려 반발심이나 문제가 생길 수도 있어요. 특히 자족 독서 시기와 독립 독서 시기가 겹치는 동안에는 부모님 혹은 독서조력자는 매우 유연한 태도를 가질 필요가 있습니다. 어디까지나 아이의 독서열이 잘 자라게 한다는 목표를 위해서 말이죠.

이 세 단계가 순차적으로 잘 이행되려면 특히 0~10세 조력 독서 시기에 부모님이 아이의 독서에 관해 좀 더 치밀한 독서 계획을 세우는 것이 좋습니다. 앞서 1장에서 10세 무렵이면 아이의 평생 학습과 관련된 독서의 기본기, 즉 독서애호감과 읽기 능력의 기본이 거의 결정된다고 한 바 있습니다. 바로 이 조력 독서 시기의 단계적인 특성 때문입니다.

저는 이 시기를 성공적으로 보내기 위한 매우 효과적인 방법으로 '1년 독서 계획 세우기'를 추천합니다. 매해 살얼음판을 걷듯 조심스러운 관심을 기울이지 않으면 어느새 아이가 책으로부터 멀리 도망가 버릴 수도 있기 때문에 신중하게 1년 독서 계획을 세워 이러한 위험에 대비할 필요가 있습니다. 그리고 매년 한 해를 마무리하며 아이의 독서와 관련해 다음과 같은 평가를 해보는 것도 좋습니다.

첫째, 아이는 올해 읽은 책들에서 충분히 독서기쁨을 느꼈나요?

둘째, 부모님(독서조력자)은 아이의 독서 지도를 잘 이끌었나요?

셋째, 그로 인해 아이의 독서 동기가 충분히 발달했나요?

이 3가지 항목에 모두 우수 혹은 최우수 등급을 받는다면 아이는 다음 해에도 책 읽기에 왕성하게 도전할 수 있겠지요. 하지만 이런 계획과 점검이 없다면 어느 순간 아이의 독서열이 차갑게 식어버릴지도 모릅니다. 실제로 아이들을 상담하며 이와 같은 안타까운 사례들을 수없이 접하게 됩니다. 다음의 순서에 따라 1년 독서 계획 세우기를 실천해보기 바랍니다.

1단계 : 도서관이나 서점에 가기

앞서 설명한 방법으로 아이의 개성을 파악하고 이를 바탕으로 책을 고릅니다. 아직 한글을 읽지 못하는 5세 아이를 예로 들면 하루 1시간의 독서를 하려면 2~3권 정도의 책이 필요합니다. 새 책도 필요하겠지만 아이가 같은 책을 여러 번 다시 읽기를 원한다면 원 없이 읽어주는 과정도 필요합니다. 따라서 책 공급을 위해 일주일에 한 번 도서관을 방문해서 책을 빌리고, 또 1~2주에 한 번은 서점에 들려 애착 책을 구입할 필요가 있습니다.

도서관이나 서점에 아이와 함께 가는 것도 좋지만, 사정에 따라 부모님 혼자 가야 할 수도 있습니다. 다만 가능한 한 아이에게 직접 책을 고를 수 있는 기회를 많이 주는 것이 좋습니다. 아이 스스로 책 고르는 연습을 충분히 해야 나중에 혼자 도서관에 가도 책을 제대로 빌려올 수 있을 테니까요.

책 10권을 고른다면 5권은 아이의 개성에 어울리는 책, 나머지 5권은 부모님이 아이에게 꼭 읽히고 싶은, 좋은 책들을 배정하면 좋습니다. 이때 갑자기 책을 고르고 구입하기보다는 최소한 3개월 전 미리 계획표에 섞어두는 것이 좋습니다. 물론 1년치 독서 목록을 마련할 수 있다면 좋겠지만 한꺼번에 이 목록을 모두 완성하는 건 분명 쉽지 않은 일입니다.

아이가 한 책을 반복적으로 읽을 수도 있기 때문에 이를 고려하면 아이에게는 한 달에 대략 50~100권 정도의 책을, 1년이면 500~1,000권 정도의 책이 필요합니다. 권수를 아무리 줄여도 1년에 300권 이상은 필요하죠. 그런데 아이의 언어지능과 개성에 따라 필요한 도서의 수량에도 많은 차이가 생길 수 있습니다. 중요한 것은 절대 서두르지 않는 것입니다. 가령 1,000권의 책을 미리 정하고, 매일 3권씩 강제적으로 읽히는 식의 방법은 좋지 않습니다.

2단계 : 일주일 독서 계획표 짜기

일단 일주일 독서 계획표 짜는 것부터 시작해봅니다. 다음은 제 작은아이의 2014년, 5월 셋째 주 독서 계획표 예시입니다.

일주일 독서 계획표 예시

구분	유치원 하원 후에	저녁 식사 후에	잠잘 때
월	도널드 크루즈의 《화물열차》 (독후 활동 : 그림 그리기)	케빈 헹크스의 《달을 먹은 아이 고양이》 (독후 활동 : 고양이 흉내 내기)	샬럿 졸로토의 《바람이 멈출 때》 (독후 활동 : 한 페이지 자세하게 관찰하기)
화	마이클 로젠의 《곰 사냥을 떠나자》 (독후 활동 : 이불에 숨기 상황극)	딕 부르너의 《뽀삐의 여행》 (독후 활동 : 여행 떠나기 상황극)	안나 카살리스 《유치원에 가기 싫어요!》 (독후 활동 : 유치원에서 즐거운 일 이야기하기)
수	도널드 크루즈의 《화물열차》 (독후 활동 : 그림 그리기)	나카야 미와의 《까만 크레파스와 요술기차》 (독후 활동 : 기차 놀이)	샬럿 졸로토의 《바람이 멈출 때》 (독후 활동 : 한 페이지 자세하게 관찰하기)
목	마이클 로젠의 《곰 사냥을 떠나자》 (독후 활동 : 동굴에 들어가기 상황극)	케빈 헹크스의 《달을 먹은 아이 고양이》 (독후 활동 : 고양이 흉내 내기)	샬럿 졸로토의 《바람이 멈출 때》 (독후 활동 : 아빠와 신체놀이)
금	로이스 렌스키의 《칙칙폭폭 꼬마 기차》 (독후 활동 : 그림 그리기)	나카야 미와의 《까만 크레파스와 요술기차》 (독후 활동 : 기차 놀이)	이현의 《비만은 안 돼요》 (독후 활동 : 음식 놀이)
토	딕 부르너의 《뽀삐의 여행》 (독후 활동 : 여행 떠나기 상황극)	도널드 크루즈의 《화물열차》 (독후 활동 : 아빠와 신체놀이)	샬럿 졸로토의 《바람이 멈출 때》 (독후 활동 : 한 페이지 자세하게 관찰하기)
일	로이스 렌스키의 《칙칙폭폭 꼬마 기차》 (독후 활동 : 기차 놀이)	마이클 로젠의 《곰 사냥을 떠나자》 (독후 활동 : 이불에 숨기 상황극)	안나 카살리스 《유치원에 가기 싫어요!》 (독후 활동 : 내일 유치원에서 할 일 이야기하기)

제 작은아이는 언어지능 상위 3퍼센트에 드는 큰아이와 달리 평균보다 약간 높은 수준 정도의 언어지능을 갖고 있습니다. 주의력 유지 시간은 대략 20분 내외이고요. 그러니 20분에 한 권 정도의 책을 읽고 독후 활동을 하는 것이 적당했습니다. 이 나이대의 평범한 아이들은 5권, 10권을 연속해서 읽지 못합니다. 그러니 지나친 욕심을 내기보다는 좋은 책을 천천히 깊이 있게 읽히는 것이 좋습니다.

3단계 : 책 읽는 시간 정하기

그래서 저는 하루에 3권의 책을 연달아 읽히는 것이 아닌 세 번 정도 나눠서 읽어주는 것을 목표로 했습니다. 유치원 하원 후, 저녁 식사 후 그리고 잠자기 전으로요. 물론 이는 부모님과 아이의 생활 리듬에 맞게 배치하면 됩니다. 아이가 잘 따라준다면 1시간에 연달아 3권을 읽어주어도 좋습니다.

책은 주로 엄마가 읽어주되 아빠인 저도 틈틈이 도왔습니다. 일단 유치원 하원 후 적당한 시간에 먼저 한 권을 읽어줍니다. 천천히 깊이 읽고, 아이의 리듬에 맞추어 읽어줍니다. 책을 다 읽고 난 후에는 책 내용에 대한 이야기를 나누거나 그림을 그리는 식의 독후활동을 했습니다. 그렇게 저녁 식사 후에 한 권을 읽고, 또 잠들기 전에 한 권을 읽습니다. 때로는 잠자리에 누워 읽어주죠. 까다로운 아이라서 잠들기를 항상 불편해하고 걱정했는데, 샬럿 졸로토의 《바람이 멈출 때》가 무척 많은 도움이 되었습니다. 그림책 장르 중에는 특별히 이 용도로 만들어진 것들이 있는데, 《바람이 멈출 때》는 그중에서도 최고 명작에 속합니다.

일주일에 하루이틀은 책을 읽지 않고 지나는 날도 있습니다. 바쁜 일들이 있을 수 있으니까요. 이처럼 하루이틀 쉬거나 계획을 지키지 못하더라도 이는 자연스러운 현상이니 너무 큰 부담을 갖지 않아도 됩니다.

4단계 : 독서애호감 키워주는 도서 목록 확장하기

어린아이들에게는 대부분 특별히 애착하는 대상이나 행위가 있기 마련이고, 그 사물이나 행위와 연결된 책 읽기는 아이의 독서기쁨과 독서애호감을 확실하게 높이는 가장 효과적인 방법입니다. 제 작은아이 성민이가 기차를 무척 좋아해 기차에 대한 관심을 책 읽기로 연결했던 것처럼요.

성민이에게 처음 길잡이가 된 책은 도널드 크루즈의 《화물열차》였습니다. 뛰어난 색감이 돋보이는 이 책은 사실 큰아이 예나를 위해 구입한 책이었지만 성민이가 더 폭발적인 반응을 보였지요. 책을 읽고 나면 새로 배운 단어들, '화물열차', '레일', '증기기관차', '철길' 같은 단어를 되뇌며 자신만의 느낌을 온몸으로 표출했습니다. 그 흥분과 감동을 담아 춤추는 아이의 모습이 얼마나 귀엽던지요. 저도 덩실덩실 함께 춤을 춰주었습니다.

그 무렵 제 중요한 일과 중 하나는 퇴근 후 성민이와 함께 경춘선을 타는 것이었습니다. 집에서 10분 정도 버스를 타고 가다 보면 경춘선 사릉역이 나옵니다. 아이는 자가용보다 버스 타는 것을 더 좋아했고 아내는 그런 아이를 위해 저녁마다 성민이와 버스를 타고 사릉역으로 저를 마중나왔습니다. 그렇게 우리는 바로 옆 퇴계원역이나 금곡역까지 기차를 타고 갔다가 다시 버스를 타고 집으로 오는 일을 반복했어요.

일요일 아침, 사람들이 잘 다니지 않는 시간에 함께 기차를 탈 때면 아이는 내내 기쁨을 주체하지 못하고 한없이 행복해했습니다. 1시간에서 1시간 반가량 기차 여행을 하고 돌아온 후 아침밥을 무척 맛있게 먹었죠. 그렇게 우리는 사릉역으로 기차 타러 가는 일을 수없이 반복했습니다.

그러면서 저는 기차에 관한 책을 한 권씩 구입했습니다. 존 버닝햄의 《야, 우리 기차에서 내려》, 나카야 미와의 《까만 크레파스와 요술기차》, 이노우에 요스케의 《후루룩 냠냠 라면기차》, 마거릿 와이즈 브라운의 《작은 기차》, 로이스 렌스키의 《칙칙폭폭 꼬마 기차》는 모두 명작의 반일에 드는 그림책들이죠. 성민이는 이 모두를 무척 즐겁게 읽었고, 아이의 독서기쁨은 한없이 넘쳐흘렀습니다.

그중 성민이가 유독 애착했던 책은 안드레아 에르네가 쓴 《기차》라는 책으로, 흔히들 말하는 명작 그림책은 아니었어요. 하지만 그림도 비교적 정교하고 안정감이 있고, 내용도 견실한 편이었어요. 교육적 내용이 많은 편인데, 남자아이나 소년들이 궁금해할 만한 기차와 역 주변의 상황들에 대해 자세하게 소개하고 있는 것은 물론 팝업 북 형식도 포함되어 있어서 아이가 직접 입체적인 내용들을 넘기며 조작할 수 있었죠.

이 시기 성민이가 사랑했던 또 다른 기차 책은 요코미조 에이이치의 《출발! 달려라 기차》입니다. 오랫동안 여러 권의 기차 동화책을 그려온 작가의 장인정신이 돋보이며 작가가 기차를 제대로 알고 그림책을 만들었음을 깨닫게 하는 섬세한 전개와 장면 묘사가 훌륭한 책입니다. 그리고 팝업 북인 로버트 크라우서의 《칙칙폭폭 기다란 기차들》도 즐겨 읽었습니다. 팝업 북 중에서도 압권에 해당하는 명작 그림책이에요(기차를 좋아하지 않는 아이에게도 강력 추천합니다). 성민이는 이 책을 너무 사랑해서 잠자리에 들 때 꼭 안고 잘 정도였어요.

그 외에도 아이는 니시하라 미노리의 《꿈틀꿈틀 애벌레 기차》, 버지니아 리 버튼의 《말괄량이 기관차 치치》, 마거릿 와이즈 브라운의 《난 자동차가 참 좋아》, 아라이 료지의 《버스를 타고》, 사라 해리슨·피터 데니스의 《구석구석 재미있는 세상 1 : 기계와 운송수단 편》, 이제 절판되어 찾기 힘든 신동준의 《지하철은 달려온다》, 페니 데일의 《버스를 모는 아이》, 와티 파이퍼·조지 도리스 하우먼의 《넌 할 수 있어, 꼬마 기관차》, 미우라 타로의 《이산화탄소, 탈 것으로 알아보아요》, 크리스토퍼 워멀의 《꼬마기차와 커다란 동물들》 등 기차나 차와 관련된 그림책들을 섭렵했습니다.

저는 이 책들을 아이와 함께 읽기 전 미리 인터넷으로 찾아보고, 서점, 도서관을 돌아다니며 읽어본 후 사두었습니다. 아이에게 책 사는 기쁨을 알려주려고 일부러 함께 서점에 가서 사준 책도 많고요(아마 절반 정도는 아이와 함께 서점에 가서 사주었을 거예요). 책을 산 날은 그 자리에서 책을 읽어달라고 할 때가 많을 정도로 아이는 몹시 흥분하며 기뻐했습니다.

5단계 : 석 달치 독서 계획 세우기

기차 책을 읽는 사이사이 제가 알고 있는, 혹은 꼭 읽히고 싶은 명작 그림책들도 열심히 읽어주었습니다. 마이클 로젠의 《곰 사냥을 떠나자》와 같이 큰아이가 좋아했던 책이라든지 케빈 헹크스의 《달을 먹은 아기 고양이》도 처음에는 제가 권해서 읽기 시작한 책이었지만 나중에는 성민이가 수백 번 이상 읽어달라고 할 만큼 애착하는 책으로 등극했습니다.

그렇게 도서 목록을 확장해 계획표를 한 달치 정도 만들어두면, 우선 마음이 편안해집니다. 뭘 읽어주나 하는 고민이 사라지기 때문입니다. 도서 목록을 확보하겠다는 목적으로 무턱대고 전집을 살 필요는 없고 처음에는 도서관을 열심히 활용하는 것이 좋습니다. 책 10권 정도를 빌릴 수 있는 동네 도서관 두세 군데를 알아두는 것이 요긴합니다. 제가 살고 있는 남양주 진접에는 진접도서관, 진접푸른숲도서관, 오남도서관, 진건도서관이 있습니다. 이 도서관들을 돌면 원하는 그림책을 거의 다 빌릴 수 있었어요.

이렇게 주변의 도서관을 알아보고 책을 빌려와 계획표에 맞게 한 권씩 정해둔 시간에 읽어줍니다. 이때 두 번 정도는 읽어주는 것이 좋습니다. 아이가 첫 번째 읽기에서 보지 못한 것들을 두 번째 읽기에서는 새로이 발견할 수 있으니까요. 그리고 그중에는 분명히 아이가 계속 읽고 싶어하는 책이 있을 거예요. 세 번 정도 반복해서 읽으려고 하는 책이 나타나면 그때 서점에서 구입하면 됩니다.

그리고 아이 손이 가장 자주 가는 곳에 전용 책꽂이를 마련해, 빌려온 책, 반복해서 읽어 구입한 책을 한 권씩 꽂아줍니다. 서점에서 새로 책을 사면 아이 스스로 자신의 책꽂이에 책을 꽂도록 유도합니다. 책 애착을 높이는 좋은 방법입니다.

이러한 방식으로 석 달, 길게는 대여섯 달치 도서목록을 미리 만들어볼 수 있습니다. 장기 계획을 세우면, 훨씬 균형감 있게 읽을 책을 배치할 수 있습니다. 예를 들어 자동차 책과 창의적인 명작 그림책 사이에 이현의 《비만은 안 돼요》 같은 바른 식습관에 대한 교육적인 내용이 담긴 책을 배치하는 식으로요.

아이의 관심사가 항상 똑같을 수는 없습니다. 어떤 시기에는 공룡, 또 어떤 시기에는 역사, 또 어떤 시기에는 숫자 혹은 우주에 관심을 가지는 식으로 계속 바뀌게 마련입니다. 그저 그 책 자체가 좋을 수도 있고, 때로는 마음에 드는 그림책 시리즈에 마음을 뺏길 수도 있습니다. 중요한 점은 아이의 흥미를 책 읽기로 연결하는 것입니다. 나아가 읽은 책들을 독서 일지로 기록하는 것도 좋습니다. 내 아이만의 소중한 독서 유산, 평생 남을 소중한 유산이 만들어지는 과정이니까요.

6단계 : 아이 그림책, 동화, 성장소설, 소설로 이어지는 '책 사다리'

아이들은 한 해 한 해 무럭무럭 자랍니다. 특히 아이들의 지성과 감성, 독서능력은 해가 갈수록 눈에 띄게 성장하죠. 석 달, 1년 치 장기 독서 프로그램을 짜보았다면 이후에는 아이의 독서가 어떻게 발전해나가는지에 대해서도 대강의 그림을 갖고 있는 것이 도움이 됩니다. 아이의 읽기 수준에 잘 맞는, 너무 어렵지도 그렇다고 너무 쉽지도 않은 책을 통해 아이의 개성에 맞는 단계별 독서 지도를 체계적으로 하기 위해서입니다.

책의 세계에는 난이도에 따라 복잡한 계단이 존재합니다. 수천 갈래의 계단이 촘촘하게 위쪽을 향해 올라갑니다. 도서관에 가면 유아도서, 아동도서, 청소년도서, 성인도서로 책이 분류되어 있지요. 아이가 배 속에 있을 때 읽어주는 태교동화를 시작으로 아이가 태어나 가장 먼저 접하는 아이 그림책, 이후에는 동화, 성장소설, 소설로 이어지는 책 사다리를 통해 아이는 점차 수준 높은 독서에 도전하게 됩니다.

책 중에 가장 낮은 단계에 속하는 아이 그림책 중에도 명작이 무척 많습니다. 예를 들어 캐런 카츠의 《안아 줘, 꼬옥》이나 《뽀뽀해, 쪽쪽》, 하야시 아키코의 《달님 안녕》, 다다 히로시의 《사과가 쿵》 등이 이러한 명작의 반열에 드는 책입니다. 명작 그림책이 되기 위해서는 몇 가지 절대 조건이 있습니다. 우선 내용에서 문학적·예술적 감수성을 느낄 수 있어야 합니다. 사용한 언어에 품격이 있고 또 시적 감각도 있어야 하고요. 둘째는 물성, 즉 만듦새입니다. 아름다운 그림을 사용했는지, 활사 배열 등의 디자인, 제본이나 질감 등 책을 직접 접했을 때 전해지는 완성도가 뛰어나야 합니다. 아이의 순수한 뇌는 아이 그림책을 통해 처음으로 예술을 경험하고, 장차 예술을 향유할 수 있는 멋진 신경 다발과 내면을 만들기에 아이 그림책만큼은 보다 엄격한 기준으로 선정할 필요가 있습니다.

아이들이 점점 자라 3, 4세가 되면 이제 조금 더 복잡하고 다양한 내용을 다룬 그림책을 읽게 되겠죠. 평생에 걸쳐 가장 중요한, 그림책 단계가 본격적으로 시작되는 겁니다. 앞서 살펴보았듯이 이 시기에는 아이의 개성을 고려해 무엇보다도 아이가 즐겁게 읽을 수 있는 책을 고르는 것이 중요합니다. 물론 가능한 한 명작 그림책이라면 더욱 좋겠죠.

이 시기 저는 우리 아이들이 국내 작가들 작품뿐만 아니라 세계적인 그림책 작가, 명성을 얻은 그림책을 두루 접하는 것을 추천합니다. 좀 더 다양하고 폭넓은 세계적인 감수성을 만드는 데 도움이 될 뿐만 아니라 익숙한 것과 낯선 것들의 적절한 조합을 통해 감수성과 상상력도 키울 수 있으니까요. 다시 말해 세상에 존재하는 다양한 종류의 예술 층위들을 일찌감치 체험하게 해주는 것입니다.

세계적인 문학상으로 노벨문학상, 프랑스의 공쿠르상, 영국의 맨부커상이 있는 것처럼 그림책 분야에서도 세계적인 명성을 가진 상이 있어요. 아스트리드린드그렌상, BIB상, 칼데콧상, 안데르센상, 볼로냐가치상, 케이트그린어웨이상, 뉴욕타임스 우수그림책상 같은 상이 대표적이죠. 이 상의 수상작들을 쭉 훑어보는 것도 매우 바람직합니다. 이외에도 매년 뮌헨 국제청소년도서관에서 제공하는 추천도서목록인 '화이트 레이번즈White Ravens'를 참고해볼 수 있습니다. 이런 저명한 수상작들을 아이들이 직접 읽어보고 또 좋아할 수 있도록 이끌어줍니다.

대략 6세가 지나 초등학생에 들어서면 그림책 이상의 책을 요구하는 아이들이 하나둘씩 생겨납니다. 동화책을 읽을 시기가 온 것이지요. 하지만 욕심을 내서 너무 빨리 동화책으로 넘어갈 필요는 없습니다. 오히려 초등학교 1, 2학년 정도까지는 좋은 그림책을 더 많이 접하게 해주는 것이 좋습니다. 또한 이 시기쯤 되면 혼자서 책을 잘 읽는 아이들도 제법 늘어나지만 그렇다고 해도 매일 부모님과 함께 책 읽는 시간만큼은 빼놓지 말고 꼭 챙기기를 바랍니다. 만약 이것이 힘들다면 아이가 읽은 책을 부모님도 함께 읽은 후 가족 모두가 함께 책에 대한 이야기를 나누는 것도 좋습니다.

이 단계에서는 부모님이 추천하는 책의 비율이 30퍼센트까지 급격히 줄어들 수 있습니다. 이는 무척 자연스러운 현상이며 나머지 70퍼센트는 아이 본인의 취향에 맞는 선택할 수 있게 해줍니다. 도서관이나 서점에 자주 들러 아이 스스로 읽고 싶은 책을 선택할 수 있도록 하면 좋습니다. 설사 학습만화라 하더라도 조금은 허용하되, 학습만화와 명작 동화책의 차이나 다른 속성에 대해서는 충분히 잘 설명해줍니다. 학습만화는 책이라기보다는 각종 동영상이나 게임과 같은 종류로 보아야 할 정도로 아이들의 욕구를 쉽게 자극하는 미디어입니다.

이 시기 명작 동화책을 충분히 잘 읽은 아이라면 초등 고학년부터는 자연스럽게 동화책 수준 이상의 책을 바라게 됩니다. 청소년 소설, 청소년 도서를 읽을 시기가 온 것이죠. 또한 이 시기는 아이들에게 꼭 필요한 성장소설을 읽는 단계이기도 합니다. 성장소설은 사실 성인소설의 한 장르라고 볼 수 있기 때문에 이를 받아들일 수 있으려면 상당한 독서능력, 언어능력, 배경지식을 골고루 갖추고 있어야 하죠.

헤르만 헤세의 《데미안》, 루시 모드 몽고메리의 《빨강 머리 앤》, 샬롯 브론테의 《제인 에어》, 제롬 데이비드 샐린저의 《호밀밭의 파수꾼》, 파트리크 쥐스킨트의 《좀머 씨 이야기》, 윌리엄 골딩의 《파리대왕》, 생텍쥐페리의 《어린 왕자》, 루이제 린저의 《생의 한가운데》, 파올로 코엘류의 《연금술사》, 미하엘 엔데의 《모모》 같은 성장소설은 모두 어른으로 성장하는 과정에서 겪게 되는 많은 고민과 문제를 깊이 있게 다루고 있습니다. 이런 훌륭한 성장소설을 읽으며 아이들은 자신이 처한 환경과 자아 문제, 고민과 갈등에 대한 나름의 해답을 찾아나갈 수 있어요. 멋진 책들이 어떤 심리상담가보다도 더 훌륭한 조언을 내 아이에게 들려줄 것입니다.

부모님의 손길에서 많이 멀어져 독특한 자신만의 세계로 성큼 나아간 아이들도 있을 거예요. 그렇게 아이들이 하루하루 자신의 주체성, 자아정체성을 찾아가는 시기가 되면 이제 부모님은 지혜로운 독서조력자의 위치에 자리하는 정도만으로도 충분합니다. 하지만 아직 부모님에게는 마지막 임무가 남아 있어요. 중학교 시절이 지나기 전에 아이들에게 다양한 성장소설을 추천하고 함께 그 책에 대해 이야기를 나누는 독서 대화 시간을 갖는 것입니다. 만약 여력이 되지 않는다고 느낀다면 차선책으로 훌륭한 독서 멘토를 찾는 방법을 선택할 수 있습니다. 몇 명의 아이들을 모아 좋은 독서 멘토와 함께 뛰어난 청소년 도서와 훌륭한 성장소설을 읽어나가는 것도 정말 좋은 방법입니다.

나는 아이에게 책을 잘 읽어주고 있을까?

문항	예	아니오
1. 글의 리듬을 잘 살려 읽는가?	○	○
2. 읽는 도중 잠시 멈춰 자녀의 이해와 생각을 확인해보는가?	○	○
3. 하루에 세 번 이상 읽는가?	○	○
4. 책을 읽어주는 정해진 시간이 있는가?	○	○
5. 자녀의 연령에 맞는 책을 잘 알고 있는가?	○	○
6. 자녀의 읽기능력에 맞는 책을 읽어주는가?	○	○
7. 다양한 분야의, 고른 독서가 이루어지고 있는가?	○	○
8. 읽기 전 제목, 작가와 삽화가의 이름부터 읽어주는가?	○	○
9. 책 표지에 대해 자녀와 이야기를 나누는가?	○	○
10. 본문으로 들어가기 전, 표지와 제목을 보고 자녀와 내용에 대해 예상해보는가?	○	○
11. 책을 읽으면서 가끔 다음 내용이 어떻게 전개될지 물어보고 있는가?	○	○
12. 가끔 책의 삽화에 대한 대화를 나누는가?	○	○
13. 자녀가 지루해하는지, 집중력이 떨어지는지 체크하고 있는가?	○	○
14. 독서에 대한 강요나 억압적인 말은 하지 않는가?	○	○
15. 중요한 부분에서 읽기를 멈추고 아이가 생각할 시간을 주고 있는가?	○	○
16. 읽기 상황은 물리적으로 편안하고 쾌적한가?	○	○
17. 독후 대화는 잘 진행되고 있는가?	○	○
18. 다양한 독후활동을 진행하는가? (주제화, 상상화 그리기, 느낀 점 써보기 등)	○	○
19. 책을 읽으며 느끼는 다양한 감정에 대해 이야기를 나누고 있는가?	○	○

20. 읽기 속도는 적절한가? 충분히 이해할 수 있게 또박또박, 조금 천천히 읽어주고 있는가?	○	○
21. 새로운 책을 읽어주기 전, 부모님이 먼저 읽어보는가?	○	○
22. 작가에 대한 설명을 충분히 하고 있는가?	○	○

'예'에 답한 문항이 19개 이상인 경우 : 아이는 당신이 책을 읽어주는 것에 무척 흡족해할 것이다. 당신은 뛰어난 구연가이다. 아이에게 독서기쁨과 독서애호감을 심어주기에 충분하다. 위의 문항을 통해 미흡한 부분을 살펴보고, 이를 개선하기 위해 노력한다면 아이의 독서 시냅스는 더욱 촘촘해질 것이다.

'예'에 답한 문항이 15개 이상인 경우 : 당신의 책 읽어주기 능력은 우수하다. 하지만 아이가 책 읽기를 사랑하게 하는 데는 다소 부족함이 있다. 몇몇 실수들이 쌓이다 보면 아이의 독서애호감을 훼손할 수도 있으므로 이 책 전반의 지침들을 통해 책 읽어주기 방식을 조금씩 바꾸어나가는 것이 좋다. 책 읽어주는 방식이 개선될수록 아이의 독서애호감도 커질 것이다.

'예'에 답한 문항이 14개 이하인 경우 : 당신의 책 읽어주기 방법에 여러 문제점이 엿보인다. 지금과 같은 읽어주기 방법만을 고수한다면 아이와의 독서활동은 오히려 독이 될 수도 있다. 어쩌면 아이는 지금 책 읽기를 억지로 따르고 있거나, 책 읽기에 대한 거부감이 쌓이고 있는지도 모른다. 그러다 보면 어느 순간 책과 앎에 대한 호기심마저 무너져 내리고, 독서애호감을 형성하는 중요한 시기를 놓칠 수도 있다. 그러니 면밀하게 지금의 문제들을 찾고, 하나씩 바꾸어나갈 필요가 있다.

제3장

0~3세

무의식적
독서애호감
형성기

공부가 기쁨으로 바뀌는 순간
시냅스 독서법

언어 뇌신경의 성장과
그림책의 상관관계

북스타트 1기에 해당하는 생후 6개월부터 3세까지는 엄마 아빠가 읽어주고 싶은 책을 마음껏 읽어줄 수 있는 시기입니다. 사실 북스타트는 많은 부모님들이 걱정하듯이 그렇게 거창하거나 어렵지 않습니다. 대단히 많은 시간이나 에너지가 드는 것도 아니고요. 6개월 무렵 북스타트를 시작해서 3세 정도까지 약 100여 권의 아이 그림책을 조금씩 구매해나간다고 생각하면 좋습니다. 한꺼번에 책 100권을 사들이는 것을 권하지 않는 이유는 아이의 성향과 반응을 보면서 차근차근 준비해나가는 편이 더 좋기 때문입니다. 물론 권수를 조금 더 늘릴 수도 있지만, 무한정 늘려서도 안 될 일입니다. 아이가 책 과식에 빠지면 안 되니까요.

우선 가벼운 마음으로 대형 서점이나 근처의 큰 도서관에 들러 아이 그림책을 찾아보세요. 딕 브루너의 《미피》 시리즈나 다다 히로시의 《사과가 쿵》, 하야시 아키코의 《달님 안녕》 같은 잘 알려진 아이 그림책 목록을 찾아봅니다. 그리고 이러한 책을 10여 권 정도 구입하는 정도만으로도 북스타트 준비는 완벽합니다.

이 시기 많은 부모님들이 놀라운 경험을 하게 됩니다. 일단 아이가 생각보다 책을 정말 좋아한다는 사실에 놀라고, 또 아이이지만 어떤 책은 특별히 더 좋아하고 또 어떤 책은 그렇지 않은 식의 분명한 취향이 존재한다는 사실에 놀라곤 합니다. 부모님에게 좋아 보이는 책, 추천받은 책, 다른 어떤 아이가 좋아했다고 하는 책과 실제로 우리 아이가 좋아하는 책 사이에는 분명한 차이가 있을 수 있습니다. 하지만 당황할 필요는 없습니다. 그저 아이의 요구를 순순히 따르면 됩니다.

특별한 계획이나 의도 없이 아이에게 다양한 아이 그림책들을 권해 봅니다. 제법 오래전 일이지만, 제 딸 예나는 안나 클라라 티돌름이 지은 '보아요 시리즈' 중에서 《두드려 보아요》를 무척 좋아했어요. 이 시리즈는 《두드려 보아요》, 《찾아 보아요》, 《걸어 보아요》, 《물어 보아요》까지 총 4권으로 구성되어 있는데, 예나는 유독 《두드려 보아요》를 좋아했습니다. 그 이유를 정확하게 알긴 어려웠지만 책을 펼치면 색색의 문이 나오고 그 문을 두드릴 때마다 아이는 까르르 자지러지듯 웃음을 터뜨렸지요. 1세 무렵 이 책을 구입해 아마도 몇백 번 이상 함께 읽었을 거예요. 반복해서 읽어도 아이의 재미나 흥분은 좀처럼 줄지 않았고, 오히려 다음에 등장할 상황을 예측할 수 있게 되어 즐거움이 더욱 커졌죠. 겨우 돌이 지난 아이가 그렇게 책에 푹 빠진 모습이라니, 저로서도 그저 놀라울 따름이었습니다.

대부분의 아이들은 《사과가 쿵》 같은 책을 적어도 100회 이상 읽으려고 할 거예요. 아이들은 대부분 같은 책을 반복해서 읽고 싶어 합니다. 이 욕구는 무척 강하며, 부모님은 이러한 아이의 욕구를 존중해주어야 합니다. 같은 책을 반복해서 읽으며 아이는 좀 더 분명하게 사물들을 이해하고, 조금씩 자기해석을 하게 됩니다. 아이들에게 있어 이 세계는 의식과 무의식이, 상상과 실재가 교류하는 곳이지요. 이를테면 아이들의 마음속에서는 문밖에 요정이 서 있고, 하늘을 나는 수많은 정령들이 존재하며, 자신이 만나는 모든 사물들이 생명력을 가지고 있죠. 또한 아이들은 어딘가 자신의 몸이 부딪혔을 때 아픈 것처럼, 그 사물 역시 아파할 것이라고 믿습니다. 그때 엄마가 아이와 부딪힌 그 장난감 자동차에도 "아야야, 호오, 아프겠다" 하고 입김을 불어주며 사물의 생명성을 인정하는 식의 연극을 해주면 아이에게 중요한 정신적 자양분이 되죠. 그 과정에서 인성과 이타성을 키울 수 있습니다.

일례로 케빈 헹크스의 《달을 먹은 아기 고양이》라는 그림책은 고양이를 통해 아이들의 정신세계를 엿볼 수 있게 해줍니다. 아이들 역시 주인공 고양이처럼 하늘에 뜬 달을 손으로 잡을 수 있을 거라 생각하고, 또 수면 위에 비친 달을 진짜 달이라고 믿기도 하죠. 그런 아이들이 사물을 과학적으로(합리적으로) 이해하기까지는 꽤나 오랜 시간이 걸리겠지요. 이때 아이들은 그림책을 통해 매우 부드럽고 따뜻한 방법으로 신비로운 사물과 실제 세계의 차이를 이해할 수 있게 됩니다. 이처럼 아이에게 그림책은 반드시 필요한 존재이고, 아이에게 그림책 한 권, 한 권과의 만남은 '정신적 결혼'이라고도 할 수 있습니다.

이 시기 부모님, 아이, 아이 그림책은 서로 대등한 삼자 관계를 형성합니다. 어느 것의 비중이 더 높다고 할 수 없습니다. 책은 아이와 부모님을 잇는 매체이고 아이는 책을 통해 세계를 받아들이지요. 아이는 부모와 끊임없이 대화하고 서로 신체언어를 주고받으며 책에서 건네는 말을 '자기수용'합니다. 다시 말해 아이가 자기 식대로 책을 이해한다는 것입니다. 이 자기수용은 아이만 하는 것이 아니죠. 부모님도 아이 그림책을 자기수용합니다. 같은 책을 읽어도 받아들이는 내용은 부모님마다 천차만별입니다. 무한한 해석의 자유가 존재하는 거죠. 예를 들어 아이 그림책《사과가 쿵》에 나오는 개미들의 행진을 어떻게 받아들이고 아이에게 어떻게 설명할 것인지에 대해서는 명확한 정답이 존재하지 않습니다. 어떤 부모님은 "개미들이 일을 하러 가나 봐" 하며 일이 무엇인지 아이에게 알려줄 것이고, 어떤 부모님은 "개미들 표정이 즐거워 보이네" 하며 정서적인 자극에 집중할 수도 있겠죠. 부모님의 상상력이 중요한 지점입니다. 또 같은 부모님이 같은 책을 읽어도 읽을 때마다 해석이 매번 달라질 수 있습니다.

이처럼 아이와 부모님이 각자 자기수용을 거쳐 책과 대화하는 과정은 아이가 문자를 익혀 스스로 책을 읽는 독서 독립의 단계까지 계속됩니다. 그래서 저는 심지어 아이가 초등학교 고학년이 되더라도 부모님과의 교독 즉 책을 서로 한 페이지씩 읽어나가는 것을 권합니다.

다독보다
좋아하는 책을 여러 번

앞서 아이들이 같은 책을 여러 번 읽으려고 하는 것에 대해 말했습니다. 대다수의 부모님들은 책을 많이 읽고, 빨리 읽는 것을 중요하게 여기지만 사실 독서의 정수는 깊이 읽기, 느리게 읽기, 상상하며 읽기 그리고 자유로운 독후 활동과 독후 글쓰기라고 할 수 있습니다. 그러니 아이가 많이 읽지 못한다고, 빨리 읽지 못한다고 조급한 마음을 갖지 않았으면 합니다. 같은 맥락에서 아이가 읽은 책 권수를 자랑스레 내세우는 사람들 혹은 책에 현혹될 필요도 없습니다.

'위편삼절韋編三絶'이라는 고사성어가 있습니다. 이는 공자가 중국의 고전인《주역周易》의 이치를 깨닫기 위해 내용을 적은 죽간(대나무 조각을 끈으로 이어 묶은 문서)을 가죽끈이 세 번 닳아서 떨어질 때까지 반복해서 읽었다는 일화에서 나온 말입니다.《주역》은 공자에게도 여러 번 그 뜻을 새겨야 할 만큼 어려운 책이었던 것입니다.

어려운 책이라면 한 번 읽어 그 뜻을 다 알기 어렵습니다. 그러니 반복해서 읽는 것이 당연하지요. 하지만 꼭 그런 이유만으로 책을 반복해서 읽는 것은 아니죠. 아이들은 한 번 읽은 책을 다시 읽는 것을 퍽 좋아합니다. 다시 읽는 과정에서 몰랐던 내용을 새로 깨닫게 되기도 하고, 전에 읽어서 재미있었던 부분을 다시 읽으며 그 재미를 반복해 느끼고 싶기 때문입니다.

반복해서 읽는 것은 그 자체로 매우 중요한 독서 행위입니다. 반복 독서를 해야만 깊이 읽을 수 있고 창조적인 생각도 더 많이 할 수 있기 때문입니다. 또한 반복독서는 일본에서 선풍적인 인기를 끈 읽기 방법이기도 합니다. 일본의 하시모토 다케시라는 선생님이 제창한 '슬로 리딩'이라는 공부법은 다름 아닌 반복 독서입니다. 하시모토 선생님은 일본 문학사에서 중요 작품으로 꼽히는 《은수저》라는 작품 한 권을 무려 3년 간 천천히 반복해서 읽게 하는 공부법을 여러 해 실천한 것으로 유명합니다. 책에 나오는 놀이를 실제로 해보거나 문장 하나, 어구 하나의 뜻을 새겨가며 책 한 권을 '느리고 깊게' 읽는 것입니다. 한편 하시모토 선생님은 매월 제자들에게 《은수저》가 아닌 다른 책 한 권을 읽고 독후감을 써서 제출하게 했어요. 이때 독후감의 수준은 따지지 않고 제출한 학생 모두에게 만점을 줬다고 합니다.

하시모토 선생님은 슬로리딩의 핵심은 바로 독서의 즐거움이라고 말했습니다. 하시모토 선생님의 슬로리딩 학습법이 뛰어난 성과를 낼 수 있었던 이유는 학생 스스로 공부하는 즐거움을 깨닫게 했기 때문입니다. 하시모토 선생님은 학습을 놀이처럼 즐기다 보면 어느새 공부도 좋아하게 된다고 주장했죠. 처음 수업할 때는 국어 과목을 좋아한다고 응답한 학생이 불과 5퍼센트에 지나지 않았지만, 1년 간 즐거운 수업을 진행한 후에는 그 비율이 무려 95퍼센트까지 늘었다고 합니다. 하시모토 선생님이 일하고 있는 나다고등학교는 이후 일본 내 교토대학교 합격자 최다 배출, 도쿄대학교 합격자 수 1위 학교가 되기도 했습니다. 이 노ṭ 선생님의 제자 중에는 하마다 준이치 도쿄대학교 총장, 야마사키 도시미스 최고재판소 사무총장 그리고 우리에게도 이름이 낯익은 소설가 엔도 슈사쿠가 있습니다. 즐겁게, 천천히, 반복해서 읽는 것이 독서와 공부의 왕도라는 사실을 알려주는 사례입니다.

그러니 아이가 같은 책을 반복해서 읽으려고 한다면 원 없이 그 욕구를 채워주는 것이 좋습니다. 아이가 재미있어하는 책을 여러 차례 반복해서 읽어주고 그 과정에서 아이가 보다 많은 생각과 이해에 도달할 수 있도록 도와줍니다.

엄마 아빠의
빈자리를 채워주는 애착 책

    어린 시절, 특히 생후 3년 간, 아이에게 있어 부모와 많은 시간을 함께 보내며 애착을 형성하는 것이 아이의 정서 발달, 두뇌 발달에 얼마나 중요한가에 관해서는 이미 많은 연구가 있습니다. 문제는 여러 여건상 이것이 실현 불가능한 경우이지요. 가장 이상적인 방법은 조부모님의 도움을 받는 것이겠지만 그러지 못하는 경우 아이는 제법 긴 시간을 보육기관에서 양육 조력자와 지내야 합니다. 어느 쪽이 되었든 아이 입장에서는 살면서 처음 맞이하는 난관일 수밖에 없습니다. 아무리 질 좋은 양육이라 하더라도 엄마 아빠와 함께하는 편안한 시간을 완벽히 대체해주지는 못할 테니까요.

    엉뚱한 강아지 스누피로 유명한 찰스 슐츠의 만화 〈피너츠〉에는 늘 담요를 질질 끌고 다니는 귀여운 남자아이 한 명이 나옵니다. 라이너스 말인데요. 라이너스는 항상 담요를 끌고 다니다가 이 담요가 사라지면 정신적 불안 증상을 보이죠. 스누피가 종종 이 담요를 뺏어 자신의 조수인 우드스톡에게 주려 하므로 스누피와는 늘 앙숙 관계입니다.

이 고전 만화에서 유래한 '라이너스의 담요Linus blanket'라는 심리 증상이 있습니다. 어릴 때 자신이 사용한 물건에 강한 애착을 보이는 심리인데요. 많은 아이들이 애착 이불, 애착 베개, 애착 인형 등을 갖고 있는 것이 바로 이와 관련이 있습니다. 만화 속 라이너스의 반응은 좀 과장되었지만, 사실 이는 전혀 문제가 되지 않는 심리입니다. 오히려 어린 유아 시절 이런 애착 물건을 가지지 못하는 상황이 더 문제라고 해야 할 거예요(물론 칼이나 막대기 같은 파괴적인 물건은 좋지 않겠지요). 애착 인형을 통해 부족한 애착을 채워주고 정서적 안정을 꾀하는 것은 매우 좋은 방법입니다. 그리고 차차 자신이 소중히 여기는 사물들, 이불, 베개, 옷, 가구, 놀이방 등을 통해 심리적 안정을 제공합니다. 그러면 낯선 환경이나 장소에서도 몇 가지 애착 물건과 함께라면 쉽게 적응할 수 있습니다. 낯선 친척 집을 방문했을 때에도 애착 인형이 옆에 있으면 쉽게 적응할 거예요.

같은 맥락에서 저는 아이에게 반드시 '애착 책'을 만들어주어야 한다고 생각합니다. 일하느라 아이와 함께 있지 못하는 엄마 아빠의 빈자리를 애착 책이 대신 채워줄 수 있기 때문입니다.

읽을 때마다 아이가 좋아하는 책, 그래서 유난히 여러 번 자주 손이 가는 책이 바로 애착 책입니다. 그리고 그 애착 책을 아이만의 책장에 꽂아줍니다. 그러면 엄마 아빠와 떨어져 있는 동안 아이는 이 애착 책을 자주 찾을 거예요. 할머니, 할아버지에게 혹은 돌보아주는 양육 조력자나 어린이집 선생님께 이 책을 읽어달라고 조르겠지요. 때로는 글을 몰라도 개의치 않고 책을 펴서 그림을 보며 스스로 읽기도 할 겁니다. 그러면서 아이는 엄마 아빠를 떠올립니다. 책을 읽는 순간에는 엄마 아빠와 함께 있다는 상상을 하게 되지요.

저는 글자를 알기 전 아이들이 암기 천재처럼 책의 내용을 모조리 외우며 책을 읽는 모습을 자주 목격하곤 합니다. 부모님이 책을 정성껏 읽어준 아이에게서 어렵지 않게 목격할 수 있는 광경이지요. 누구나 경험했을 거예요. 외우기 싫은 영어 단어는 죽어라 외워도 안 외워지지만, 좋아하는 노랫말은 자신도 모르게 외워지죠. 기쁨 호르몬 도파민은 뇌 속의 기억장치 해마에서 저장하는 장기기억에 있어 없어서는 안 될 접착제입니다. 기억 대상과 도파민이 결합해 뇌에 기억을 새기는 거죠. 그래서 기뻐하며 접한 일은 더 선명하게 기억에 남습니다. 암기 천재 아이들은 기쁨 호르몬이 넘치는 아이인 것입니다.

아이는 그렇게 애착 책을 읽으며 엄마 아빠와 함께했던 따뜻한 시간을 회상하고, 책 내용을 다시 한 번 마음속에서 재구성합니다. 엄마가 올 때까지, 아빠가 올 때까지 그 책을 보며 즐거운 기대감에 사로잡히는 것입니다. 이처럼 책은 인간은 위로하고 치유하지요. 그래서 위대한 사상가 몽테뉴는 이렇게 말했습니다.

"우울한 생각들에 사로잡혔을 때, 내게는 책들에게 달려가는 것보다 더 나은 방법이 없다. 그러면 나는 곧 책에 빨려들고 내 마음의 먹구름도 이내 사라진다."

정확히 이와 같은 일이 애착 책을 읽으며 엄마 아빠를 기다리는 우리 아이들의 마음속에 일어납니다. 그렇게 아이들은 얼마간의 외로움과 심심함, 기다림을 그리 어렵지 않게 견디며 엄마 아빠의 부재를 이겨낼 것입니다.

1. 아이가 읽고 싶어 하는 책을 더 많이, 더 천천히, 더 자세하게 읽어준다.

2. 잠자리에서 읽어주면 효과가 더 커진다.

3. 애착 책 후보를 읽어준 뒤 더 적극적이고 유쾌한 독후 활동을 한다. (점토 놀이, 상황극, 춤추기, 주인공 흉내 내기 등등)

4. 다양한 책 놀이를 해본다. 책을 이용해 그와 연관된 다양한 신체놀이를 연이어 해본다. 책으로 탑 쌓기, 책을 펼쳐 성 만들기, 책 주고받기, 책 꼭 안아주기, 책과 이야기하기 등과 같은 책 놀이도 도움이 된다.

5. 애착 책은 아이의 책장에 꽂아준다. 책장은 아이가 가장 쉽게 접근할 수 있는, 또 가장 편안해하는 공간에 놓아두는 것이 좋다. 책장을 예쁘게 꾸며주는 것도 좋다. 아이가 어리다면 애착 인형이나 장난감을 책장에 함께 꽂아두어도 좋다.

6. 다양한 종류의 팝업 북을 이용해본다. 팝업 북 중에는 로버트 크라우서의 《칙칙폭폭 기다란 기차들》이나 노먼 메신저의 《상상하는 책》처럼 예술성이 대단히 뛰어난 책도 얼마든지 구할 수 있다.

7. 애착 책과 부모님이 대화하는 모습을 아이에게 보여주며 아이의 애착도를 증가시켜준다. "너, 너무 좋아", "(책)아, 사랑해"라고 말해준다.

책을 사랑하게 만드는
책 놀이

"저는 책이 지겨워요. 맨날 책, 책, 책!"

지윤이처럼 책을 지겨워하는 아이들을 만날 때 제가 꺼내는 비장의 무기 같은 책이 한 권 있습니다. 바로 노먼 메신저의 《상상하는 책》인데요. 아무리 책이 싫은 아이도 이 책 몇 페이지를 열어 보이면 금세 마음이 풀어지기 마련이거든요. 그런데 웬걸요, 지윤이 앞에서는 이 책도 먹히지가 않더군요. 저도 조금 당황했습니다.

두 번째 상담에서 지윤이의 마음을 엿볼 수 있었습니다. 문제는 지윤이 엄마의 조금은 서툰 독서 교육법이었습니다. 지윤이 엄마는 지윤이가 책을 좋아했으면 하는 바람에 아이가 어릴 때부터 매일 책을 강제로 읽히다시피 한 겁니다. 아이 마음이 책을 향해 꼭꼭 문을 닫아걸고 만 것은 어쩌면 당연한 수순이었습니다.

자전거 타기를 초등학교 들어가기 전에 배운 친구와 10대 혹은 20대 때 배운 친구 사이에는 확연한 차이가 존재합니다. 어릴 때부터 자전거에 길이 든 아이, 아이 몸에 길이 든 자전거는 마치 한 몸처럼 움직입니다. 책 역시 어릴 적 타기 시작한 자전거처럼 익숙하면서도 유용한 존재가 된다면 더할 나위 없이 좋을 것입니다.

그런데 10세 전 아이가 자전거를 배울 때 그 목적이 경주나 짐 나르기, 통학용일 경우는 거의 없을 거예요. 그저 재미있어서, 신나게 내달리고 싶어서 자전거를 탈 뿐이지요. 책 역시 마찬가지입니다. 아이가 책을 익숙하고도 유용하게 사용하고, 능수능란하게 활용할 수 있을 정도로 책에 길들여지기 위해서는 무엇보다도 책 자체가 아이에게 신나고 재미있는 대상이어야 합니다. 그러려면 책 읽기가 아이에게 의무나 숙제가 되어서는 안 됩니다. 그래서 10세 전 독서양육의 핵심은 아이가 책을 전혀 숙제나 공부로 여기지 않고 하나의 즐거운 놀이 수단으로 생각하게 해주는 것입니다.

지윤이 엄마와 상담하며 책 읽기의 기쁨에 대해 오래 이야기를 나누었어요. 지윤이가 독서기쁨을 되찾을 수 있는 몇 가지 비법도 알려주었지요. 아이가 책을 혼자 잘 읽더라도 잠자리에서 엄마가 다시 읽어주기, 도서관이나 서점에서 지윤이가 책을 직접 고르게 하기, 엄마도 그 책을 읽고 재미있게 책 대화 나누기 등이었어요. 아주 간단한 지침들이죠. 다행히 지윤이는 이 방법들을 통해 4~5세 무렵 느꼈던 독서기쁨을 회복할 수 있었습니다.

그런데 지윤이 엄마가 독서양육을 하며 한 번도 해보지 않은 일이 한 가지 있었어요. 바로 책 놀이였는데요. 책 놀이는 책을 읽는 용도가 아닌 단지 놀이 도구로 이용하는 것입니다. 책으로 징검다리 만들기, 책으로 성이나 탑 쌓기, 책으로 집 만들기, 책 침대 만들기 등등 놀이

의 종류는 거의 무한대에 가깝습니다(책 놀이를 알려주는 책도 많으니 참고
해보세요).

지윤이는 초등학교 2학년으로 책 놀이를 하기에는 다소 많은 나이
일 수 있었지만, 지윤이 엄마에게 아이와 함께 몇 가지 책 놀이를 해보
라고 권했죠. 그렇게 지윤이 엄마는 상담 후 아이와 함께 책으로 탑 쌓
기를 해보았다고 해요. 아래 큰 책부터 시작해 위에는 작은 책으로 여
러 개의 책 탑을 쌓아보는 거죠. 그러자 지윤이가 어깨를 으쓱하며 이
렇게 말했다고 하더군요.

"엄마, 그동안 내가 읽은 책이 무척 많네."

그때 지윤이 엄마는 아주 적절한 대답을 했고요.

"그러네, 우리 지윤이 책 탑이 무척 높고 많구나. 그동안 이 책 탑만
큼 지윤이 마음도 커진 거야."

사실 책 놀이는 지윤이 정도의 나이 때보다는 좀 더 일찍 하게 해주
는 것이 좋습니다. 제 경험으로는 2세부터 5세 정도까지가 최적기인
것 같아요. 책 놀이는 아이의 무의식 너머에 책이 자기 몸처럼 소중하
고 가까운 존재라는 마음을 새겨줍니다. 책에 대한 애착을 높이기에도
무척 좋은 방법이고요. 아이와 까르르 웃으며 박장대소할 만한 책 놀
이 경험을 많이 만들어주세요. 이렇게 형성된 책 애착이야말로 독서애
호감의 바다로 나아가는 무적함대가 되어줄 것입니다.

단 것만 찾는 아이,
어린이집이 싫은 아이

아이는 저절로 자라지 않습니다. 아이는 자라며 많은 발달 과제와 마주하죠. 신체 발달, 인지 발달, 정서 발달, 도덕성 발달, 사회성 발달 등등 헤아릴 수 없이 많은 발달 과제가 우리 아이들 앞에 놓여 있습니다. 각각의 발달 과제는 시기별로 단계적으로, 또 차례대로 순조롭게 달성되어야 하고요.

예를 들어 균형적인 신체 발달을 위해서는 대근육, 소근육을 잘 성장시킬 수 있는 영양 공급과 발달 놀이가 꼭 필요합니다. 아이 몸 놀이나 유아 시기의 아빠 놀이를 자주 충분히 해주어야하는 이유가 여기에 있습니다.

아울러 식습관 훈련도 무척 중요합니다. 물론 음식을 가리지 않고 잘 먹는 아이들도 있지만 입이 짧아 좋은 음식을 먹이기가 무척이나 벅찬 아이들도 많아요. 또 아이들에게는 크든 작든 푸드 네오포비아 Food Neophobia 즉 접하지 않았던 새로운 음식을 두려워하는 심리가 있습니다(독이 되는 음식을 피하고자 하는 유전자를 자손에게 물려주는 진화 과정에서 자연스럽게 생겨난 본성입니다). 이런 경우 푸드 브릿지Food Bridge 교육 같은 식사 훈련이 필요하고 요리 수업이나 농작물 키우기 체험, 함께 장보기 등 여러 가지 방법으로 문제를 해결해볼 수 있습니다.

이런 상황에서 매우 유용한 방법이 바로 책 읽기를 식습관 훈련과 결합하는 것입니다. 식사와 관련된 그림책 치유서로 아이들의 식습관 훈련을 인지·정서적으로 돕는 것이죠. 예를 들어 이현의 《비만은 안 돼요》가 그런 책이죠. 안나 카살리스, 마르코 캄파넬라의 '또또 시리즈' 중에서 《밥 먹기 싫어요》는 식습관 교정 목적으로 폭넓게 쓰이는 독서치료 치유서입니다. 아이들 대부분은 단맛 일색인 음식에 강하게 이끌립니다. 이 시기 아이들의 전두엽이나 미각은 특별히 단맛을 애호하는 수준을 넘어 갈망 수준의 집착을 보이죠. 하지만 이러한 달콤한 음식은 영양과 성장에는 별 도움이 되지 않을 뿐더러 자칫 소아비만이나 성조숙증 같은 성장 장애를 일으킬 수도 있습니다. 이런 아이들의 본능적인 음식 취향을 건강하게 바꾸는 데 있어 많은 도움이 되는 것이 바로 위에서 언급한 책들과 같이 식사와 관련된 그림책입니다.

또한 많은 부모님들이 쓴맛이나 신맛 같은 아이들이 본능적으로 싫어하는 맛의 채소나 과일, 견과류 등을 먹이기 위해 아이와 실랑이를 벌이곤 하는데요. 이때 아이 그림책과 그림책 중간 단계쯤 되는 책들인 《친구야, 미안해》를 비롯해 와타나베 아야의 '울랄라 채소 유치원 시리즈' 그림책, 그리고 채소들이 한바탕 신나게 달리기 경주를 벌이는 이시즈 치히로, 야마무라 코지의 《채소가 최고야》, 같은 시리즈인 《과일이 최고야》 같은 책으로 채소와 과일에 대한 친밀성을 높여주고 식습관 문제를 예방·교정할 수 있습니다.

아이가 좀 더 자란 후 그림책 단계에서는 솔르 다드의 《편식쟁이 마리》나 정희재, 김영수의 《과자 마녀를 조심해!》 같은 책을 읽게 합니다. 동화책 단계에서는 실비아 론칼리아, 로베르토 루치아니의 '꼬마용 룸피룸피' 시리즈 중 《과자 집의 마녀가 나타났다!》 편이나 김주현, 서영경의 《여우 아저씨 황금똥을 부탁해!》, 마리 끌로드 베로의 《나 뚱보 아니야》 같은 책들도 좋습니다. 그밖에도 잘 찾아보면 좋은 내용을 담고 있는 식습관 치유서들이 참 많이 있어요.

식습관 외에도 많은 부모님들이 정서 발달, 인지 발달, 도덕성 발달과 같은 아이의 단계별 발달 과제에 있어 어려움을 느끼거나 도움을 필요로 하게 되는데요. 이와 관련한 부모 상담에서 제가 거의 예외 없이 권하는 그림책 치유서 시리즈가 있어요. 바로 '마음과 생각이 크는 책' 시리즈로 미셸린느 먼디, R.W. 앨리의 《화가 나는 건 당연해!》, 《슬플 때도 있는 거야》, 《나, 스트레스 받았어!》와 같이 아이들이 자라며 겪을 수 있는 다양한 심리·정서·도덕성 문제들을 공감적으로 잘 설명하고 있는 20권짜리 시리즈입니다. 이 시리즈는 아이들의 심리문제 치유서로 활용하기에 아주 좋은 편이지만, 꼭 문제 상황이 아닌 다양한 발달 과제를 증진하는 목적으로 사용하기에도 손색이 없습니다. 충분한 연구와 고증, 검토를 통해 상당히 완성도 있게 만들어졌기 때문에 안심하고 읽어줄 수 있는 시리즈입니다.

독서치료를 크게 두 종류로 나눌 수 있는데요. 하나는 심리문제가 생겼을 때, 그것을 해결하는 치유적 독서치료고요. 다른 하나는 특별한 심리문제는 없지만, 아동이나 청소년이 보편적으로 겪게 되는 다양한 발달 과제를 돕고 증진하는 목적을 가진 발달적 독서치료예요. 발달적 독서치료는 영국과 같은 독서 선진국에서 가장 심혈을 기울이는 독서 분야이기도 합니다. 무엇보다도 아이들을 잘 키워내는 것이 공동체의 가장 중요한 숙제이니까요.

가령 사회성이 조금 부족한 아이가 친구들과의 소통에서 문제를 일으켰을 때, 필리스 레이놀즈 네일러가 지은 《놀이터의 왕》을 함께 읽으며 사회성 부족 문제를 해결해나갈 수 있어요. 놀이터에서 놀기를 좋아하는 케빈은 어느 날 갑자기 나타난 새미가 자신이 '놀이터의 왕'이라며 다른 아이들이 놀이터에서 놀지 못하게 하면서 힘들어합니다. 이 그림책은 이런 난관을 지혜롭게 풀어나가는 내용을 담고 있어요. 사실 이런 일은 아이들이라면 누구나 한 번쯤 실제로 겪을 만한 일이기도 합니다. 아이와 부모님이 함께 읽으며 또래 사이에서 생길 수 있는 다양한 문제들에 대해서 도덕적·정서적 해결책을 고민해볼 수 있을 거예요.

3세 무렵에는
아이만의 서재가 필요하다

"벌써 아이 서재를 만들라고요?"

많은 부모님들이 깜짝 놀라 반문하지만, 아이에게는 만 1세가 넘으면 책장이, 3세 무렵에는 서재가 필요합니다. 함께 사는 가족이더라도 구성원 각자에게 자기만의 방이 필요하듯, 아빠, 엄마, 각각의 아이들에게는 그들만의 서재가 필요한 것이죠. 문학가이자 사상가인 버지니아 울프가 한 인간에게 '자기만의 방'이 꼭 필요하다고 했듯이, 서재는 아이만의 개성과 주체성을 만들어가는 기반이 되어줍니다.

아이에게 줄 방도 모자란데 아이 서재라니, 곤란한 경우도 많을 것입니다. 저 역시 몇 해 전 이 문제로 고심했습니다. 큰아이 예나는 이미 4세 무렵 자기 서재가 생겼지만 그러지 못한 둘째 성민이는 무척이나 자기 방을 갖고 싶어했어요. 우리 부부는 궁리 끝에 조금 불편하지만, 거실을 성민이에게 내주기로 했습니다. 높은 책장을 이용해 벽을 만들고, 예쁜 대문까지 만들어 사방이 막힌 성민이만의 방을 만들어주었지요. 성민이의 장난감들도 그 안에 놓아주었고요. 이처럼 아이 서재를 꼭 방에 마련할 필요는 없습니다. 다만 아이 서재를 만들 때 가능한 한 다음의 몇 가지 원칙들을 지키는 것이 효과적입니다.

1. 아이 서재에 꼭 침대까지 둘 필요는 없습니다. 아이를 따로 재우는 문제에 대해서는 최근까지도 여러 첨예한 이견들이 있습니다. 애착 육아를 지지하는 학자들은 5~7세 정도까지는 아이가 부모님과 함께 자는 것이 두뇌 발달이나 정서 발달에 좀 더 도움이 된다고 주장합니다. 기질적으로 불안이 높고, 맞벌이 등의 이유로 부모님의 돌봄 양이 부족한 경우라면 아이가 부모님과 함께 자는 것이 결코 나쁘지 않습니다.

2. 아이 서재에 스크린 미디어를 두지 말아야 합니다. 동영상이 작동될 수 있는 모든 기기는 거실이나 별도의 놀이방, 부모님이 통제할 수 있는 장소에 두고, 아이 서재에는 아이의 책과 장난감만 들이는 것이 좋습니다. 심심해야 책을 보고, 책을 보며 재미를 느껴야 비로소 책 읽기를 점점 좋아하게 되는 것이니까요.

3. 서재는 아이가 책 읽기 편한 환경이어야 합니다. 아이가 글자를 모른다면 앞이 막힌 초등학생용 책상보다 엄마 아빠와 서로 마주 보며 책을 읽을 수 있는 테이블이 더 좋습니다. 아이 체형에 맞는 소파를 마련해주면 거기 앉아서도 책을 잘 읽는답니다. 2인용 소파라면 부모님이 함께 앉아 책을 읽어줄 수 있겠죠.

4. 아이 서재를 마련하고 책을 진열할 때는 꼭 아이의 의견을 묻습니다.

뒤죽박죽이어도 좋으니 아이의 책 배열 방식을 기꺼이 따라줍니다. 아이들은 귀신같이 자신이 꽂은 책을 금세 찾아낼 거예요.

5. 한글 교육은 가능한 한 늦추는 것이 좋습니다. 아이가 문자를 아직 모를 때 책을 읽으며 누리는 상상의 세계와 그 기쁨을 최대한 지켜주기 위해서입니다. 아이가 문자를 아는 순간, 그림책에 적힌 내용을 읽기 시작하는 순간 아이들의 상상도 문자의 틀 속에 사로잡히게 됩니다. 그렇다고 아이의 상상력이 통째로 사라지는 것은 아니겠지만, 문자를 몰라 오직 부모님의 음성만으로 펼쳐내는 상상과는 질적으로 차이가 나겠지요. 그러니 학습지, 숫자, 알파벳 익히기 등의 책이나 교구로 섣불리 문자를 가르치기보다는 아직 문자의 지배를 받지 않는 아이만의 상상력이 마음껏 성장할 수 있도록 도와주는 것이 더 바람직합니다.

6. 가끔은 아이 혼자서 책을 읽도록 해줍니다. 아이들 역시 자기만의 시간을 가질 수 있어야 합니다. 혼자서 하는 여러 가지 활동을 인상적으로 표현하고 있는 케빈 행크스의 《가끔은 혼자서》라는 그림책에 나오는 것처럼요. 아이들은 대부분의 시간을 부모님과 함께 보냅니다. 하지만 때로는 혼자서 상상하고, 놀고, 춤추고, 관찰하고 또 책을 읽을 수 있어야 하죠. 아직 글을 몰라도 아이는 얼마든지 자신이 아끼는 그림책을 펼쳐 읽을 수 있어요. 혼자만의 경험이 부족하면 모든 것을 주변 사람에게 의지하려는 마음을 버리기 힘듭니다. 가끔 상담에서 초등학교 고학년이 될 때까지 엄마에게 책을 읽어달라고 응석을 피우는 아이들을 만나요. 초등학교에 입학하기도 전에 이미 혼자서 책 읽는 재미를 알아채는 경우와는 사뭇 대조적입니다.

4~6세

언어 신경망 확장의
황금기

공부가 기쁨으로 바뀌는 순간
시냅스 독서법

최고의 학습동기,
호기심 폭발의 시기

만 3세를 지나 언어능력이 폭발적으로 증가하는 시기에 접어들면 아이들이 수많은 질문들을 쏟아내기 시작합니다. IQ와 다중지능검사를 받으러 왔던 태현이가 바로 그랬습니다. 조금 산만하고 싫증을 잘 느끼는 편이긴 했지만, 인지능력이 특출한 아이였습니다. IQ 검사에서도 상위 3퍼센트 안에 들었고요. 영재아동이라 불러도 될 만한 아이였어요. 저와 면담하는 중에도 태현이는 쉴 새 없이 궁금한 것을 질문했어요. 검사와 활동 관찰을 해보니 영재아동의 주된 특징인 과제집착력, 높은 만족지연능력, 과몰입성, 뛰어난 기억력, 남다른 호기심과 지적 욕구 등을 골고루 갖춘, 부모님이라면 누구나 부러워할 만한 아이였습니다.

하지만 태현이 엄마 윤지 씨의 생각은 그렇지 않았습니다. 예의 바르고 남의 눈치를 많이 살피는 윤지 씨는 태현이가 공공장소에서 쏟아내는 질문 세례가 못마땅했죠. 호기심을 자극하는 박물관이나 전시회 같은 체험 장소에서 아이는 쉴 새 없이 질문을 쏟아내기 일쑤였습니다. 또 집에서도 쉼 없이 질문을 퍼부었습니다. 엄마는 그런 태현이가 조금 버겁게 느껴질 때가 많았습니다. 실제로 태현이 엄마는 아이에게 해가 되리라 짐작하면서도 아이에게 제발 그만하라고 윽박지른 적도 있었습니다.

검사 결과를 설명하며, 윤지 씨와 저는 태현이의 양육과 교육에 관한 이야기를 꽤 오래 나누었어요. 이후로도 몇 차례 더 체계적인 독서와 공부, 진로에 관한 이야기를 나눌 기회가 있었습니다. 윤지 씨는 자신의 양육 방식이나 대화 방법 가운데 상당 부분이 태현이가 가지고 있는 잠재성을 억압하고 사라지게 할 수 있다는 사실을 깨닫고 무척 당황스러워했어요.

아인슈타인은 "나에게는 별다른 재능이 없다. 단지 호기심이 왕성할 뿐이다"라고 겸손하게 자신을 소개했죠. 그런데 한편 생각해보면 이보다 더한 자기 칭찬이 또 있을까요? 사실 지능이 아주 우수한 아이들에게 나타나는 가장 두드러진 특성이 바로 지나칠 정도의 호기심, 사물들에 관한 강렬한 지적 욕구이기 때문입니다.

위대한 발견이나 발명은 모두 호기심의 산물이라고 해야 할 거예요. 인류가 이룬 문명은 호기심으로 쌓아올린 탑이라고 해도 과언이 아닙니다. 지능이 뛰어난 아이만 호기심이 강한 것은 아닙니다. 오히려 호기심은 아주 보편적인 아이들의 본성이기도 합니다. 호기심과 관련된 뇌 부위인 미상핵은 성욕이나 식욕을 담당하는 뇌 영역에 속합니다. 인류는 호기심과 인지능력이 높아야만 생존에 유리했기 때문에, 호기심과 관련된 뇌 영역이 원초적인 욕구들을 담당하는 영역과 함께 진화할 수밖에 없었습니다. 그러니 아이들이 세상을 바라보며 느끼는 커다란 호기심은 지극히 자연스러우면서도 필수적인 욕구입니다.

하지만 아이의 호기심은 참으로 쉽게 손상됩니다. 제가 치유 영화로 자주 활용하는 애니메이션 〈인사이드 아웃〉에는 몹시 슬픈 장면이 하나 나오는데요. 유쾌하고 엉뚱한, 인간의 무한한 상상력을 대변하는 캐릭터 '빙봉'이 사춘기를 넘어서는 주인공의 뇌에서 영영 사라져버리는 장면이지요. 빙봉은 주인공 내면에 존재하는 무의식의 바닥 아래로 떨어져 영원히 소멸하고 말아요. 이 영화에서처럼 어쩌면 어른이 된다는 것은 아이 시절의 호기심이나 상상력을 차츰 잃어가는 일인지도 모르겠습니다.

드물게는 왕성한 호기심을 늙을 때까지 유지하는 사람도 있습니다. 하지만 성인들 대부분은 호기심이 사라진 일상에 차츰 길들어가죠. 그래서 교육학의 아버지 존 듀이는 "너무도 강한 지적 호기심을 타고나 어떤 것으로도 그것을 누그러뜨릴 수 없는 사람도 있지만, 대부분의 사람들에게 호기심의 모서리는 쉽게 무뎌지고 뭉툭해진다"고 했어요. 그렇다면 지금 내 아이의 호기심은 어느 정도나 될까요? 다음에 나오는 질문들을 잘 보고 내 아이를 한 번 관찰해보기 바랍니다.

다만 이 설문이 절대적 기준은 아니니 결과에 대해 너무 걱정하지는 않기를 바랍니다. 아이의 평가 점수가 24점을 넘었다면 강한 호기심을 가진, 에디슨형 아이라고 할 수 있습니다. 세상을 진보시키고 풍성하게 만드는 진짜 인재입니다. 별다른 도움 없이도 스스로 배울 것을 찾고 열정적으로 공부하는 아이입니다. 심층적 학습자가 되고, 훗날 입시나 대학 성적에서도 무척 좋은 결과를 낼 겁니다.

문항	그렇다	보통	아니다
1. 궁금한 것이 생기면 책이나 백과사전을 통해 알아보려고 노력한다.	○	○	○
2. 새로운 대상에 대한 궁금증이 많아서 부모님이나 선생님에게 자주 물어본다	○	○	○
3. 여러 사물에 다양한 관심을 쏟는다.	○	○	○
4. 혼자서 놀아도 지루해하지 않는다.	○	○	○
5. 다른 나라나 문화에 관해 이야기 듣는 것을 무척 좋아한다.	○	○	○
6. 어떤 상황에서든 흥미로운 일을 잘 찾아낸다.	○	○	○
7. 새로운 것을 배울 때 무척 흥분한다.	○	○	○
8. 새로운 것을 배울 때 즐거워한다.	○	○	○
9. 계속 무언가를 알아내려고 스스로 탐색한다.	○	○	○
10. 궁금한 것을 알아보느라 항상 분주하다.	○	○	○
11. 새로운 일을 할 때 호기심과 흥미를 많이 느낀다.	○	○	○
12. 다양하게 많은 책을 읽는다.	○	○	○
13. 새로운 것을 배울 수 있는 동영상이나 강의를 즐긴다.	○	○	○
14. 새로운 것을 알았을 때 자랑스러워한다.	○	○	○
15. 주변 사람에게 배우는 것이 즐겁다고 말한다.	○	○	○

'그렇다'는 2점, '보통'은 1점, '아니다'는 0점으로 계산한다. 총점 30점 만점에 27점 이상은 대단한 호기심을 가진 아이, 24점 이상은 호기심이 뛰어난 아이, 20점 이상은 보통 수준의 호기심을 가진 아이, 19점 이하는 호기심이 부족한 아이다.

물론 아이의 호기심이 이렇게 왕성해진 데에는 타고난 잠재성과 기질의 영향이 가장 큽니다. 하지만 부모님의 가르침과 양육 또한 아이의 호기심을 키우는 데 중요한 역할을 합니다. 이런 아이들이 부모님과 대화하는 방식을 잘 살펴보면 부모님의 말이 아이의 호기심을 키우고 지적 욕구를 더욱 높이는 경우가 많습니다. 그리고 아이들이 궁금한 것이 생겼을 때 언제든 찾아볼 수 있는 백과사전, 이를테면 공룡백과나 전쟁의 역사 같은 다양한 종류의 총류 서적을 든든하게 구비해주는 경우도 많고요. 호기심의 자양분이 되는 큰 도서관과 각종 박물관, 신기한 전시관에 자주 데려가는 것도 좋습니다. 아이의 최근 관심사를 잘 살펴보고 이와 관련이 있는 체험 시설을 함께 방문해주는 노력도 아이 호기심의 불을 활활 타오르게 만드는 좋은 방법입니다.

　호기심은 아이의 학습에 지대한 영향을 미치는, 아주 중요한 학습 동기입니다. 그러니 뻔한 입시 학원에 아이를 가둬 호기심의 씨를 말려 죽이기보다는, 아이의 지적 호기심을 상승시켜줄 멘토를 찾는 것이 더 효과적입니다. 주입식 교육을 강요하는 과외나 학원이 아닌, 아이의 지적 욕구를 온전히 공유하고 성장시켜줄 수 있는 만물박사 선생님이라면 더욱 좋겠지요.

　어쩌면 호기심이 이미 저 아래까지 바닥난 아이도 있을 거예요. 동영상이나 게임 정도에만 반응할 뿐 세상사에 도통 관심도 없고, 사물의 원리가 전혀 궁금하지 않은 아이 말이죠. 초등학교 저학년 시절이 고비입니다. 제 아무리 호기심 높은 아이라도 한국식 교육 제도 하에서 지나치게 힘든 일상을 소화하다 보면 호기심이 쉽게 망가지기 마련이죠. 다음 지침들을 한번 살펴보기 바랍니다. 아이의 시들었던 호기심을 다시 살려낼 수 있을 겁니다.

아이의 호기심을 자극하고, 지적 욕구를 높이는 방법

1. 항상 새로운 지적 경험을 하도록 돕는다. (예: 박물관, 전시회, 책 박람회, 도서관)

2. 스스로 호기심을 풀 수 있는 환경을 마련해준다. (예: 백과사전 이용하는 습관, 자동차의 역사와 같은 각종 종류 도서 구비, 도서관에 자주 들리기, 독서 멘토와의 대화)

3. 매일 아이의 호기심을 풀어주는 대화 시간을 갖는다.

4. 재미있게 질문하고 아이에게 다양한 주제의 호기심 과제를 내준다. (예: "그런데 태현아, 꽃은 왜 피는 걸까?")

5. 호기심을 풀어서 알게 된 사실을 기록하게 한다. (예: 요약 정리하기, 그림으로 그리기, 사진이나 자료, 팸플릿 등을 모으는 자료집 만들기)

6. 비상한 호기심을 가졌던 인물들의 전기를 읽힌다. (예: 아인슈타인, 에디슨, 스티븐 잡스 등의 전기를 읽고 대화 나누기)

실패하지 않는
수학·과학 그림책 선별법

이 시기 아이들의 왕성한 호기심을 채워주는 데 있어 수학·과학 그림책은 그야말로 보물창고 역할을 합니다. 따라서 정서적인 내용의 그림책과 더불어 사물의 원리를 배울 수 있는 수학·과학 그림책을 자연스럽게 접할 수 있게 해주는 것이 필요합니다.

과학과 수학 관련 책들을 꾸준히 읽힌다면 아이의 호기심을 지켜주는 것은 물론 실제 학교 수업에서 배우는 내용을 훨씬 더 잘 이해하고 받아들이는 데에도 도움을 줄 수 있습니다. 입시나 대학 진학을 위한 공부 과정에서도 큰 도움을 줄 것이 분명하고요. 당연한 이야기겠지만, 아이의 진학 학과나 전공, 진로와 직업이 이공계나 의학 쪽이라면 부모님이 가장 심혈을 기울여야 하는 것이 바로 이 자연과학 분야 그림책을 읽히는 일입니다. 3~4세부터 수학·과학 분야의 책들을 꾸준히 읽히면 사물이 가진 섭리와 법칙들을 보다 잘 이해할 수 있는 것은 물론 이 분야에 대한 관심과 호기심을 증폭시킬 수 있습니다.

다만 이때 조심할 점이 한 가지 있습니다. 서점에 가면 과학과 관련된 그림책이 수없이 많은데, 책을 선택할 때는 가급적 이 분야 최고의 걸작 그림책들을 선별하는 것이 중요합니다. 내용이 충실하지 않은 허술한 책은 도리어 아이들이 책과 멀어지는 결과를 초래할 수 있기 때문입니다. 또한 부모가 과학 그림책을 지나치게 권유하거나 억지로 읽히는 경우 책 읽기가 강요로 느껴질 수 있으니 그러지 않도록 조심해야 합니다.

수학책

우선 수학과 관련된 책으로 세계적인 그림책 작가 이보나 흐미엘레프스카가 지은 《생각하는 1, 2, 3》을 추천합니다. 이 시기 아이들에게 숫자에 대한 관심을 끌어내기에 아주 좋습니다. 둘째 성민이도 이 책을 읽은 덕분에 지금도 사물들과 연관된 숫자를 외우고 말하는 것을 무척 좋아합니다. 가령 세계에서 가장 높은 산은 몇 미터, 지구에서 가장 깊은 곳은 어디, 몇 미터 이렇게 말이죠. 한 번은 아이가 모든 사물은 자기만의 숫자를 품고 있다고 말해 놀란 적이 있습니다. (참고로 이보나 흐미엘레프스카가 한국 출판사와 함께 기획해 만든 《생각하는 ㄱ, ㄴ, ㄷ》도 추천합니다. 한글을 처음 배우기에 안성맞춤인 책이니 반복해서 읽히면 저절로 한글을 깨치는 데 도움이 됩니다.)

아이가 조금 더 크면 안데르센상을 수상한 안노 미쓰마사의 《놀이수학》, 《개념수학》, 《논리수학》이 도움이 됩니다. 더하기와 빼기, 도형 만들기, 비교, 확대와 축소, 추상 등 수학의 기본 개념을 배울 수 있는 것은 물론 논리와 상상이 잘 어우러져 수학에 관한 흥미를 높일 수 있습니다. 초등학교에 입학해 본격적으로 동화책을 읽는 시기에는 캐서린 셀드릭 로스의 《원》, 《삼각형》, 《사각형》 같은 재미있는 책을 추천합니다. 이외에도 잘 알려진 H. 엔첸스베르거, R. 베르너의 《수학 귀신》과 같은 책은 높은 문학성마저 갖추고 있어 초등 고학년이나 청소년들이 읽기에도 손색이 없습니다.

자연 과학 전집류

사물의 원리를 다루고 있는 정도의 수학·과학에 관한 책들은 무척 많지만 작품성까지 높은 책을 찾기란 무척 어려운 일이죠. 역시나 가장 좋은 방법은 아이가 좋아하는 전집을 선택하는 것입니다. 이를 위해 먼저 몇 차례 근처 대형 도서관에 들러 같은 주제로 된 각기 다른 전집들을 아이에게 보여줍니다. 그리고 각각의 책을 접할 때 아이의 표정과 반응을 충분히 살펴보는 겁니다. 이는 제가 자주 썼던 방법으로, 어느 순간 이 전집이구나 하고 확신이 들 거예요.

자연 과학 전집류를 고를 때에는 우선 우리 주변의 자연물에 관한 정확한 지식이 아이들의 눈높이에 맞는 재미있는 설명과 이야기로 잘 표현되어 있는지 살펴봅니다. 또한 편집이나 책 품질, 디자인도 고려하고요. 책임 감수자나 발행기관의 공신력을 인터넷으로 검증해보는 것도 좋습니다. 가장 좋은 방법은 전집 전문 매장을 찾아서 여러 종을 두고 직접 꼼꼼히 비교하는 것입니다.

크레용하우스에서 출간된 '꼬마과학그림책' 시리즈는 기차를 좋아하는 둘째아이 덕분에 입문하게 된 전집입니다. 기차뿐만 아니라 《우리 몸》, 《색깔》, 《바다》, 《소방서》, 《기차》, 《건축》, 《아이》, 《공항》에 이르기까지 아이들이 호기심을 가질 만한 주제에 대해 아주 재미있게 소개하고 있습니다.

이외에도 궁금한 내용들을 알기 쉽게 풀어주는 방식의 스토리텔링 과학책, '놀라운 라루스 백과사전 시리즈'도 추천합니다. 라루스 백과사전은 프랑스에서 1960년부터 발간하기 시작한 유서 깊은 백과사전인데요. '라루스'로 검색하면 다양한 국내 발간 도서를 만날 수 있습니다. 아이 책으로는 삼성출판사의 '라루스 첫 지식백과' 세트, 초등학생의 경우 주니어RHK에서 나온 '놀라운 라루스 시리즈'가 있습니다.

아이가 초등 고학년이 되어 좀 더 체계적이고 구체적인 설명이 담긴 책을 필요로 한다면 40권 시리즈인 '초등과학 뒤집기' 전집을 추천합니다.

제 경우 고심 끝에 두산동아에서 출판한 '원리과학전집', '자연관찰전집'을 골랐어요. 지금은 모두 구하기가 조금 어려워진 전집들인데, 두 아이 모두 아주 좋아해 정말이지 모서리가 다 해지도록 읽고 또 읽더군요. 아이가 민들레를 가지고 놀다가 들어오면 민들레 편을 펴서 깊이 있는 이해를 도와주는 식으로 읽었습니다.

초등 고학년이라면 '뉴턴 하이라이트' 전집도 무척 좋습니다. 조금 어렵지만, 영국 출판사 DK에서 발간한 백과사전 시리즈도 품질이 보증된 총류입니다. 또 세계적인 출판사 갈리마르가 발간한 시공디스커버리 시리즈 중에서도 뛰어난 과학 관련 도서를 찾을 수 있어요. 갈수록 출판사들의 역량이 높아져 책 품질이 좋아지고 있어서, 부모님 입장에서는 행복한 고민을 할 수 있습니다.

좀 더 다양하고 많은 내용을 언제든지 찾아보고 싶은 경우에는 오픈키드 어린이사전 편찬위원회에서 만든 《어린이 과학사전》도 좋습니다. 웅진씽크빅의 '21세기 웅진학습백과사전'의 과학 관련 내용의 축소판에 해당한다고 생각하면 됩니다.

아이가 이런 형식의 책에 익숙해졌다면 빈 슬래빈이 지은 《어떻게 만들어졌을까》 그리고 이보다 좀 더 어려운, 리처드 혼, 트레이시 터너의 《기발한 지식책》 같은 사물의 이해를 담고 있는 책들도 재미있게 읽을 수 있을 거예요.

이 책들로도 부족함을 느끼는 아이는 아예 도서관에 데리고 가서 마음껏 읽고 싶은 책들을 읽게 하는 것도 좋습니다. 가령 '인체'가 궁금하다고 하면 도서관에 있는 인체 책들을 모조리 뽑아와 옆에 쌓아두고 읽는 식으로요. 그중에서 특히 아이가 반복해서 잘 보는, 애착을 느끼는 책이 있다면 구입해 집에서도 읽을 수 있게 해주면 좋겠지요.

수학과 과학에 관련된 책들은 아이가 지금 당장 읽지는 못하더라도 나중에 읽어야 할 중요한 참고서 혹은 기준점이 되는 책이 있다면 조금 일찍 구비해두는 편이 좋습니다. 아이들이 과학에 관한 지식을 점점 쌓아 나가다 보면, 10대 시절에 이르러 스티븐 호킹이 지은 《청소년을 위한 시간의 역사》나 데이비드 보더니스의 《E =mc²》, 니콜라우스 뉘첼, 위르겐 안드리히의 《청소년을 위한 뇌과학》과 같은 수준 높은 청소년 과학책을 읽게 되겠지요. 아이들이 읽기에 앞서 부모님이 먼저 이런 책들을 한번 훑어보는 것도 좋습니다.

우주와 별, 공룡에 관한 책

장피에르 베르데 글, 피에르 봉 그림의 《더 높이, 더 멀리》는 우주와 별에 관한 아이의 호기심을 증폭시키는 것은 물론 명작 반열에 들 만한 그림책입니다. 이 책은 우주의 광대함을, 마치 읽는 이가 우주여행을 하면서 직접 보는 형식으로 되어 있어요. 과학 관련 그림책들에서 빠지기 쉬운 정서적 울림이나 상상의 힘을 갖춘 책이에요. 이 책처럼 비록 과학책이라도 단순한 지식 전달보다는 사물이 우리 자신과 어떤 연관을 맺고 있는지 곰곰이 생각하게 하는 책이면 좋습니다. 아이가 이러한 종류의 책에 관심을 보이면 자연사박물관이나 우주박물관을 함께 찾아가 아이의 호기심을 증폭시켜주는 것도 좋습니다. 혹시 조금 더 깊이 있는 읽기를 원하는 경우라면, DK에서 출간한 백과사전《우주》와 같이 조금 어려운 책을 권해도 괜찮습니다. 이 책은 어른들이 읽기에도 제법 복잡하고 깊이 있는 내용을 망라한 두꺼운 백과사전인데요. 제 두 아이들이 마치 게임을 하듯, 착 붙어 앉아서 오랫동안 이야기를 주거니 받거니 하며 이 책을 읽곤 하는 모습을 볼 수 있었습니다. 새 책으로 사기 힘든 것들도 있지만, 검색창에 'DK' 혹은 'DK 백과'로 검색하면 여전히 몇 종의 백과사전을 구입할 수 있습니다.

한편, 아마도 아이들 책에서 가장 많이 다루는 주제가 공룡일 텐데요, 공룡 관련 책만큼 수가 많은 장르도 드물 거예요. 데이비드 램버트 외 공저의《공룡 백과사전》과 존 우드워드의《공룡 백과》도 추천합니다.

몸놀이만 좋아하던 아이가
책에 푹 빠진 이유

"아무리 좋은 책 목록을 추천해주시면 뭘 하나요? 우리 아이는 놀기에 바빠 잘 앉아 있으려고 하지도 않는 걸요."

이 시기 신체활동이 활발한 아이들을 둔 많은 부모님들의 공통된 고민입니다. 이 문제를 해결하기 위해 우선 '아이에게 놀이란 무엇일까' 하는 문제부터 생각해보았으면 합니다.

아이는 기본적으로 놀아야 합니다. 그리고 더 많이, 더 잘 놀 수 있도록 장려해야 합니다. 자유롭게 몸을 움직이며 노는 것은 아이의 소중한 권리이기도 합니다. 책 보는 일은 거를 수 있어도 노는 것은 하루라도 걸러서는 안 됩니다.

그렇다면 아이는 대체 하루에 얼마나 놀아야 하고, 또 하루에 얼마나 책을 읽어야 하는 걸까요? 이에 관해 대체로 학자들이 추천하는 과학적인 수치가 존재합니다. 보통 아이가 7세를 넘지 않았다면 하루 2시간 이상의 독서 혹은 학습은 결코 바람직하지 않습니다. 아이 스스로 책을 읽고 싶어 하는 경우에도 그렇습니다. 놀이, 운동, 또래와의 만남, 부모님과의 교감 등등 책 읽기 말고도 아이가 해야 할 일이 너무나 많기 때문입니다. 부모님이 말리는데도 아이가 하루에 2시간 이상 책 읽기를 하고자 한다면 오히려 이는 아이의 심리 문제나 기질적인 문제, 뇌 이상의 징후일 수도 있어 전문기관에서 상담을 받아볼 필요가 있습니다.

아이가 10세가 되기 전까지 놀이는 아이의 그 어떤 다른 활동보다도 소중한 일입니다. 놀이는 아이의 두뇌발달에 있어서도 독서에 버금가는 영향을 미칩니다. 충분히 잘 논 아이는 충분히 책을 잘 읽은 아이보다 더 똑똑할 것입니다. 그래서 가끔 지능이나 두뇌발달과 관련된 이야기가 나오면 이렇게 딱 잘라 말하곤 합니다. "만약 아이의 머리가 나쁘다고 생각하거나 그렇게 믿는다면, 혹시 아이가 어릴 때 충분히 놀게 해주지 못한 것이 그 원인이 아닐까 잘 짚어보아야만 합니다"라고요.

부모님과 함께 하는 협동놀이, 특정한 도구를 사용하는 도구놀이, 아빠와 함께 즐기는 신체놀이나 스포츠 활동 등은 모두 아이에게 소중한 놀이입니다. 특히 4~5세경 그 본격적인 재미를 알아가는 또래(역할)놀이 역시 사회성이나 인성 발달에 있어 첨병 역할을 하는, 무척 중요한 놀이 가운데 하나이고요.

그런데 놀이를 연구하는 학자들이 특히 중요하게 여기는 놀이 형식이 있어요. 바로 '자유놀이free play'입니다. 정해진 규칙 없이 자유롭게 또래가 함께 자신들의 놀이 규칙을 만들며 이를 수행하는 자유놀이는 아이들의 전인 발달에 대단히 중요한 요소입니다. 양육학자 데이비드 월

시는 《스마트 브레인》에서 자유놀이의 중요성에 대해 "자유놀이는 아이에게 다양한 시도를 해볼 수 있게 해 현실 문제를 헤쳐 나가는 대응력을 향상시키고 발달시킨다"고 말합니다. 그는 아이들이 "자유놀이를 통해 시험해보고, 시도해보고, 실수해보고, 적응하고, 만들어내고, 문제를 해결하고, 역할극도 해보고, 발견하고, 상상하고, 협동하고, 차례대로 해보고, 융통성을 기르고, 예상치 못한 상황에 닥쳐보고, 느끼고, 과감하게 도전해보고, 협상하고, 계획하고, 상상하고, 갈등을 해소하기도 한다"고 이야기합니다. 이처럼 아이들의 전인 발달과 성장에 있어 자유놀이는 무척 유익합니다. 그러니 오히려 아이가 다른 방해물 때문에(설사 그것이 책이라 하더라도!) 아이가 충분히 놀지 못해 다양한 발달 효과를 놓치게 되지는 않도록 해야 합니다.

아이가 좋아하는 주제부터 차츰 넓혀나가기

신체활동을 유난히 좋아하는 아이의 경우에도 얼마든지 책을 좋아하게 할 수 있습니다. 초등학교 입학을 앞둔 만5세 지성이는 축구에 푹 빠져 있었습니다. 동네 형들이랑 축구하는 것이 제일 좋고 책 읽기나 한글 배우기는 별로 재미없어 했지요.

아빠 희석 씨는 아직 한글 읽기가 잘 되지 않는 지성이가 무척 걱정이었습니다. 혹시 ADHD가 아닌가 하는 우려를 안고 상담센터를 찾아왔습니다. 지성이 아빠는 상담 내내 한숨을 여러 번 내쉬며 무척 한탄했어요. 희석 씨의 직업 특성상 아이가 깨어 있을 때는 얼굴을 거의 보지 못하는 아쉬움을 토로했습니다. 아빠가 책을 읽어주려고만 하면 손사래를 치며 거부하는 아들이 이해가 가지 않을 때도 많다고 했습니다. 희석 씨 자신이 책을 정말 좋아하는 사람이었기에 더욱 그러했던 것이죠. 그는 맞벌이를 하며 아이를 할머니 손에 맡긴 것이 문제가 아니었을까, 내심 후회하고 있었습니다.

다행히 검사 결과 지성이에게 걱정할 만한 특별한 문제는 발견되지 않았어요. 물론 또래에 비해 주의력이 다소 떨어지는 것은 사실이었지만 크게 걱정할 수준은 아니었습니다. 저는 이렇게 설명했습니다.

"지성이가 아주 재미있게 책을 읽은 경험이 부족한 것 같습니다. 무엇보다도 지성이는 신체운동지능이 다른 아이들에 비해 무척 높은 대신 언어지능은 상대적으로 좀 떨어지는 편이고요. 책에 애착이 생기려면 즐거운 독서 경험이 풍부해야 하는데, 지금까지는 그게 좀 낯선 일이었던 거죠. 대신 지성이는 또래 아이들과 함께 어울려 놀면서 신체활동을 할 때 더 큰 재미를 느꼈을 겁니다. 이 점은 절대 나쁘지 않습니다. 지성이의 사회성이 또래보다 뛰어나고, 무척 밝은 심리도 잘 유지하고 있는 것도 모두 이 덕분입니다."

저는 우선 지성이 아빠가 아이와 함께 축구와 같은 신체활동을 많이 할 수 있게 했습니다. 그다음에는 신체활동을 다룬 그림책으로 아이의 독서호기심을 자극하고, 나아가 축구 그림책으로 아이가 한글에 조금 더 익숙해지게 하는 과제를 주었습니다.

그리고 매주 지성이와 함께 책을 읽기 시작했습니다. 가장 먼저 선택한 책은 앤서니 브라운의 《축구선수 윌리》였죠. 아이는 난생처음 읽은 이 재미있는 책에 그만 푹 빠지고 말았습니다. 당시 지성이는 주의력을 높이기 위한 놀이치료와 미술치료를 여러 달 진행해오고 있었는데, 그것보다 독서치료가 재미있다며 제게 이렇게 속삭이더군요.

"선생님이 또 무슨 책을 보여줄지 너무 궁금해요."

이후 지성이는 크리스티네 뇌스틀링거의 《축구가 좋아》를 아주 재미있게 읽었습니다. 지성이가 읽기에는 제법 내용이 많고 복잡할 수도 있는 책이었지만 축구에 대한 이야기라 거부감이 전혀 없었죠. 또한 윤여림, 이갑규의 《축구치 하람이, 나이쓰!》를 소개해주었더니 집으로 돌아가서도 엄마와 함께 여러 차례 반복해서 읽었습니다. 지성이가 가장 공감했던 책은 아빠와 함께 읽은 키르스텐 보이에의 《축구 소녀 레나가 어떻게 수학을 좋아하게 되었지?》였습니다. 지성이는 축구만 좋아하고 공부는 싫어하는 주인공 레나 이야기가 꼭 자신의 이야기 같다며 재미있어 했습니다. 이외에도 엘리자베스 드 랑빌리, 마리알린 바뱅의 《내가 골을 넣었어요!》도 지성이가 좋아하는 책 목록에 이름을 올렸습니다.

그렇게 지성이는 15차례 상담이 종료되기 전에 한글도 능숙하게 읽게 되었고, 아빠 엄마에게 책 읽어달라는 부탁을 부쩍 자주 하게 되었습니다. 저는 지성이 아빠에게 아이가 초등 고학년이 되기 전까지 어떻게 책에 폭 빠지게 만들지, 길지만 체계적인 계획을 꼭 한번 세워보라고 당부했습니다.

이처럼 신체활동을 좋아하는 아이라면, 관심을 갖고 있는 스포츠 등을 다룬 책으로 독서애호감을 높여줄 수 있습니다. 취학 전이라면 몇 권의 애착 책을 만들어 반복 독서를 유도하고, 주제와 내용을 점점 넓혀나가면 됩니다.

폭력성과 산만함을
다스리는 책 읽기

　아이가 영아 시기를 지나 유아로 접어들면, 어린이집 등에서 사회생활을 시작합니다. 또래와 관계를 맺기도 하고요. 이 시기에 문제행동을 보여 고민이 커지는 부모님들이 적지 않은데 6세 윤섭이도 그러했습니다. 아이가 유치원 친구 여러 명을 때려 문제가 생긴 것이지요. 유치원에서는 한바탕 대소동이 벌어졌고, 윤섭이가 계속 등원하면 아이를 유치원에 보내지 않겠다는 부모님이 여럿 생겼습니다.

　사실 윤섭이는 이 문제로 유치원을 옮긴 게 벌써 두 번째였습니다. 엄마 지연 씨의 마음고생도 이만저만한 것이 아니었지요. 아이에게 맞은 친구의 부모님들을 일일이 찾아가 머리를 조아리고 사과해야 했습니다. 아이에게 심리치료를 시킬 테니 한 번만 용서해달라고 사정하면서요.

　우리 모두는 공격성을 비롯해 갖가지 본능적 욕구를 갖고 태어납니다. 인간이 된다는 것은 이 본능을 문명과 문화가 허용하는 바람직한 방식으로 '승화sublimation'하는 것이지요. 다시 말해 우리 안의 본능적 욕구의 방향을 보다 사회적 가치에 부합하는 것으로 옮겨놓음으로써 보다 성숙한 상태로 만드는 것입니다. 심리학의 아버지 프로이드는 말년에 승화, 특히 예술적 승화에 대해 큰 관심을 가졌습니다. 예를 들어 베토벤은 어린 시절 아버지로부터 당한 학대에 대한 분노와 그로 인한 고통으로 평생을 시달렸지만 이를 음악으로 승화해 인류사에 길이 남을 음악가로 남았습니다. 이것이 바로 바른 성장의 해답이고, 아이가 자라는 데 있어 부모님이 도와야 할 부분이기도 하죠.

아무튼 대소동을 겪으며 엄마에게 크게 혼이 난 후, 윤섭이는 더 이상 말썽을 부리지 않았고 그럭저럭 유치원에도 다닐 수 있었습니다. 그리고 저와 함께 폭력성을 잠재우는 심리치료를 시작했습니다. 윤섭이 엄마는 전에도 해본 적 있는 놀이치료나 미술치료 대신 아이의 독서치료를 원했습니다(그래서 저를 찾아온 것이기도 했고요). 아이가 아직 글을 잘 읽지 못하는 단계에서는 독서치료의 효과가 아주 크지 않습니다. 그래서 매주 한 권씩 제가 윤섭이에게 직접 그림책을 읽어주기로 했습니다. 윤섭이 엄마는 제 모습을 잘 지켜보고 집에서 따라하기로 했고요. 이외에도 아이의 공격성과 산만함을 긍정적으로 승화시켜줄 방법을 알려주며 매주 실천 과제도 따로 제시했습니다. 물론 책을 이용하는 방법을 포함해서요.

다중지능검사를 해보니 역시나 윤섭이는 운동을 참 좋아하는 아이였어요. 또 무언가를 만드는 것도 무척 좋아했고요. 신체운동지능, 공간지능이 상위 강점 지능이었죠. 지금까지 윤섭이가 미술치료를 무척이나 잘 따랐던 이유가 바로 여기 있었습니다. 저는 부모님 상담에서

1. 자신의 공격적인 행동이나 산만한 행동이 주변 사람에게 끼칠 피해를 생각해보게 한다. 이와 관련한 그림책과 동화책으로 윤리 감각, 상황 인식을 심어준다.
2. 책을 좋아하지 않는다면 충분한 신체활동을 하며 이와 관련된 그림책이나 동화책으로 독서애호감을 심어준다.
3. 다중지능검사를 통해 공격성과 산만함을 해소할 만한 통로를 찾아준다.

규율을 잘 배울 수 있는 스포츠를 찾아서 가르쳐보라고 제안했어요. 마침 윤섭이가 전부터 친한 친구와 함께 검도를 몹시 배우고 싶어했다더군요. 엄마는 혹여 아이가 더 공격적으로 변할까 봐 이를 몇 번이나 말린 상황이었습니다.

하지만 우려와는 달리 공격성과 산만함이 강한 아이는 태권도, 검도, 합기도, 무에타이와 같은 무도를 배우는 것이 좋습니다. 자기통제력과 집중력을 관장하는 전두엽을 잘 발달시킬 수 있는, 대단히 효과적인 방법이니까요. 검도 도장에 다니기 시작한 윤섭이는 무척 흥미를 느끼고 좋아했습니다. 이외에도 방문 미술 선생님과 함께 다양한 미술 활동도 함께 진행했습니다.

저는 놀이치료를 마친 윤섭이와 함께 필리스 레이놀즈 네일러가 지은 《놀이터의 왕》이라는 책을 읽었습니다. 이 책에는 소심한 케빈과 놀이터를 독점하려는 새미라는 친구 사이에 벌어지는 갈등과 해결 과정이 그려지는데요. 저는 윤섭이에게 그림책을 읽어주며, 케빈의 마음

낸시 칼슨의 《친구를 모두 잃어버리는 방법》
미스 반 하우트의 《행복한 꼬마 괴물》
몰리 뱅의 《소피가 화나면, 정말 정말 화나면》
김세실 글, 이민혜 그림의 《화가 둥! 둥! 둥!》
데이비드 섀논의 《안 돼, 데이비드!》
존 버닝햄의 《에드와르도, 세상에서 가장 못된 아이》

이 어떨지, 새미의 행동은 옳은 것인지를 생각해보게 했습니다. 그리고 윤섭이 엄마에게 이와 같은 종류의 인성 교육 그림책 목록을 알려주고, 올바른 책 읽어주기 방법에 관한 책도 소개했지요.

윤섭이는 단 10권의 책 읽기로 놀란 만한 변화를 나타냈습니다. 무엇보다도 다른 아이의 몸에 절대 손을 대지 않게 되었습니다. 이 결과를 얻게 된 데에는 검도 도장 사범님의 훈계도 무척 중요한 영향을 미쳤습니다.

"검을 함부로 휘두르는 사람은 진짜 검도인이 될 수 없단다."

6세 아이가 이해하기 힘든 말일 수도 있겠지만, 기특하게도 윤섭이는 사범님의 말씀을 듣고 다시는 친구를 때리지 말아야겠다고 생각했다고 말했습니다.

아이의 공격성에 숨겨진 비밀

윤섭이 상담은 어느 순간 윤섭이 엄마, 지연 씨의 상담으로 바뀌었습니다. 상담을 거듭하며 숨겨두었던 지연 씨의 비밀을 들을 수 있었습니다. 지연 씨는 소동을 일으킨 윤섭이를 여러 번 때렸다고 했어요. 솟구치는 화를 주체하지 못해 윤섭이 등짝이나 엉덩이에 손을 댄 것이죠. 윤섭이는 그런 엄마의 행동에 깊은 상처를 받았고, 또 그것이 아이의 폭력성을 더욱 자극하는 원인이 되었습니다.

"폭력은 또 다른 폭력을 낳지요. 처음부터 폭력을 어떻게 쓸지 아는 사람은 없어요. 배워서 알게 되는 거죠. 누구나 폭력을 모방하려는 심리가 있거든요. 폭력을 쓰는 사람들을 보며 '아, 폭력을 쓰면 사람들이 나를 두려워하고 말을 잘 듣는구나. 그러니 폭력은 참 유용한 거야' 하면서 차츰 폭력에 의지하게 됩니다."

"정말 부끄러워요. 어쩌면 윤섭이 문제는 모두 다 제 잘못인지도 모르겠어요."

"그런데 사실 더 끔찍한 이야기가 있습니다. 누구에게나 폭력성이 존재하는데, 그렇다고 아무렇게나 발산할 수 없으니 주변에 그 폭력성을 대리 배출할 희생양을 찾는다는 겁니다. 특히 가족구성원 중에서요. 토니 험프리스라는 심리학자는 이렇게 가족구성원의 화와 분노를 오롯이 덮어쓰는 사람을 '가족희생양'이라고 불렀어요. 어쩌면 지연 씨에게 윤섭이는 가족희생양이었는지도 모릅니다."

그 말을 들은 지연 씨는 한참을 울었습니다. 평탄치 않았던 유년과 10대 시절, 가족의 불화로 아픈 기억을 품고 살아가야 했던 지연 씨 마음속에는 늘 자신도 알 수 없는 화가 가득했어요. 결혼 8년차였던 당시, 남편 역시 말과 행동이 거칠어지는 지연 씨를 차츰 멀리하고 있었습니다. 부부 심리검사를 해보니 둘은 상당한 수준의 '회피-회피' 관계로 진행되고 있었어요. 무척 위험한 상황이죠. 심리학자 존 가트맨은 부부가 서로 부부싸움이나 언쟁마저도 피하고 외면하는 '회피-회피' 관계 다음에는 결국 이혼이 찾아온다고 말하고 있습니다.

지연 씨의 남편, 현태 씨를 상담하면서도 속 깊은 이야기를 들을 수 있었습니다. 현태 씨는 아내 지연 씨를 여전히 사랑스럽고 측은하게 여기고 있었습니다. 남편의 회피 심리와 행동은 아직 진성이 아닌 가성이던 거죠. 하지만 매번 신경질적이고 폭력적인 아내를 대하는 방법을 잘 몰라 아내와 마주치거나 갈등 상황이 생기는 것을 최대한 회피하고 있었습니다. 저는 현태 씨에게 이런 상황이 오래 가면 위험할 수 있다고 이야기했습니다. 해결책을 함께 모색했어요. 그렇게 지연 씨는 윤섭이를 때리지 않게 되었고, 아이의 폭력성도 차츰 가라앉았습니다. 다행히 부부 관계도 훨씬 개선되었습니다.

한글 깨치기,
꼭 학습지가 있어야 할까?

윤섭이의 공격성은 많이 줄어들었지만 여전히 큰 문제가 남아 있었습니다. 바로 윤섭이의 망가진 주의력이었지요.

"지연 씨, 도덕성이나 폭력성보다 더 급한 것이 윤섭이의 주의력이에요. 참 안타깝지만 윤섭이의 주의력이 또래에 비해 많이 떨어지는 수준입니다."

실제로 지연 씨는 아이가 내년에 학교에 들어갈 것을 걱정하고 있었습니다. 만 6세면 일찌감치 한글을 다 떼고 스스로 책을 읽기도 하는 나이인데 윤섭이는 아직 ㄱ, ㄴ, ㄷ, ㄹ, 가, 나, 다 정도를 읽는 수준이었기 때문이죠. 아이들 틈바구니에서 소외되거나 열등감에 시달리지는 않을지, 행여 선생님에게 미움을 받지는 않을지, 아이만 생각하면 밀려드는 걱정들 때문에 지연 씨는 때때로 잠을 이루지 못할 정도였습니다.

"우리 윤섭이가 또래보다 얼마나 떨어지나요?"

"안타깝지만 지금은 하위 30퍼센트 정도입니다. 윤섭이가 그동안 억지로 참으면서 책을 읽었던 것이 가장 큰 문제입니다. 책은 즐겁게 읽어야 주의력도 키워집니다. 동생이 태어나기 전에는 그나마 덜했던 것 같은데, 동생이 태어난 후 즐겁게 책 읽는 시간이 너무 많이 줄었습니다. 하지만 회복할 수 있는 기회는 얼마든지 있어요."

물론 가장 이상적인 그림은 아이를 임신했을 때부터 3세 무렵까지 부모님이 최선을 다해 그림책을 읽어주는 것입니다. 하지만 피치 못한 경우가 너무 많습니다. 그러한 경우에도 아직 늦지 않았습니다. 특히 초등 저학년까지는 역전의 기회가 얼마든지 존재합니다.

그렇게 지연 씨는 아이에게 그림책들을 틈나는 대로 열심히 읽어주고, 윤섭이가 초등학교에 입학한 후에는 학교에서 진행하는 그림책 읽어주기 봉사까지 적극적으로 참여했습니다. 이 덕분에 윤섭이는 물론 동생 윤미도 덩달아 큰 혜택을 볼 수 있었습니다.

사실 한글 깨치기에 대한 고민은 지연 씨만의 것이 아니었습니다. 저 역시 3세 무렵 벌써 혼자 글자를 깨친 큰아이에 반해 5세가 지나도록 글자에 익숙하지 않은 작은아이가 고민이었습니다. 게다가 남자아이어서 그런지 신체운동지능과 에너지 수준이 높아, 늘 아이의 주의력을 걱정하지 않을 수 없었습니다.

아이나 아내에게는 잘 표현하지는 않았지만 꽤 신경이 쓰였습니다. 물론 학습지를 이용하면 며칠 안에 해결할 수도 있겠지요. 하지만 독서양육을 연구하는 사람으로서 아이가 책을 통해 스스로 한글을 깨칠 수만 있다면 그보다 좋은 경험은 없다고 생각했기에 가능한 한 아이가 스스로 글자를 깨칠 수 있도록 돕고 싶었습니다. 실제로 독서양육에서 학습지 없이 아이 스스로 한글을 깨치는 것은 매우 중요한 통과 지점이자 제대로 된 독서양육의 바로미터로 여겨지는 일입니다.

물론 교육 선진국으로 알려진 핀란드나 영어를 모국어로 쓰는 서양의 아이들은 훨씬 늦게 글을 읽습니다. 하지만 다른 언어들과 달리 세종대왕이 창제한 우리 한글은 놀랍도록 과학적이고 또 체계적이죠. 그래서 언어지능이 그리 높지 않은 보통의 아이라도 얼마든지 스스로 한글을 깨치는 일이 가능합니다. 물론 적절한 독서양육이 뒷받침되었을 경우를 말합니다.

일단 성민이가 가진 문제의 원인을 생각해보았습니다. 아무래도 둘째로 태어나 돌봄의 양과 시간이 누나에 비해 상대적으로 모자랐어요. 특히 성민이에게 한창 그림책이 필요한 시기였던 3, 4년 간 저는 매년 책을 2권씩 내며 너무도 바쁜 일상을 보냈거든요. 아내 혼자 가사와 양육을 도맡다 보니 아이에게 그림책 읽어줄 시간이 절대적으로 부족할 수밖에 없었습니다.

아이의 초등학교 입학이 한두 해 정도를 남았을 무렵, 우리 부부는 여러 날 대화하며 반성의 시간을 가졌습니다. 성민이에게 좀 더 많은 정성을 쏟자고 결의를 다졌죠. 무엇보다도 제가 하는 일을 대폭 줄여 아이와 함께할 시간을 마련했습니다(돌이켜보니 그 시기, 아마도 사람들과의 저녁 술자리는 1년에 한두 번도 채 나가지 않았던 것 같습니다).

쉽지 않은 과정이었습니다. 특히 외가 쪽의 멋진 유전자가 강력하게 전해진 상민이의 최고 강점지능은 신체운동지능이었어요. 윤섭이처럼요. 살면서 늘 몸 쓰는 것이 서툴러 곤혹스러웠던 저로서는 참으로 반갑고 고마운 일이었지만, 성민이가 흥이 나면 좀처럼 몸을 가만

162

히 두지 못하고 들썩들썩했기에 조용히 책을 읽거나 하나의 일에 집중하는 것을 익히게 하는 일이 늘 만만치 않았습니다.

하지만 인내심을 갖고 1년 정도 정성을 쏟았더니, 차츰 그 노력이 빛을 발하기 시작했습니다. 일단 조금씩 스스로 한글을 깨쳐 읽게 되었습니다. 어떤 날은 자기 책장에 꽂힌 책들 모두 꺼내서 모두 다, 다시 한 번씩 더 읽을 기세를 보이기까지 하더군요. 그렇게 성민이는 초등학교에 입학할 무렵에는 책을 읽으면 1시간 넘게 꼼짝하지 않고 앉아 있을 만큼, 괜찮은 주의력이 생긴 아이로 성장했습니다.

엄마 속을 태우던 윤섭이에게도 놀라운 일이 일어났습니다. 유치원 마지막 여름 방학 무렵 아이 스스로 한글을 깨치게 된 것이죠. 언제부터인가 글자에 호기심이 부쩍 늘더니 아이 혼자 더듬더듬 글을 읽기 시작했습니다.

윤섭이가 스스로 한글을 깨친 사건(!)은 무엇보다도 그동안 아이에게 실망하는 일이 잦았던 지연 씨를 한껏 들뜨게 했습니다. 윤섭이는 결코 산만하고 뒤처지기만 하는 아이가 아니며, 얼마든지 독서와 공부를 좋아하는 아이로 키울 수 있다는 희망을 갖게 되었습니다. 학교에 입학하면 건너내야 할 1시간짜리 긴 수업도, 윤섭이가 그리 어렵지 않게 참아낼 수 있으리라는 믿음을 갖게 된 것이죠.

반복 읽기의 놀라운 힘

윤섭이 그리고 성민이가 일체의 학습지 도움 없이 스스로 한글을 깨친 비결은 과연 어디에 있을까요? 바로 몇 권의 애착 책을 여러 번 반복해서 읽는, 꾸준한 반복 읽기입니다. 어른들도 한 번 봤던 텍스트나 영상을 다시 볼 때가 있습니다. 이해하지 못해서라기보다는 그 텍스트나 영상에서 느꼈던 재미를 다시 느끼고 싶어서 그러합니다.

아이들도 마찬가지입니다. 특히 엄마 아빠와 함께 즐겁게 읽었던 책에 더 큰 애착을 느낍니다. 그래서 읽은 지 불과 얼마 지나지 않은 책을 또 읽어달라고 조를 수 있고, 어떤 책은 매일 읽어달라고 할 수도 있습니다. 부모님 입장에서는 조금 귀찮게 여겨질 수도 있지만 사실 아이의 이런 행동은 매우 중요한 신호이자 습관입니다. 한편으로는 너무나 소중한 기회라고도 할 수 있습니다.

영재들은 한 가지 대상에 집착하는 특성이 매우 강합니다. 영재들이 독서나 학습에서 큰 성과를 거두는 이유가 바로 여기 있습니다. 독서나 공부를 할 때 어떤 과제나 책에 오래 집중하지 못하면 성과를 내기 힘듭니다. 끊임없이 반복해야 대상을 제대로 알게 되고, 또 그에 대해 깊이 생각도 할 수 있게 됩니다. 그 결과 더 많은 상상력과 창의성이 동반된 성과물도 얻을 수 있습니다.

천천히 읽기slow reading(슬로 리딩), 반복해서 읽기re-reading(리리딩)는, 읽은 내용을 깊이 있게 이해하고 통찰력과 상상력을 늘리는 이상적인 독서 방법입니다. 최신 연구에 따르면 인간의 창의성 대부분은 '느린 생각slow thinking'을 통해서 활성화된다고 해요. 정보를 자기 것으로 만드는 숙성 단계가 반드시 필요하다는 의미입니다. 따라서 무조건 빨리 읽거나(속독) 많이 읽는 것(남독, 다독)보다는 천천히 반복해서 읽는 방법을 통해 창의성을 키우는 과정이 필요합니다.

독서와 공부에 필요한 초점성 주의력을 키우는 최선의 방책은 부모님과 충분한 정서적 대화를 나누고, 즐겁고 편안한 독서 자극을 꾸준히 경험하게 해주는 것입니다. 주의력은 참고 견디는 것만으로는 절대 키울 수 없어요. 즐거운 집중, 몰입을 통해서만 성장시킬 수 있습니다. 주의력은 우리에게 만족을 가져다주는 근원입니다. 어떤 일에 성취감을 느끼려면 주어진 과제에 집중해 숙련 과정을 거치고 그 일을 원하는 수준까지 성취해야만 합니다.

반면 주의력이 부족한 아이들의 경우 과제를 달성하고 성취감을 얻으면서 다시 주의력이 성장하는 긍정적 패턴을 만드는 일이 무척 어려울 수밖에 없어요. 자기효능감이 떨어지는 아이들은 주의력 문제도 함께 가지고 있는 경우가 대부분입니다. 거의 비례한다고까지 말할 수 있어요. 따라서 반복 읽기의 중요성에 대해서는 아무리 강조해도 지나치지 않는데요, 이후 학령기 아이의 반복읽기와 학습에 대해서는 따로 이야기하겠습니다.

제5장

초등학교 저학년

인지력 향상을 통한
공부의 밑바탕
확장기

공부가 기쁨으로 바뀌는 순간
시냅스 독서법

지능을 이기는
독서 습관

서준이 엄마 혜진 씨와 시윤이 엄마 진희 씨는 10년째 가깝게 지내는 사이였습니다. 두 아이가 같은 유치원, 같은 초등학교에 다니며 단짝친구가 되면서부터였죠. 하지만 최근 이 두 사람 사이에 미묘한 갈등이 생겼습니다. 좀 더 정확하게는 진희 씨가 혜진 씨 만나는 것을 꺼리기 시작했습니다. 혜진 씨는 왜 진희 씨가 예전과 달리 약속도 차일피일 미루는지 의아할 뿐이었죠.

이유는 두 아이의 성적이었습니다. 서준이는 영재원에 선발될 정도로 공부를 잘했거든요. 뿐만 아니라 서준이는 음악이면 음악, 체육이면 체육, 무슨 일에나 열의를 보이고 좋은 성과를 냈습니다. 반면 시윤이는 공부라면 질색을 했고요. 다른 특기 활동을 권해도 시작한 지 얼마 지나지 않아 시큰둥한 반응을 보이곤 했습니다.

그런 두 아이를 두고서 한번은 진희 씨 어깨가 으쓱했던 적도 있었어요. 아이들이 초등학교 2학년이 되던 무렵, 두 사람은 아이들 IQ 검사를 받으러 한 심리센터를 방문했습니다. 두 엄마와 두 아이를, 저는 그때 처음 만났죠. 시윤이는 서준이보다 지능지수가 10점 가까이 높았습니다. 진희 씨는 내심 기뻐하며 IQ가 높은 시윤이가 당연히 공부도 더 잘하리라는 기대에 부풀었죠. 하지만 상황은 얼마 지나지 않아 반전되었습니다. 공부를 못할 줄 알았던 서준이가 5학년이 되자 영재원에 합격하고 지난 시험에서도 만점 가까운 성적을 받은 것입니다. 집으로 돌아온 진희 씨는 엄마가 온 줄도 모르고 게임만 하는 시윤이를 발견하고 푸념 섞인 잔소리를 했습니다.

"시윤아, 서준이는 영재원에 붙었다는데 넌 지금 뭐하는 거니?"

진희 씨는 갈수록 공부를 싫어하는 시윤이가 너무 걱정되었고, 그렇게 몇 년 만에 저를 다시 찾았습니다. 저는 여러 검사와 상담 후 이렇게 말했습니다.

"시윤이 어머님, 게으름을 일찌감치 잘 다스려야 했어요."

"네에?"

"두뇌 유형을 보면 시윤이는 머리가 좋다고 하는 중뇌형이에요. 이런 아이들은 대체로 지능이 높고 이해력도 뛰어나죠. 그런데 머리만 믿고 공부를 게을리하면 문제가 됩니다. 공부에서만큼은 지능만큼이나 노력이 중요하다는 사실을 잘 일깨워줘야 합니다. 게으름 피우지 않고 매일 꾸준히 반복 학습을 하도록 습관을 들여주는 일이 중요해요."

"저도 나름대로 노력했는데, 그게 잘 안 되더라고요."

"시윤이는 자신이 머리가 좋기 때문에 조금만 공부하면 언제든 서준이쯤은 이길 수 있다고 생각하고 있더군요. 참 위험한 생각이죠. 머리가 좋다는 고정관념에 사로잡히면 노력이나 도전을 게을리 하니까요. 거북이에게 진 토끼처럼요."

"제 잘못인지도 모르겠네요. 제가 늘 시윤이에게 '넌 IQ가 높으니까' 하고 말해주었거든요."

"게으른 천재는 노력하는 둔재를 이기지 못한다고 하죠. 지금이라도 시윤이가 공부하는 습관을 들일 수 있도록 도와주면 훨씬 좋아질 겁니다."

공부하는 습관을 들이기에 가장 좋은 방법이 바로 매일 꾸준히 책을 읽는 것입니다. 가령 저녁 7시에는 식구들이 모든 일을 마무리하고, 다 함께 거실 식탁에 둘러앉아 독서나 글쓰기를 하는 식으로 아이의 일과 속에 독서와 공부가 자연스럽게 몸에 배도록 해주는 것이 좋습니다.

그런데 이를 실행하기가 말처럼 쉽지 않죠. 오늘은 이래서 또 내일은 저래서, 다양한 핑곗거리가 생기다 보면 게을러지기 십상이고요. 그래서 무엇보다도 부모님의 솔선수범이 중요합니다. 해야 할 일이 많은 부모님으로서는 어렵게 느껴질 수도 있겠지만 안타깝게도 다른 대안이 거의 없습니다. 부모님이 지키지 않는 규칙이나 습관을 아이 스스로 지킬 리 만무하기 때문입니다.

따라서 아이에게 좋은 습관을 만들어주고자 한다면 누구보다도 부모님의 일상에 먼저 그 습관이 들어와 있어야 합니다. 건강한 독서 습관은 대개 건강한 생활 습관과 직결되어 있습니다. 일상의 많은 것들이 정돈되지 않고 흐트러져 있다면, 1~2시간의 독서 습관을 지키는 일이 한없이 버거워질 수밖에 없습니다. 다음의 목록은 일단 자신의 일상 속에 어떠한 것이 좋은 습관을 방해하는지 되돌아보는 목적으로 마련한 것입니다. 천천히 살펴보면서 아이는 물론 부모님의 일상부터 점검하는 계기로 삼으면 좋겠습니다.

좋은 습관을 방해하는 일상 속 원인 점검하기

문항	✓
1. 계획했던 일을 제대로 해낸 비율이 50퍼센트를 넘지 못한다.	○
2. 지각하거나 늦잠을 자는 경우가 많다.	○
3. 지금 규칙적으로 하고 있는 운동이 특별히 없다.	○
4. 메모장에 일정을 꼼꼼하게 작성하지 않는 편이다.	○
5. 몇십 가지 이루고 싶은 목표를 정했고, 하나씩 달성하고 있다. (*부정일 때 체크)	○
6. 명상, 요가, 글쓰기, 독서와 같은 뇌 건강 활동을 규칙적으로 한다. (*부정일 때 체크)	○
7. 사람과의 약속을 기분 내키는 대로 잡는 편이다.	○
8. 업무나 과제를 할 때 집중력이 떨어지는 편이다.	○
9. 스트레스와 심리적 어려움(우울, 불안, 걱정, 화)가 심한 편이다.	○
10. 꼭 따르고 싶은 나만의 롤 모델이 없다.	○

위 문항 중 7개 이상에 체크했다면, 일상이 매우 어지럽게 헝클어져 있을 가능성이 크다. 이 경우 전문가(의사, 상담가, 코치, 트레이너)의 도움이 필요할 수도 있다. 5개 이상이라면 습관을 만드는 내적인 힘이 떨어지는 상태라고 할 수 있다. 한마디로 실행력이 떨어지는 상태이기 때문에 하고자 하는 일, 혹은 꼭 해야 할 일을 뜻대로 해내지 못하고 있을 가능성이 크다. 4개 이하라면 당신의 실행력은 평균적인 수준이다. 2개 이하까지 줄이는 것이 이상적이다. 이 목록에 해당 사항이 없거나 1~2개 정도라면 긍정적인 습관을 만들기에 매우 유리하다고 할 수 있다.

망각곡선을 거스르는
반복학습

    시윤이와 같이 습관의 중요성을 이야기해야 할 때 살펴보아야 할 그래프가 하나 있습니다. 바로 과학자 헤르만 에빙하우스가 인간의 기억력에 관해 밝혀낸 것입니다.

에빙하우스의 망각곡선

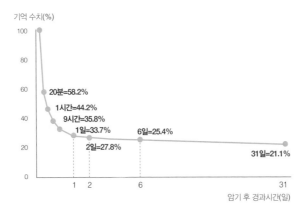

이 그래프를 보면 우리가 100만큼의 양을 학습한 후 불과 1시간이 지났을 때 절반 이상을 잊어버린다는 충격적인(!) 사실을 알 수 있습니다. 하루가 지나면 학습량의 30퍼센트 정도밖에 기억하지 못하고요. 이처럼 인간이 가진 망각의 힘은 정말 놀라울 만큼 강력합니다. 물론 그 덕분에 힘들고 괴로운 일을 경험해도 곧 잊을 수 있는 것이겠지요. 하지만 공부할 때에는 정말 난감해집니다. 열심히 외운 구구단과 알파벳, 수학공식을 공부한 지 채 하루도 지나지 않아 거의 다 잊어버리고 마니까요.

그렇다면 이 망각곡선을 거스르는 방법이 무엇일까요? 바로 복습입니다. 실제로 한 설문조사에서 최고 우등생 그룹에 속하는 아이들이 어떻게 공부하는지 살펴보았더니 주어진 학업 외에 매일 평균 2시간 이상 자율학습을, 그것도 예습이 아닌 복습에 할애하고 있다는 결과가 나왔습니다. 다시 말해 이미 배운 내용을 자신이 얼마나 이해하고 기억하는지 스스로 점검하고, 이를 더 깊이 있게 이해하는 '정교화 과정'을 거치는 데 있어 반복학습이 매우 중요하다는 의미입니다.

평균적인 지능을 가진 사람이라면 새로 배운 내용을 4~5회 정도는 복습해야 단기기억 상태에서 장기기억 상태로 바꾸어 뇌에 새겨 넣을 수 있습니다. 이 과정을 전문 용어로 '반복적인 강화 학습'이라고 하는데요. 이 반복적인 강화 학습을 하는 과정에서 뇌 신경망 어디엔가 새겨져 있는, 특정 지식에 대한 '스키마(구조화된 지식)'의 두께와 폭이 늘어납니다. 그러면 다음에 비슷한 내용을 보게 될 때 더 쉽게 배울 수 있죠. 예를 들어 곱셈 연산에 관해 이야기해볼까요? 처음 배운 구구단을 단번에 외울 아이는 많지 않습니다. 하지만 여러 번 반복해서 암기

1. 초등학생이 된 이후에는 매일 정해진 시간에, 일정 시간 복습하는 습관을 갖는다.

2. 자기조절능력과 끈기가 생기게 하는 것이 관건이다.

3. 아이가 너무 힘들어하거나 싫증 내지 않게 다양한 심리적 지지와 대화를 제공한다.

4. 예를 들어, 매일 수학 10문제를 스스로 골라 푸는 습관을 들이는 (복습, 자체 시험) 것처럼 학습 내용과 테스트를 아이의 수준에 맞춘다. 학년에 구애받지 말고 아이가 해낼 수 있는, 그러면서도 성취감을 얻을 수 있는 내용으로 구성한다.

5. 동영상 강의를 들었다면, 교재나 참고서를 보고서 스스로 배운 내용을 한 번 더 정리하게 하고, 또 잘 정리하고 있는지 수시로 점검한다.

6. 자체 시험을 칠 때는 시험 결과에 대해 긴밀한 대화를 나누고 작은 성취에도 지지와 격려를 아끼지 않는다.

7. 자체 시험에서 부족한 부분이나 틀린 문제는 항상 오답 노트를 통해 정리하고 스스로 분석하도록 돕는다.

8. 학습 목표와 분량을 스스로 정할 수 있게 하고, 스케줄 표도 스스로 작성할 수 있도록 지도한다.

9. 스케줄 표대로 복습과 자체 시험을 꾸준히 실천하고 있는지 수시로 점검한다.

10. 기억법, 개념 학습법 등의 학습기술을 충분히 숙달할 수 있도록 코칭한다.

11. 이 모든 과정이 선순환할 수 있도록 심리적 지지와 대화를 지속적으로 해나가는 것이 가장 중요하다.

하고, 또 구구단의 원리에 관해 반복해서 설명을 들으면서, 뇌 어딘가에 구구단을 위한, 나아가 곱셈식을 위한 자리가 생기고 커지게 됩니다. 학년이 높아지면서 아이는 새로 배우고 연습한 곱셈식으로 세 자리 수 곱하기 두 자리 수와 같은 어려운 곱셈 연산도 척척 풀어내게 됩니다.

공부, 하면 할수록 더 하고 싶어진다

그런데 복습이 아무리 중요하다 한들 실천하지 않으면 아무 소용이 없겠죠? 그래서 반복 학습만큼이나 중요한 것이 바로 강한 동기 특히 '내적 동기'입니다. 이는 다른 말로 하면 학습의욕이나 학구열입니다.

학구열을 가진 아이는 지금 하는 공부가 얼마나 중요한지를 잘 알고 있으며 공부하고 싶다는 마음이 내면에 단단하게 자리잡고 있습니다. 그러니 누가 시키지 않아도 스스로 공부할 수밖에 없죠. 그렇다면 어떻게 해야 아이의 학구열, 공부하고자 하는 내적 동기를 높일 수 있을까요?

우선 이 학구열은 1~2가지 요소로 이루어진 단순한 심리가 아닙니다. 첫째, 아이 스스로 '나는 공부를 잘 할 수 있어'와 같이 공부를 잘 할 수 있다는 마음, 효능감이 있어야 합니다. 둘째, '나는 공부를 해서 훗날 좋은 일을 할 수 있어', '공부를 하면 좋은 일이 생길 거야' 하는 식의 낙관성도 있어야 하고요. 셋째, 공부를 하다 보면 어려운 부분에 막히거나 여러 환경적인 요인 때문에 좌절하는 일도 생기게 마련이죠. 이때 그 난관을 이겨낼 수 있는 자기조절능력이나 회복탄력성, 그릿 grit(끈기, 열정, 투지 등으로 번역)이 높아야 합니다. 이외에도 아이가 '나는 노력하면서 점점 발전하고 있어'와 같이 성장형 사고를 갖는 것이 중요합니다. 이처럼 학구열이 높아지기 위해서는 아이의 마음속에 효능감, 낙관성, 자기조절능력, 성장형 사고 등이 잘 자리잡고 있어 전반적으로 안정된 심리를 유지해야 합니다.

미래학자 다니엘 핑크는 《드라이브》라는 책에서 내적 동기에 관해 설명한 바 있는데요. 핑크는 내적 동기과 관련해 '몰입'과 '숙련'에 대해 말합니다. 일단 몰입은 내적 동기가 약해지지 않도록 돕는 가장 중요한 요소입니다. 우리가 무슨 일에 완전히 몰입할 수 있을 때, 그 일을 하고 싶은 욕구도 커진다는 것이죠. 그런데 핑크는 몰입하기 위해, 꼭 필요한 것이 바로 충분한 숙련이라고 설명합니다. 머릿속으로 그림을 한번 그려보세요. 어떤 일을 반복적으로 계속함으로써 그 일을 점점 잘하게 되는 '숙련'과 그 일에 푹 빠져 시간 가는 줄 모르는 '몰입'은 마치 두 마리 용처럼 서로를 감싼 채 회오리춤을 추게 되는 거죠.

공부를 잘 하는 아이도 마찬가지입니다. 꾸준히 문제를 풀어서 수학 문제를 잘 풀게 된(숙련된) 아이는 어느 순간 수학문제를 풀며 깊은 몰입을 느끼게 됩니다. 그런데 숙련의 과정은 대개 힘들 수밖에 없습니다. 그래서 다니엘 핑크는 숙련을 '마음가짐'이고, '고통'이고, '점근선'이라 표현했지요. 이때 '마음가짐'이라고 한 것은 숙련을 통해 더 나은 미래로 나아간다는 확신과 자기 신뢰가 부족하면 힘든 숙련의 과정을 견디지 못한다는 의미입니다. '고통'이라고 한 것은 적어도 한 분야에서 두각을 나타내자면 아웃라이어의 법칙, 즉 10년 간 1만 시간, 혹은 그 이상의 치열한 연습이 요구되기 때문이라는 의미이고요. 또 마지막으로 어떤 숙련자도 숙련을 통해 완벽한 정점에 이르는 것이 아

한 가지 일에 능숙해져 잘할 수 있게
되면 더욱 몰입하게 되고, 깊이 몰입할
수록 더 숙련된다.

니라 그 정점 가까이 한없이 다가가는, 그래서 그 누구도 완벽함에는
결코 도달할 수 없기에 끊임없는 노력이 필요한 일이라는 의미도 '섬
근신'이라고 표현했습니다.

아이러니한 것은 고단한 숙련의 과정을 끝까지 해낼 수 있도록 보
호해주는 것이 '몰입'이라는 점입니다. 어떤 일에 숙련되기까지 분명
어렵고 힘든 과정을 거쳐야 하지만 짜릿한 만족감 덕분에 힘든 숙련
과정을 견딜 수 있는 것이죠. 그래서 몰입과 숙련은 상호간에 서로 영
향을 주고받으면서 선순환하는 관계입니다. 저는 이 몰입과 숙련의 선
순환을 매일 많은 아이들을 통해 직접 목격하고 있는데요. 아이의 마
음을 움직인 단 한 권의 책이 최초로 아이에게 깊이 몰입하는 즐거움
을 제공하고, 이 행복한 경험을 한 아이는 또 다른 책에 도전하며 책
읽기의 어려움을 이겨내는 용기를 갖게 되죠. 그렇게 해서 한 권, 한
권 몰입해서 읽는 책이 쌓여갈수록 아이의 책 읽기 숙련 정도는 커지

게 되고 이것이 더욱 깊은 몰입의 경험으로 이어집니다. 책 읽기 그리고 학습과 관련해 많은 어려움이 있었던 과거의 경험을 극복할 수 있는 힘이 바로 이 몰입과 숙련의 선순환 구조에서 생겨납니다.

반복학습의 습관 점검 리스트

문항	✓
1. 공부하기 전 교재나 학용품 같은 준비물을 미리 챙긴다.	○
2. 시험에 대비해 스스로 예상문제를 만들어본다.	○
3. 오답노트 정리를 꼼꼼히 한다.	○
4. 수업을 들을 때는 항상 요점 정리도 같이 한다.	○
5. 모르는 내용은 잘 기억했다가 선생님이나 참고서를 통해 확인한다.	○
6. 매일 1시간 이상, 숙제가 아닌 학습 내용을 자습한다.	○
7. 주말마다 한 주 동안 배운 내용을 정리하는 복습시간을 갖는다.	○
8. 수업 듣기 전 항상 5분 이상 예습시간을 갖는다.	○
9. 공부할 때는 공부에만 집중하고 다른 일을 하지 않는다.	○
10. 주간, 월간 단위의 학습 계획을 미리 세운다.	○
11. 배운 내용을 저녁마다 복습한디.	○
12. 배운 내용은 자체 시험을 통해 수시로 확인한다.	○
13. 노트 정리를 항상 충실히 한다.	○
14. 공부 시간에는 스마트폰이나 컴퓨터 같은 방해물을 멀리 한다.	○
15. 숙제나 과제는 미루지 않고 미리 한다.	○

표시한 항목이 12개 **이상이라면** 좋은 공부 습관을 가지고 있으니 이를 계속 유지할 수 있도록 잘 지도한다. 10개 **이상이라면** 공부 습관이 비교적 잘 잡힌 편이지만, 가끔 주어진 스케줄을 따르기 힘들어 할 때도 있다. 8개 **이상이면** 이따금씩 공부 스케줄을 잘 지키지 못해 버거워할 때도 많은 상태다. 학습 스케줄이나 공부 방법을 따를 만한 내적인 힘 즉 학습 동기나 지적 호기심이 부족한 상태는 아닌지 살펴보아야 한다. 공부에 흥미나 긍정적인 감정을 느낄 만한 지적·정서적 자극을 주는 것도 중요하다. 그러려면 최대한 재미있게 공부하는 경험이 필요하다. 뿐만 아니라 아이가 매일 정해진 시간만큼 공부하는 일을 꺼리는 이유는 찾아내 그에 대한 해결책을 마련하는 것도 필요하다.

표시한 항목이 7개 **이하라면** 공부 습관이 거의 잡히지 않은 상태로 아이가 공부가 너무 싫다고 말할 가능성이 크다. 아이 스스로 어떤 것이 바른 공부 방법이나 습관인지 모르고 있는 것은 아닌지, 외부 변화에 대한 심리적 대처능력이나 자기 통제력이 떨어지는 것은 아닌지도 점검해야 한다. 이런 경우에는 "공부해라" 하고 잔소리를 하기보다는 공부를 방해하는 원인부터 찾아 제거해주어야 한다. 아이의 낙관성, 자존감, 자기조절능력 수준이 어떤지 잘 살펴보고, 학습동기, 긍정적인 학습 경험, 학습애호감 등도 점검할 필요가 있다. 단순히 공부 환경이나 스마트폰, 게임 등 외적인 방해 요소가 있는지 아니면 소아우울증이나 시험공포증 같은 좀 더 근원적인 문제가 있는지도 살펴야 한다. 부모님 혼자 해결하기가 힘들다면 전문가를 찾아 적극적으로 문제 해결에 도움을 받는 것이 좋다. 만약 아이의 상황이 아주 심각하지 않다고 판단한다면, 다음에 나오는 공부 습관 만들기 방법을 시도하는 것도 도움이 된다.

숙련과 몰입의 선순환구조를 만드는 바른 공부 습관 만들기

1. 매일 꾸준히 공부하는 일이 얼마나 중요한지, 공부를 통해 우리의 지적 능력이 얼마나 성장할 수 있는지 등에 관한 교육적인 이야기를 들려주어 아이의 마음속에 공부의 가치, 바른 공부 습관의 중요성을 심어

줍니다. 이때 한현주가 지은 《엄마, 국어 공부는 왜 해?》 같은 책이 아이의 학습동기를 자극하는 데 도움이 됩니다.

2. 아이에게 공부 습관이 형성되기까지 힘들더라도 매일 꾸준히 일정 시간의 공부할 수 있도록 부모님이 적극적으로 도와줍니다. 짧게는 2주, 길게는 석 달 정도까지 습관 들이는 시간으로 삼아야 합니다. 지나치게 권위적인 부모는 나쁘지만, 아이가 어느 정도 부모의 권위를 느낄 수 있는 것은 좋습니다. 아이가 익숙하지 않은 것에 대해 심리적으로 저항할 경우에는 여러 가지 책략을 써서 꾸준히 공부 스케줄을 따르게 해주는 것이 필요합니다. "오늘은 문제 풀기 안 하면 안 돼?"라고 묻는 아이에게 매번 져서는 안 됩니다. 싫증 내는 아이에게 중학교 수학문제, 고등학교 수학문제, 대입 수능 수리영역 문제 등을 보여주면서 "지금 하루 놀면 그저 편하고 좋을지 모르지만, 대학입시 시험장에서 진땀을 흘리고 있을 너를 한번 상상해봐" 하고 타이르는 것도 좋은 방법입니다.

3. 아이에게 공부에 대한 자발적 동기를 심어주고자 한다면 반드시 기억해야 할 3가지가 바로 '숙련', '몰입', '의미'입니다. 다시 말해 매일 꾸준히 반복 학습을 해서 공부에 익숙해지도록 '숙련'해야 하며, 그러기 위해 공부에 푹 빠져 삼매경에 도달, 지속적인 '몰입' 체험을 하는 것 그리고 공부의 '의미'와 가치에 대해서도 꾸준히 배우고 이해하는 것이 중요합니다.

4. 아이가 공부에서 몰입을 경험할 수 있으려면 공부하는 과정이 긍정적이고 재미있어야 합니다. 아이가 지금 공부를 재미있어 하는지, 재미없는 공부를 꾸역꾸역 해내고 있지는 않은지 점검해봅니다. 교재, 동영

상 강의, 선생님의 교수 능력, 학습 기술 등 다양한 몰입 요소들을 점검해 재미없는 공부가 되지 않도록 관심을 기울여줍니다.

5. 아이와 지속적으로 정서적인 대화를 나누며 마음을 살피고, 긍정감과 희망감을 높여주어야 합니다. 아이가 학업 스트레스를 느끼고 있다면 무엇보다 이를 완화하는 데 힘써야 합니다.

6. 자기주도학습의 핵심인 시간관리 기술, 학습 스케줄 작성과 점검 요령을 가르쳐줍니다. 스스로 시간을 관리하도록 시간관리 일지를 쓰게 하거나 스케줄을 스스로 만들고 매일 체크해 학습 관리 능력과 기술을 높여줍니다.

7. 아이의 성향에 따라 소모임 그룹 학습이 보다 적합할 때가 많습니다. 비슷한 수준과 성향의 아이들을 모아 자기주도적인 공부 모임을 만들고, 우수한 지도교사를 초빙해 가르치는 것이 더 효율적이고 에너지 낭비를 막는 방안이 될 수 있습니다. 깜깜이 사교육에 끌려다니는 부모님이 많은데요. 유아 시절 공동 양육을 하듯이 부모들이 교육 커리큘럼과 운영에 세세히 참여할 수 있다면 좋을 겁니다.

사교육 현장에서 속된 말로 80퍼센트 아이들은 들러리라고 합니다. 내 아이가 들러리가 되어서는 안 되겠지요. 부모님들이 서로 연대해 아이에게 양질의 교육을 제공할 수 있는 통제력을 가져보기 바랍니다. 이때 좋은 선생님을 모시는 것이 큰 과제인데, 해당 과목과 관련된 전공을 하는 대학원 박사 과정 선생님 가운데 찾아보는 것도 방법입니다 (대문호 괴테 역시 한동안 가정교사 일을 했다고 하니까요). 그밖에도 여러 어려움이 있을 수 있겠으나 구더기 무서워 장 담그기를 포기해서는 안 될 겁니다. 같은 비용으로 양질의 교육을 제공하는 학습 공동체도 효과적인 방법입니다. 이에 관해서는 뒤에서 상세히 설명하겠습니다.

8. 아이가 큰 꿈을 갖도록 독려하는 것도 필요합니다. 대체 공부를 왜 해야 하는지 생각해보고 때로는 어려운 과정도 감내하며 스스로 학습동기를 되새길 수 있도록, 북극성 같은 원대한 삶의 목표를 만들게 도와줍니다(이와 관련해 교육학자 윌리엄 데이먼의 《무엇을 위해 살 것인가》를 참고해보면 좋습니다).

공부 몰입을 이끄는
독서 몰입

그렇다면 공부를 하는 데 있어 몰입을 느끼는 아이는 과연 얼마나 될까요? 안타깝게도 그 수가 그리 많지 않습니다. 고등학교 시절까지 공부 몰입을 어렵지 않게 느낄 수 있는 아이는 통상 100명 중 3~4명에 불과하니까요.

우리나라 학생들의 '학습효율화지수'가 다른 나라에 비해 크게 떨어지는 것도 바로 공부 몰입을 느끼지 못하기 때문입니다. 학습효율화지수란 들인 시간에 비해 얼마나 학업 성과를 내는가를 수치화한 지표인데요. 학습효율화지수가 낮다는 것은 한마디로 공부는 오래 하는데 그다지 효과적이지 않다는 의미입니다. 실제로 학업성취도 수준이 비슷한 다른 나라 아이들에 비해 우리나라 아이들은 학습 시간이 두 배 가까이 많습니다. 어떤 과목에서 같은 학업 성취를 얻기까지 다른 나라 아이들이 5시간 공부하면 될 것을 우리 아이들은 10시간씩 공부해야 한다는 것이죠.

왜 이런 결과가 나올까요? 우리 아이들이 머리가 나쁘거나 교육 방식이 좋지 않아서일까요? 아닙니다. 그보다는 아이들 대부분이 심층적 학습, 자발적 학습을 하지 못하고 있다는 점이 가장 큰 문제입니다. 다시 말해 강요에 의한 학습이 아이의 시간을 어마어마하게 낭비하고 있는 거죠. 학령기 동안 수천 시간을 의미도 없을 뿐더러 머리에도 남지 않는 공부를 하느라 허비하고 있는 겁니다. 만약 그 시간을 자신이 좋아하고 잘하는 일에 쏟을 수만 있다면 소중한 성과물을 참 많이 얻을 텐데 말이죠.

적게 공부하고도 좋은 효과를 얻고자 한다면, 그리고 누가 시켜서가 아닌 스스로 공부하고 싶은 마음, 즉 학구열을 높여 반복학습을 꾸준히 할 수 있기 위해서 필요한 것이 바로 공부 몰입입니다. 그렇다면 이 공부 몰입은 대체 어떠한 상태에서 일어날까요? 공부 몰입은 굉장히 섬세한 과정을 거쳐야만 일어날 수 있는 과정입니다. 그럼에도 불구하고 한 가지 반가운 소식은, 공부 몰입으로 가는 비교적 쉬운 방법

독서 몰입이 공부 몰입을 위한 필수 조건

독서 몰입은 공부 몰입의 필수 조건이다.

이 존재한다는 사실입니다. 바로 독서 몰입입니다. 공부 몰입을 느낀 대부분의 아이는 독서 몰입이라는 필수 단계를 거치게 됩니다. 독서 몰입은 공부 몰입으로 가는 '실크로드'로 공부 몰입을 위한 필수 조건입니다.

어릴 적 제 아버지는 안중근 의사의 말을 빌어 "하루라도 책을 읽지 않으면 입에 가시가 돋는다" 하고 말씀하시곤 했습니다. 돌아가신 아버지가 들으면 미소를 지으실 테지만, 당시 저는 그 말이 정말인 줄 알고 꽤나 겁을 냈던 것 같아요. 매일 하루 3장의 책을 읽는 일을 밥을 먹거나 양치질하는 일보다 더 중요하게 생각했으니까요. 그런데 어느 순간부터 독서는 아버지의 권유 사항이 아닌 저 스스로 너무도 하고 싶은 일이 되어버렸습니다. 책을 읽는 일 자체가 너무 즐겁고 짜릿해서, 오히려 중독에 가까운 정도가 되어버렸다고 해야 할까요.

어린 시절 책을 읽으면 주변의 시공간이 왜곡되는 경험을 자주 겪었습니다. 가령 《아라비안 나이트》를 읽으며 마치 제가 알리바바 무리가 되어 말을 타고 달리는 듯한 환상에 빠지곤 했죠. 몇 시간씩 엎드려 상상 속 내 모습을 수백 장의 그림으로 그려내기도 했고요. 또 《15소년 표류기》를 읽으며 친구들과 함께 섬 여기저기를 헤매고 다니는 상상에 빠져들었습니다. 그런 상상이 너무 지나친 나머지 동생이나 몇몇 또래 친구들에게 멋진 모험담을 직접 창작해 들려주며 이야기꾼을 자처하기도 했습니다.

지금 돌이켜보며 그 시절 저는 책에 깊이 몰입한 상태였습니다. 미하이 칙센트미하이가 자신의 저서 《몰입》에서 말했던 바와 같이, 책에 깊이 몰입한 나머지 시간이 순식간에 지나가고 강한 지진이 아니면 주변에 무슨 일이 일어났는지 분간하지 못할 정도로 흠뻑 도취하는 상태에 이르렀던 것이죠. 뇌에서는 엔돌핀, 세로토닌, 도파민과 같은 행복 호르몬이 분수처럼 철철 샘솟아 흐르고요. 칙센트미하이가 "화가가 캔버스 위의 색들이 자석의 힘에 이끌리듯 서로 뭉쳐 생명력을 갖는 것처럼 느껴질 때"라고 멋들어지게 표현했던 '최적 경험optimal experience', 흔히 말하는 무아지경, 물아일체의 상태인 몰입을 책을 통해 경험한 것입니다.

그런데 제가 이러한 독서 몰입을 경험한 것은 남달리 머리가 좋거나 특별한 언어능력을 가져서가 아닙니다. 독서 몰입은 어떤 아이든 어렵지 않게 경험할 수 있고, 또 말콤 글래드웰이 《아웃라이어》에서 말한 '1만 시간의 법칙'을 따르지 않아도 쉽게 가질 수 있는 능력입니다. 이미 우리는 일상에서 다양한 언어활동을 하고 있고, 이것이 독서 몰입의 능력으로 이어질 수 있는 배경이 되어주기 때문입니다. 따라서 저는 어떤 아이든 10세 이전, 특히 동영상 과잉 시청으로 인해 뇌가 심하게 변하지 않은 상태라면 4~5세 경의 아이들도 어렵지 않게 독서 몰입을 느낄 수 있다고 봅니다.

독서 몰입을 경험한 아이는 공부 몰입도 어렵지 않게 경험할 수 있습니다. 고등학교 1학년쯤 반에서 꼴찌에 가까웠던 제가 단기간에 성적을 순식간에 올려 명문대에 입학할 수 있었던 것도 바로 깊은 독서 몰입을 경험했던 덕분이었습니다. 국어나 사회 같은 과목은 그간 읽은 수많은 책들에서 얻은 지식이 직접적으로 도움을 주었죠. 이 과목들은 시간을 크게 할애하지 않아도 쉽게 점수를 올릴 수 있었습니다. 문제는 수학이나 영어, 과학이었습니다. 기초가 없이 뒤늦게 공부하려니 너무 힘들었습니다. 그렇게 입시까지 얼마 남지 않은 시간 동안 부족한 수학, 영어, 과학 공부를 하느라 매일매일 뜬눈으로 지새웠지만, 깊은 독서 몰입을 경험한 덕분에 어렵지 않게 공부 몰입을 경험할 수 있었고 결국 원했던 결과를 손에 넣을 수 있었습니다. 시험 점수를 단기간에 끌어올려 명문대에 입학할 수 있는 저력이 모두 독서 몰입에서 시작된 것입니다.

메타인지 공부법이
필요한 이유

몇 시간 공부를 하고 난 아이가 "나 이제 수학 다 알아"라고 하는 경우가 있습니다. 그 말을 한 아이는 분명 진심일 것입니다. 하지만 시험 결과는 아이의 생각이 사실이 아니라고 말해줄 때가 많죠. 아이가 거짓 감각에 빠져 있었던 것입니다.

공부를 잘 하려면 '자신이 지금 무엇을 알고 있고, 또 무엇을 모르고 있는지' 또렷하게 인식할 줄 아는 능력 즉, 메타인지metacognition가 중요합니다. 메타인지는 '상위인지'라고도 부르는데요, 공부에서 가장 중요한, 일종의 자기이해입니다. 공자는 이에 대해 "아는 것을 안다고 말하고, 모르는 것을 모른다고 말하는 것이 바로 아는 것知之爲知之 不知爲不知 是知也"이라고 했지요. 메타인지 능력을 가리키는 말입니다.

기억력에 관한 연구를 오래 진행해온 심리학자 헨리 뢰디거와 마크 맥다니얼 등이 함께 쓴《어떻게 공부할 것인가》를 보면 메타인지를 키우는 가장 확실한 방법으로 '자체시험'을 듭니다. 만약 아이가 동영상 강의를 들었다면 배운 내용을 한두 번 스스로 정리한 후에 '○○에 대해 설명해보라'는 식의 셀프테스트용 문제를 스스로 내게 합니다. 이후 아이가 이 문제로 자체 시험을 보면서 자신이 무엇을 알고 또 모르는지 점검해보는 겁니다. 자신이 배운 사실을 제대로 암기하고 이해했는지, 끊임없이 합리적 의심을 던져보게 하는 방법입니다.

메타인지력을 키우는 것과 동시에 염두에 두어야 할 것은 바로 '반복'입니다. 앞서 심리학자 헤르만 에빙하우스의 망각곡선을 설명한 바 있죠. 대부분의 사람들이 공부한 내용의 절반 이상을 채 1시간도 지나지 않아 잊어버리기 때문에 이 망각곡선을 염두에 두고 반복학습을 계획해야 합니다. 예를 들어 사람의 얼굴이나 이름을 기억해야 한다면 학습을 한 지 몇 분 지난 후 바로 다시 내용을 떠올려봐야 합니다. 그리고 교재의 내용이라면 처음 공부한 후 하루가 지난 뒤에는 반드시 복습해야 합니다. 이후 일주일, 늦어도 한 달 안에는 반드시 엄정하게 자체 시험을 쳐서 자신이 기억하지 못하거나 이해하지 못하고 있는 부분을 꼼꼼하게 점검해야 합니다. 이러한 관점에서 볼 때 우등생 하면 떠오르는 (실제로는 아이를 벌주는 데 더 많이 사용되는) '오답노트'는 메타인지력을 높이고 반복학습을 하는 데 도움을 주는, 매우 효과적인 학습도구입니다. 또한 초등학생의 경우 고희경 글, 심윤정 그림의 《공부법을 알려 줘!》와 같은 책을 통해 공부에 대한 심층적인 이해가 생기도록 도우면 좋습니다.

베스트셀러 작가 말콤 글래드웰의 《아웃라이어》는 꾸준한 노력과 성실의 중요성을 대중에게 각인시킨 책입니다. 책에는 여러 인상적인 사례가 등장하는데 특히 아시아인들이 공부를 잘하는 이유를 분석한 것이 눈에 띕니다. 글래드웰은 많은 미국인들이 갖고 있는 편견처럼 아시아인들이 공부를 잘하는 이유가 뛰어난 두뇌 때문이 아니라고 말하며 오로지 노력의 차이일 뿐이라는 사실을 증거를 통해 확인시켜줍니다. 아시아 이민자들의 부모는 대부분 농부였고, 새벽부터 저녁 늦게까지 일하는 부모를 보고 자란 아이들의 마음속에는 '인생에서 성공하기 위해 가장 중요한 것은 노력이야'라는 생각이 깊이 각인되어 있다는 것입니다. 실제 설문 조사를 해보면 대부분의 성공한 아시아인은 노력을 신성한 것이라고 생각하고 있습니다. 따라서 아이에게 필요한 것은 노력의 중요성을 알게 해주고 그 노력을 꾸준히 행할 수 있게 바른 생활 습관을 갖도록 도와야 합니다. 메타인지와 반복, 이 2가지와 관련해 다음의 목록으로 현재 아이의 공부법을 점검해보기 바랍니다.

메타인지력을 키워주는 공부법

1. 복습할 때 시험에 나올 문제가 무엇일지 늘 생각해본다.
2. 공부한 내용을 잘 이해했는지 알기 위해 스스로 정리해본다.
3. 공부 도중에 배운 내용이 나오면 다시 한 번 복습한다.
4. 문제를 풀다가 틀리면 왜 틀렸는지 책을 찾아보고 분석한다(오답 노트 작성).
5. 그날 배운 내용의 요점을 저녁에 항상 노트에 정리해둔다.
6. 모르는 내용이 나오면 책이나 예전 교과서를 뒤져 이해하려고 한다.
7. 시험공부란 자신이 얼마나 아는지 확인하기 위한 것이다.

8. 지금 공부하는 내용을 전에 배운 내용들과 관련지어 본다.

9. 주간 단위, 월간 단위 학습계획을 짜서 꾸준히 실천한다.

10. 공부한 내용을 확실히 아는지 자체 시험을 친 후 다음 공부로 넘어간다.

11. 책이나 교재를 읽다가 이따금 멈추고 읽은 내용을 되새겨본다.

12. 모르거나 이해하기 어려운 내용이 나오면 선생님이나 부모님께 적극적으로 질문한다.

13. 시험 공부하면서 항상 예상문제를 만들어본다.

14. 시험 준비를 할 때 2~3회 반복해서 공부한다.

15. 암기할 때는 단번에 다 암기하려 하지 않고 여러 번 나눠서 암기한다.

실용지능과 실행력을
키우는 책 읽기

흔히 '공부머리'와 구분되는 개념으로 '일머리'라는 말을 하죠. 우리가 살면서 맞닥뜨리게 되는 다양한 문제를 학교에서 배운 지식, 즉 공부머리만으로 해결하기란 쉽지 않습니다. 그래서 실제 문제 상황에서 발휘할 수 있는 현실적 지능, 즉 일머리라고도 할 수 있는 실용지능이 중요한 시대가 되었습니다.

실용지능의 창시자인 석학 로버트 스턴버그는 이제는 IQ의 시대는 끝났다고 선언했습니다. 그리고 실생활의 다양한 일에 대처하고 문제를 해결하는 능력인 실용지능Practical Intelligence 그리고 이를 뒷받침하는 문제해결력, 창의성이 더 중요한 시대가 도래했다고 주장했어요. 스턴버그의 이런 주장은 이미 21세기 경영학이나 교육학 분야에서 매우 중요하게 받아들여지고 있습니다. 세계적인 IT 기업인 구글의 입사 문제나 인재 선발 기준을 보면 스턴버그의 이런 주장이나 통찰에 고개가 끄덕여집니다.

많은 학자들이 문제해결력을 키우는 가장 중요한 원천으로 창의성과 실용지능을 꼽습니다. 창의성은 예술적 감수성이나 상상력 혹은 공상이나 기발한 아이디어와는 조금 다른 지적 능력입니다. 주어진 문제를 자신이 알고 있는 다양한 지식과 정보 활용 능력을 통해 독창적이면서도 가장 합당하게 풀어나가는 능력을 의미하기 때문입니다.

그리고 문제해결력을 뒷받침하는 지적 능력인 실용지능 역시 매우 중요합니다. 실용지능이 잘 발달하려면 생활 체험이 중요합니다. 많이 놀고, 또래와 많이 어울리고, 다양한 야외 체험, 체험 학습을 할 수 있어야 합니다. 또한 이러한 체험이 그저 일회적인 경험에 그쳐서는 안 되고 자신의 체험 중 궁금한 것, 배우고 싶은 것을 끊임없이 찾아내 문제를 해결하는 지적 훈련으로 이어져야 합니다. 물론 이때 필요한 것은 세상 모든 일에 대한 호기심, 사물의 원리에 관한 강력한 지적 욕구입니다.

최근 이 실용지능에 관해 문의하는 부모님들이 많이 만나게 되는데요. 그만큼 실용지능의 중요성이 높아지고 있다는 의미이겠지요. 다음은 아이의 실용지능을 길러주는 데 있어 중요한 몇 가지 지침입니다.

1. 아이 스스로 할 수 있는 일의 개수를 점차 늘려나간다.

2. 아이에게 스트레스 상황에서 벗어나는 심리적 기술을 가르친다. 적절한 스트레스 상황을 부여해 스트레스 대응력을 높이는 것이 중요하다. 조금 어려운 난이도의 도전이나 체험대상을 지속적으로 경험하게 한다. 물론 아이의 문제해결능력과 스트레스 대응력의 한계를 잘 살피며 과제의 수준을 조금씩 조정해야 한다.

3. 어려운 과제 때문에 힘들어할 때 심리적 지지를 아끼지 않는다.

4. 설거지, 쓰레기 분리수거, 청소 같은 일상생활에 참여하게 한다.

5. 자신이 담당하는 책임 영역을 만들어준다. 숙제는 물론이고, 가방 챙기기, 준비물 챙기기, 메모나 자기 방 정리정돈같이 자신이 책임져야 할 부분을 일찌감치 아이의 몫으로 떼어준다.

6. 스스로 시간 관리하는 법을 가르친다. (예:매일 아침 일과표 짜기)

7. 공부와 독서 계획을 스스로 세우게 한다. 특히 초등 고학년부터는 일주일 학습계획을 혼자서 세울 수 있도록 하는 것이 좋다.

8. 아이 일을 대신해주려는 부모님의 마음부터 고친다.

9. 아이 혼자서 생각하고 처리할 시간적 여유를 제공한다. (예: 자기 서재에서 사색할 시간 갖기)

10. 잘한 일은 적절한 평가와 과하지 않은 칭찬을 하고, 스스로 성취의 기쁨을 만끽하게 한다 (예:"맞아, 네 노력의 결과란다.", "어때, 뿌듯하지?")

11. 아이가 창안해낸 아이디어를 적극 응원한다. 아이가 떠올린 아이디어가 있다면 그것이 구체적인 표현물로 나타날 때까지 지지하고 조력한다. 가령 아이가 찰흙으로 그릇을 만들어보겠다고 한다면 설사 잘 못하거나 실용적이지 않더라도 끝까지 해볼 수 있게 도와준다.

12. 공부보다 가치 있는 일들이 존재한다는 것을 알려준다. 재능이나 흥미와 관련된 활동, 친구 사귀기, 놀이, 자연탐구, 다양한 체험, 공상이나 상상놀이, 운동과 여가, 인생을 향유하는 법 등 공부가 아닌 것들이 가진 가치를 진심으로 공감해준다.

아이의 실행력을 키우는 대화법과 독서법

이처럼 문제해결력의 원천으로서 창의성과 실용지능 외에 또 한 가지 중요한 것이 바로 실행력입니다. 실행력이란 일종의 내적 에너지입니다. 문제해결력을 가지려면 다양한 현실 체험을 해야 하는데 이 경험을 하도록 나서게 만드는 힘이 바로 실행력이죠. 그런데 우리 아이의 실행력은 부모님과 일상에서 나누는 사소한 대화에서 많은 영향을 받습니다. 따라서 아이의 실행력을 키워주고자 한다면 일단 일상에서 아이와 나누는 부모님의 말부터 점검해보는 것이 좋습니다.

아이의 실행력을 훼손하는 가장 큰 원인 2가지는 바로 고정형 사고와 칭찬 남발입니다. 심리학자 캐롤 드웩은 인간의 사고 유형을 크게 '고정형 사고방식'과 '성장형 사고방식'으로 나누었는데요. 고정형 사고방식이란 우리의 지능, 신체능력, 인격, 대인능력 같은 개인의 특성은 선천적으로 타고난 것이 고정적으로 유지되며 이는 결코 바뀌지 않는다고 믿는 생각과 태도를 말합니다.

그런데 이러한 생각은 사실과 다르죠. 노력 여하에 따라 한 사람이 만들어내는 일의 결과나 성과물은 크게 달라질 수 있으니까요. 하지만 고정형 사고방식에 물들게 되면 타고난 재능에 의해 모든 일이 결정된다고 생각해 체념하기 쉽습니다. 노력을 쉽게 중단하거나 성실한 마음 자체를 무시할 가능성도 큽니다. 또 고정형 사고방식을 가진 아이들은 심리적으로도 쉽게 우울해지고 불안해지는 것으로 알려져 있어요.

그런데 부모님이 무심코 한 말이 아이에게 고정형 사고를 심어줄 수 있어 조심해야 합니다. 무심결에 내뱉는 "아이고, 똑똑해라", "너는 (능력을) 타고 났나 봐", "넌 정말 재능이 많아" 같은 말이 아이가 고정형 사고에 물들도록 부추깁니다.

고정형 사고에 물들면 실제 능력과는 상관없이 자신은 똑똑하고, 재능이 있다고 거짓으로 믿게 됩니다. 그리고 이것이 자신의 똑똑함과 재능을 평가받을 만한 새로운 도전을 회피하는 심리로 이어질 수 있습니다. 새로운 도전을 하게 되면 자신이 똑똑하고 재능이 많다고 생각하는 믿음이 망가질 수 있으니까요.

또한 드웩은 고정형 사고방식을 부추기는 화법은 아이의 불안을 높이고 자존감을 떨어뜨린다고 말해요. 따라서 성장형 사고를 심어주는 대화가 필요합니다. 성장형 사고를 심어주는 대화란 일단 아이가 어떤 일을 할 때 결과보다 과정에 관심을 갖는 것입니다. 예를 들어 "너 점수가 몇 점이니?"라고 묻지 말고, "이번 시험을 준비하느라 네가 노력하고 있구나. 엄마는 열심히 공부하는 현찬이 모습이 대견해. 결과를 보니 네가 노력한 만큼 나온 것 같아"라고 말하는 것이죠.

또 다른 예를 들어보겠습니다. 만약 아이가 이순신의 전기를 읽고 독후활동으로 부모님과 대화를 나눈다면 어떻게 말해주는 것이 좋을까요? 만약 "이순신은 뛰어난 재능과 인품을 가진 사람이었지"라고만 말힌디면 아이에게 고정형 사고를 부추기게 됩니다. 물론 이순신이 천부적인 재능을 가진 사람인 것은 사실이지만 동시에 엄청난 노력을 기울인 사람이기도 하니까요. 따라서 "이순신은 미래에 닥칠 고난과 역경을 대비해 끊임없이 준비하고 노력하는 사람이었단다"라고 위인의 가치를 성장형 사고의 관점에서 말해주는 것이 필요합니다. 한 위인이 위대한 업적을 쌓을 수 있었던 이유가 단지 그가 천재였기 때문이라는 식의 메시지를 준다면, 아이는 '나는 그러한 천재가 아니니 노력해도 어차피 소용없어'하고 좌절감을 느낄 수도 있겠지요. 그렇게 되면 그 책은 읽지 않는 것만 못한 게 되어버릴 것입니다.

텔레비전이나 영상 매체가 유해한 여러 가지 이유 중 하나가 바로 고정형 사고를 부추기기 때문입니다. 텔레비전에 등장하는 사람들은 대부분 대단히 큰 성공을 이루거나 훌륭한 결과를 얻은 사람들이지요. 그런 대단한 사람들만 나오는 영상을 너무 많이 접하다 보면 이들을 동경하는 마음이 생기는 한편 불안감이나 상대적인 패배감을 느낄 수도 있습니다. '저들은 처음부터 잘난 사람일 거야. 아니라면 어떻게 저런 멋진 결과를 낼 수 있겠어. 나는 아무리 노력해도 저렇게까지 멋진 결과를 내긴 힘들 거야' 하고 말이지요. 이는 어쩌면 어른들 역시 현실에서 종종 느끼는 흔한 좌절감이기도 합니다.

이때 노력과 끈기를 중요한 모티브로 삼는 문학작품이 아이의 성장형 사고를 키우는 데 큰 도움이 됩니다. 예를 들어 이솝우화의 《토끼와 거북이》는 중세 동화작가 라퐁텐이 아이들 눈높이에 맞게 각색한 것이 많이 알려져 있는데요. 아이가 어리다면 이 이야기를 거장 제리 핑크니가 아름답게 해석한 그림책 버전으로 읽어주면 좋습니다. 게으름 피우지 않고 노력해 승리한 거북이에게 토끼가 선선히 축하를 건네는 모습이 정말 흐뭇합니다. 이외에도 성장형 사고를 돕는 책은 꽤 많지요. 가령 세계적인 베스트셀러 《그릿》을 초등학생 눈높이에 맞춘 《어린이를 위한 그릿》 같은 책이 있을 정도니까요. 아이가 자라 청소년이 되면 도로시 허먼의 《헬렌 켈러, A Life》를 꼭 읽게 해보세요. 이 작품은 한 중증 장애 소녀가 최고의 지성, 지도자가 되어가는 긴 여정이 아주 세세하게 드러나 있죠. 속된 말로 헬렌 켈러의 '생고생'이 가감 없이 기록되어 있습니다. '역경과 노력, 용기 없는 성공은 존재할 수 없다'는 진실을 알려주어 성장형 사고를 심어주는 본보기와도 같은 책입니다.

아이의 실행력을 훼손하는 칭찬 남발

부모님이 쉽게 빠져드는 두 번째 나쁜 대화 방법이 바로 칭찬 남발이에요. 명백한 근거 없이 칭찬을 남발하면 아이의 실행력을 크게 훼손할 수 있습니다. 칭찬 중독에 빠진 아이들을 흔히 보게 되는데, 칭찬받는 것이 너무 좋아서, 별것도 아닌 일에 칭찬해달라고 응석을 부리는 아이들이 많습니다. "엄마, 나 잘 했지?" 하고요. 대부분의 부모님은 기다렸다는 듯이 아이에게 한껏 칭찬의 말을 건네죠. 물론 칭찬에 너무 인색해도 문제겠지만, 지나치게 칭찬을 많이 듣고 그것에 중독이 된 아이는 타인의 평가에 연연하는 사람이 될 수 있으니 각별히 조심해야 합니다.

심리학자 알피 콘은 아이가 칭찬 중독에 빠지지 않게 하는 대화를 다음과 같이 설명합니다.

이전에 했던 말(잘못된 대화)	앞으로 할 말(올바른 대화)
"너의 이런 방법이 좋구나."	아무 말도 하지 않는다(단지 관심만 둔다).
"잘 그렸어! 이 그림 참 좋다."	본 것을 평가하기보다는 설명한다. "방금 그린 이 사람, 발이 색다른데, 발가락도 있네."

"다른 사람을 정말 잘 도와주는구나!"	아이의 행동이 다른 사람에게 미치는 영향을 설명해준다. "식탁에 수저를 놓았구나! 엄마 일이 훨씬 줄었네."
"이 글 잘 썼구나."	생각을 유도한다. "시작부터 읽는 사람의 관심을 끄는 이런 방법은 어떻게 알아낸 거야?"
"잘 나눠 먹었어, 철수야!"	판단하기보다는 질문한다. "꼭 그러지 않아도 되는데 어떻게 영희에게 사탕 줄 생각을 했니?"

　사실 왼쪽 편의 말이 더 익숙하죠. 많은 부모님들이 흔히 아이들에게 하는 말이기도 합니다. 하지만 아이들이 반복해서 이러한 말을 듣다 보면 자신이 아닌 남이 하는 평가를 더 중요하게 생각할 수도 있습니다. 그러한 점에서 왼쪽 편의 말은 매우 부정적인 대화 방식이지요. 아이가 어떤 일을 하고 그 결과 기분이 좋았다면, 그 이유가 남이 하는 칭찬 때문이어서는 안 됩니다. 그보다는 스스로 자신의 행동에 대해 대견하고 자랑스러운 마음을 가져야 합니다. 다시 말해 아이에게 정말 필요한 것은 어른들의 공연한(혹은 영혼 없는) 칭찬이 아니라 스스로 느끼는 성취감, 그 덕분에 생기는 자기효능감입니다.

　석학 미하이 칙센트미하이는 정교한 발달심리학 바이블이라고 할 수 있는《어른이 된다는 것은》에서 우리가 실력을 모두 쏟아부어 어려운 일을 해냈을 때 성취감을 느끼고, 한번 맛본 성취감을 또다시 느껴보고 싶은 욕구가 생긴다고 말한 바 있습니다. 이것이 바로 성취동기인데요, 발달심리학자 데이비드 셰퍼는 이를 "도전 과제에 성공하고 높은 성취 기준을 맞추려는 의지"라고 했습니다. 결국 성취감과 성취동기, 이 2가지가 모두 존재할 때 우리는 어떤 일에 더 적극적으로 임하게 됩니다. 다음은 아이의 성취동기가 얼마나 되는지 알아보는 테스트입니다. 아이와 함께 한번 점검해보기 바랍니다.

우리 아이의 성취동기는 어느 정도일까?

문항	예	아니요
1. 나는 내가 하기로 한 것보다 더 많이 공부한다.	○	○
2. 나는 힘들다고 느껴질 때도 잘 포기하지 않는다.	○	○
3. 나는 어떤 일을 다 하고 난 후 뿌듯할 때가 많다.	○	○
4. 나는 다른 사람들에게 인정받고 싶다.	○	○
5. 나는 지치지 않고 오래 공부할 수 있다.	○	○
6. 성공한 사람들을 보면 나도 성공하고 싶다.	○	○
7. 나는 어려운 일을 끝내고 나면 자신이 자랑스럽다.	○	○
8. 나에게 주어진 일에 최선을 다한다.	○	○
9. 나는 대학을 졸업한 후에도 공부를 계속하고 싶다.	○	○
10. 친구들은 나를 부지런하다고 말한다.	○	○
11. 나는 공부를 하면서 성적이 잘 나오기를 기대한다.	○	○
12. 나는 좋은 성적을 못 받아도 새로운 공부에 도전할 것이다.	○	○
13. 나는 열심히 노력해서 높은 지위에 오르고 싶다.	○	○
14. 나는 큰 책임이 따르는 일에도 도전하고 싶다.	○	○
15. 나는 주어진 일을 끝내고 나면 기분이 좋아질 때가 많다.	○	○

'예'에 답한 문항이 **13개 이상이면** 성취동기가 강하고 자기 일에서 성취감을 많이 느끼는 아이다. 여기에 해당하는 아이들은 어떤 일을 잘하려는 성취동기가 강하고 또 그 일을 하면서 큰 성취감을 맛보는 아이라고 할 수 있다. 지금까지의 양육법이 아이에게 좋은 영향을 미쳤다고 평가할 수 있다. 아이에게 유익한 도전과제를 주고 성취활동을 할 수 있도록 도와준다. 알피 콘의 《자녀교육, 사랑을 이용하지 마라》에서 아이와 나누는 대화에 대한 도움을 받아볼 수 있다.

'예'에 답한 문항이 **10개 이상이라면** 성취동기가 높고 성취감도 자주 맛보는 아이다. 이 단계에 속한 아이라면 하는 일들에서 어느 정도 성취감도 맛보고 있고, 성취동기도 또래 평균보다는 높을 것이다. 하지만 아이 마음에는 자신에게 주어진 일들에 대해 '꼭 이 일들을 해야 하나?' 하는 거부감도 자라고 있다. 대화를 통해 어떤 일이 왜 싫은지, 그 일을 할 때 어떤 어려움을 느끼는지 물어본다. 이유를 찾아 대화를 나누고 여러 활동을 통해 풀어나간다.

'예'에 답한 문항이 **8개 이상이라면** 성취동기도 보통, 성취감도 보통인 아이다. 이 단계에 속한다면 아이는 지금 하는 일에서 성취감도 잘 느끼지 못하는 편이고, 성취동기도 평균 정도일 것이다. 일상에서 하는 일 중 싫은 일도 많고, 또 좋아하는 일도 있긴 한 상태이다. 일단 부모님부터 자발적인 동기가 어떻게 생기는 것인지 차근차근 생각해볼 필요가 있다. 조금 원론적인 내용을 다루고 있긴 하지만 다니엘 핑크의 저서 《드라이브》가 도움이 될 것이다. 심리학자 에드워드 L. 데시의 《마음의 작동법》은 이 분야에서 바이블에 해당하는 책이니 꼭 읽어보기를 권한다.

'예'에 답한 문항이 **7개 이하라면** 성취동기가 약하며, 성취감을 자주 느끼지 못하는 아이다. 지금 빨간불이 켜졌다. 이 단계에 속한 아이라면 자신이 하는 일들에서 성취감도 제대로 느끼지 못하는 편이고 성취동기도 낮은 편이다. 아이는 자신이 좋아하는 일만 할 뿐, 꼭 해야 할 일들에 대해 적잖은 거부감을 느끼고 있다. 아이의 개성이나 기질, 부모님의 양육 전반을 다시 점검해야 한다. 교육과 양육 전반에 변화가 필요한 시점이다. 아이가 좋아할 만한 긍정적 활동을 늘리고 그 일을 해낼 수 있도록 세심하게 도와준다. 아이가 성취를 경험하고 그 과정에서 성취감을 느낄 수 있도록 해주는 것이 무엇보다 중요하다.

특히 '예'에 답한 문항이 **5개 이하라면** 매우 심각한 상황이다. 아이 내면에 불만이 가득하고 어떤 일을 잘하고자 하는 마음도 거의 없는 상태라고 보아야 한다. 심리적 문제가 존재할 가능성도 크니 부모님 혼자 해결하기보다는 심리전문가의 도움을 받는 편이 좋다. 아이의 마음이 이렇게까지 무너진 이유부터 찬찬히 따져야 한다. 기질적 원인, 환경적 원인, 부모님의 대화습관, 교육과정과 선생님 문제, 또래문제 등 어디에서 문제가 생겼는지 살펴본다. 원인을 하나씩 찾아 해결책을 발견하는 과정에서 심리학자 페그 도슨의 《산만한 내 아이 집중력 높이는 방법》과 《아이의 실행력》이 지침서가 될 것이다.

제6장

초등 고학년

논리성과
사고력 발달의
심화기

공부가 기쁨으로 바뀌는 순간
시냅스 독서법

영재를 키우는
고전문학 읽기

저는 인지능력이 상위 10퍼센트 안에 드는 우수한 아이들은 물론 1퍼센트에 속할 만한 영재나 천재아동 들도 자주 만납니다. 이렇게 똑똑하고 머리 좋은 아이들이니 학교 공부는 문제없이 해낼 것 같은데, 정작 그렇지 않은 경우들이 많습니다. 대체 그 이유가 뭘까요?

인지능력이 뛰어난 아이들은 대개 스스로 자신의 학습을 관찰하고 탐색하는 메타인지 능력이 뛰어납니다. 다시 말해 자신이 뭘 알고 또 모르는지 정확히 파악할 줄 알고 그래서 공부도 자기 리듬에 맞춰 잘 해내죠. 문제는 부모님의 불안입니다. '선행학습이 필요하다', '누구네 아이는 어느 학원에 가서 두 학년 앞선 진도를 소화하고 있다'는 식의 소문이 들려오면, '혹시 내 아이가 뒤처지고 있는 것은 아닌가', '아이가 더 잘 할 수 있는 기회를 가로막고 있는 것은 아닌가' 하는 불안감에 사로잡히죠. 그러한 부모님의 과도한 걱정이나 주변의 성화에 휘둘려 굳이 필요하지도 않은 선행학습을 강요하게 되고, 결국 아이는 스스로 공부하고자 하는 의지와 중심이 꺾이게 됩니다.

부모님의 불안을 조장하는 소문의 진원지는 대부분 사교육 이해 당사자들이 퍼뜨리는 심리 마케팅입니다. 피해는 고스란히 아이들에게 돌아가죠. 선행학습의 가장 큰 문제는 아이 스스로 공부하고자 하는 의욕을 빼앗는 데 있습니다. 학원에서 내주는 과제 따라가기에 급급해 자기만의 학습 리듬을 놓치고 우왕좌왕하게 되는 거죠. 그렇게 똑똑하고 머리 좋은 아이가 순식간에 공부 못하는 아이로 전락해버립니다. 공든 탑이 한순간에 와르르 무너져내리는 것과 같아요.

그러니 일단 부모님이 중심을 잘 잡아야 합니다. 지금 우리 아이가 학습내용을 스펀지처럼 잘 흡수하고 있다고 해서 이것을 선행학습이나 조기학습을 밀어붙여야 한다는 신호로 받아들여서는 결코 안 됩니다. 선행학습은 아주 경계해야 합니다. 또한 선행학습을 통해 좋은 결과를 내기란 거의 불가능에 가깝다는 사실도 인정해야 합니다. 만에 하나 그 덕분에 아이가 좋은 대학에 입학했다고 해도 그것으로 모든 문제가 끝난 것이 아닐 때가 많습니다. 과중한 공부에 시달리며 공부 기계, 시험기계로 자란 아이들이 성인이 된 후 어느 순간 자신의 현실을 깨닫고 깊은 방황에 빠지는 사례를 수없이 목격했습니다(이 주제에 대해 현실감 있게 다루어 화제가 되었던 드라마 〈스카이캐슬〉에서처럼요). 또 강요된 선행학습만으로 아슬아슬, 위태롭게 공부 탑을 쌓은 아이들은 대학 이후 학문과 벌이는 정면 승부에서 번번이 질 수밖에 없습니다.

결국 공부는 아이 스스로 책임지며 홀로 완수해나가야 하는 일입니다. 그러니 억지로 선행학습을 시키기보다는 지금 아이가 자신에게 주어진 공부를 잘 소화하고 있는지, 혹시나 버거워하고 있지는 않은지부터 살펴야 합니다. 그리고 가능한 한 선행학습보다는 적기학습, 심층학습을 할 수 있게 도와주어야 해요. 앞서 망각곡선에 대한 이야기를 하며 높은 학업 성취를 거두는 아이들 대부분이 예습보다 복습에 치중하고 있다는 이야기를 했지요. 우등생들이 공부하는 내용을 들여다보면 복습 대 예습의 비율이 8:2, 혹은 9:1 정도까지 올라갑니다. 그리고 여기서 말하는 예습도 결코 학원에서 2~3년씩 앞서서 배우는 차원이 아닙니다. 당장 오늘 혹은 며칠 후 배울 내용을 미리 훑어보는 정도입니다. 이미 배운 내용에 대한 심화학습을 제대로 진행하는 것만 해도 아이가 감당해야 할 학습량이 결코 적지 않습니다. 아이가 지금 배우는 내용을 어려워하지 않아서 혹은 학습량이 부족해서 선행학습을 한다는 것은 지나친 기우입니다.

불후의 명작으로 시작하는 영재교육

그렇다면 머리 좋은 아이들, 인지능력이 뛰어난 아이들에게는 어떤 교육이 필요할까요? 부작용이 없고, 진짜 효과 있는 영재교육이란 어떤 걸까요? 사실 제가 이 문제에 대해 특별히 더 큰 관심을 갖고 많은 책과 논문을 찾아보게 된 계기는 딸 예나 때문이었습니다. 자랑 같아 조심스럽지만, 어릴 때부터 꾸준하게 시냅스 독서법으로 양육해온 예나는 인지능력이 매우 뛰어난 편입니다. IQ 156로 어릴 때부터 '신동' 소리를 들으며 자라 의학박사가 된 제 친형처럼 한 번 본 내용을 거의 사진을 찍은 것처럼 기억하는 놀라운 모습을 보여주곤 했죠. 아마도 제 외가 쪽 유전자의 영향이 아닐까 짐작하는데, 그러한 유전자의 수혜를 받지 못한, 지극히 평범한 저로서는 그런 딸의 모습이 놀랍고 대견한 한편, 어떻게 하면 이러한 아이의 능력을 잘 키워줄 수 있을지 고민이 되었습니다. 행여 잘못된 방식으로 아이를 이끌어 타고난 재능을 해치지는 않을까 걱정스러웠습니다.

그렇게 수년에 걸쳐 영재와 천재에 관한 공부를 꽤 많이 했습니다. 찾아본 논문과 관련 서적이 수백 편에 달할 정도로요. 그리고 나름대로 확신에 찬 결론을 얻었습니다. 아이의 두뇌 개발과 영재교육을 위해 최대한 많은 문학작품, 그것도 세계 최고 작가들의 고전 작품들을 읽혀야 한다는 것입니다.

이런 제 생각에 도움을 준 책들이 있습니다. 우선, 조금 어렵지만 정확한 진실을 담고 있는 하워드 가드너의 《열정과 기질》과 같은 명저가 있습니다. 영재 아이를 키우는 부모라면 꼭 읽어야 할 책입니다. 또 미하이 칙센트미하이의 《창의성의 즐거움》이나 스콧 배리 카우프만, 캐롤린 그레고어가 지은 《창의성을 타고나다》, 로버트 스턴버그 외 공저의 《창의성》 같은 책들도 이 분야의 명저들입니다. 특히 스턴버그의 《창의성》은 창의성과 예술성, 박식함, 과학 천재 사이의 깊은 연관성을 매우 잘 설명하면서 영재성에 관한 상식의 오류를 잘 알려줍니다. 결론적으로 스턴버그는 IQ, 즉 분석지능보다 실용지능과 창의성이 더 중요하다고 주장하며, 창의성이란 뛰어난 자기성찰과 심리능력이 뒷받침되어야 발현될 수 있는 것이라고 말합니다. 다시 말해 창의성이란 새로움을 추구하는 전인성全人性이라는 의미입니다. 나아가 그는 지능과 창조성을 아우르는 지혜의 우월성에 대해 말하며, 인생과 세계를 통찰하는 지혜야말로 인간 지성의 정수라고 말합니다.

이러한 책들을 통해 저는 결국 영재교육이란 어떻게 하면 아이들의 지혜를 높일 것인가 하는 문제로 귀결된다는 사실을 알게 되었고, 이를 위해 위대한 문학작품을 꼭 읽혀야 한다는 확신을 갖게 되었습니다. 인생의 진실을 알려주는 문학작품을 읽으며 우리는 통찰력을 얻을 수 있고, 즐거움도 느낄 수 있습니다. 이처럼 문학의 효능은 무한에 가깝습니다. 발달한 교육선진국에서는 문학 교육을 21세기 교육에 있어 최선의 대안으로 보고 문학작품을 융합형·공감형 인재를 기르는 최선의 도구로 활용하고 있습니다. 만약 아이에게 영재성이 엿보인다면, 특정 분야의 공부만큼이나 그림책, 동화책, 문학작품 감상을 적극적으로 도와야 합니다. 중요한 것은 심도 깊은 학과 공부보다 지혜를 벼리는 교육입니다. 아이의 깊은 내면을 만드는 데 있어 가장 좋은 방책은 마땅히 훌륭한 문학작품을 감상하는 것입니다.

그래서 저는 예나의 읽기 단계에 맞게 헤밍웨이부터 빅토르 위고, 톨스토이, 도스토예프스키, 샬롯 브론테 같은 문호의 작품을 빼놓지 않고 읽게 했습니다. 아이가 책을 읽고 나면 함께 토론하는 것을 꾸준히 하고 있습니다. 예나는 초등학교 6학년 여름, 자매 작가인 샬롯 브론테의 《제인 에어》와 에밀리 브론테의 《폭풍의 언덕》을 읽으면서 대단히 행복한 시간을 보냈고, 존 로널드 톨킨의 《반지의 제왕》 시리즈를 다 읽고 나서는 자신의 '인생소설'을 찾았다고도 했죠(유명한 동명 영화의 원작인 《반지의 제왕》은 영국문학사 100대 작품으로 꼽힐 만큼 무척 완성도가 높은 소설입니다). 그렇게 아이는 자신이 좋아하는 장르인 판타지 소설로 독서 목록을 넓혀나가며 한동안은 J. K. 롤링의 《해리 포터》 시리즈에 푹 빠져 지내기도 했어요. 최근에는 그 나이대 아이가 읽기에는 조금 철학적일 수도 있는 헤르만 헤세의 《데미안》을 읽고는 너무나 깊은 감명을 받았다며 인생소설을 바꾸어야 할지 헷갈릴 정도라고 하는 등 추천한 책들에 대해 열렬한 반응을 보내주었죠. 그리고 언제부터인가 자연스럽게 창작열을 살려 장편 소설을 쓰는 일에도 도전하고도 있습니다.

행복하게 책을 읽어나가는 아이의 모습이 그간의 제 교육 원칙과 방향에 대해 다시 한 번 더 큰 확신을 안겨주었습니다. 아이가 초등학교 시절 내내 학교에서 운영하는 영재학급에서 수업을 받고 있기는 했지만 그 수업에서 기대할 수 있는 결과와는 완전히 다른 반응들이었거든요. 교육의 방향이 옳은지 혹은 그렇지 않은지를 판별하는 기준은 항상 아이에게 있어야 한다고 생각합니다. 책을 읽는 내내 아이가 얼마나 많은 만족감(독서애호감)을 느끼고 또 행복해했는지가 가장 중요하죠. 나아가 누구의 강요가 아닌 아이의 순수한 의지에 따라 글쓰기와 같은 창의적인 형태로 자신의 생각과 감정을 표출한다면 금상첨화입니다.

한편 예나처럼 좌뇌와 우뇌가 고루 발달한 중뇌형이 아닌, 좌뇌가 유독 더 발달한 아이들, 특히 과학이나 수학에 영재성을 보이는 아이들의 경우에는 문학작품에 대한 흥미가 상대적으로 크지 않을 수 있습니다. 이런 아이들에게 위에서 언급한 책들을 권하면 시큰둥해하기도 하죠. 그럴 때는 사람이 아닌 사물의 속성이나 원리에 관한 호기심을 더 자극할 수 있는 책을 권하는 것이 좋습니다. SF 과학소설, 추리소설, 판타지 소설은 좌뇌형 영재들이 공통적으로 즐기고 좋아하는 장르입니다. 작품성이 뛰어난 판타지 소설, 예를 들어 대가 아이작 아시모프가 시작한 SF과학소설, 애거서 크리스티, 코난 도일, 모리스 르블랑이 구축해낸 추리소설을 읽게 하면 독서애호감이 크게 증진되는 것을 직접 확인할 수 있습니다. 이 분야의 작품들 가운데는 빼어난 작품이 셀 수 없이 많답니다. 아이가 이 분야의 책을 좋아한다면 각 장르에 관한 입문서나 연구서를 확인하면서 주요 작품들을 목록화해 아이에게 권해보기 바랍니다. 가령 추리소설 분야를 구축한 작가인 애거서 크리스티의 경우, 뛰어난 작품만 추려도 스무 편 이상으로, 좌뇌형 영재가 읽으면 좋을 만한 책은 수백 아니 수천 권에 이를 정도입니다.

인지능력이 뛰어난 아이들은 자신의 개성에 맞는 명작 문학작품을 접하며 독서를 통해 얻는 긍정적인 이득을 얻을 뿐만 아니라, 전반적인 삶의 균형까지도 조화로워지는 혜택을 누릴 수 있어요. 고전을 읽어감에 따라 아이가 한층 안정되고 어른스러워지는 것을 느낄 수 있을 거예요. 실제로 상담하고 지도한 아이들과 그 부모님들에게서 문학작품을 접한 뒤 아이의 사고와 정서가 좀 더 성숙해졌다는 피드백을 수없이 들을 수 있었습니다.

한번은 이와 관련해 매우 흥미로운 상담을 한 적이 있어요. 과학 특목고에 다니는 다혜는 다른 친구들과 자신이 너무도 달라 힘든 일이 많다며 본인이 직접 상담을 신청해왔습니다. 친구들이 모두 '사이코패스' 같다고 하더군요. 다혜는 상위 1퍼센트의 지능이었지만, 감성 뇌와 우뇌도 무척 발달한 아이였습니다. 민감성이 높은 아이였죠. 그래서 감성지능이 조금 떨어지는 학교 친구들과 도무지 어울리기 힘들었던 것입니다. 다혜는 제가 알려준 문학작품들을 읽으며 많은 치유를 얻었어요. 과거 저에게 그러했던 것처럼《데미안》이 다혜를 늪에서 구해주었습니다. 아이는 헤세의 다른 작품까지 모조리 읽으며 문학비평가가 되고 싶다며 진로를 수정할 정도였습니다.

이처럼 뛰어난 인지능력과 명작 문학작품의 만남은 아이들의 지식과 감성이 좀 더 깊고 넓게 만들어줍니다. 또래의 다른 아이에 비해 다소 길 수도 있지만 매일 2~4시간 정도 독서시간을 가지면 충분합니다(이외 시간은 사회성 훈련이나 또래 교류와 같이 다른 활동을 배치해 고른 발달을 할 수 있도록 합니다). 또한 아이의 지적 욕구와 호기심을 채워주는 개성적인 독서 활동을 만들어주는 것이 바람직합니다.

학년이 올라갈수록
공부가 싫어지는 이유

학년이 올라가고 학습 내용이 어려워질수록 공부하기 싫다는 아이들이 늘어납니다. 위험 수준인 기초학력 미달이나 학습 부진 단계까지는 아니지만, 공부가 싫고 학습을 억지로 하고 있는 단계인 아이가 전체의 절반 이상이라는 통계도 있습니다.

지금 부모님은 우리 아이가 어떤 상태라고 생각하고 있습니까? 그리고 그러한 판단을 내리는 데 근거가 된 자료는 무엇인가요? 대부분의 부모님들은 단지 아이의 성적이나 점수 같은 수치화된 지표로만 아이의 학습 상황을 판단합니다. 하지만 성적표만으로는 아이가 공부를 즐기면서 점수도 잘 받고 있는지, 아니면 하기 싫은 공부를 억지로 하며 간신히 점수만 얻고 있는 수준인지 가늠하기 쉽지 않습니다.

아이의 성적표를 맹신하지 말아야 하는 이유가 여기 있습니다. 그것이 기쁜 공부의 결과인지, 슬픈 공부의 결과인지 아니면 고통을 주는 공부의 결과였는지, 숫자만으로는 알 수 없으니까요. 우선 다음에 나오는 학습동기 테스트를 통해 아이가 공부에 대한 부정적인 감정 즉 공부상처를 갖고 있는 것은 아닌지 알아보기 바랍니다. 그리고 문제가 있다면 최대한 빨리 해결합니다. 공부상처가 있는 아이들의 경우 자기 주장이 뚜렷해지고 어른의 개입에 대한 저항이 심해지는 중고등학생이 될수록 학습치료 또한 무척 힘들어지는 경향이 있습니다. 아마도 아이의 공부상처에 두꺼운 굳은살이 생겼기 때문일 겁니다. 아이마다 다를 수는 있겠으나 학습치료는 10세 이전, 늦어도 15세를 넘지는 말아야 합니다.

　이 책에서 소개하는 '학습동기 테스트'는 지금 내 아이의 학습동기가 어느 정도의 수준인지 알아보는 문항들입니다. 아이가 공부를 싫어하게 된 구체적인 원인을 찾으려면 수백 문항의 복잡한 검사를 해보아야 하지만 여기서는 아이의 학습동기 수준을 알아볼 수 있도록 압축해, 중요한 문항만 다음과 같이 간추렸습니다.

학습동기 테스트

문항	예	아니요
1. 나는 다른 수업에 배운 내용을 수업시간에 잘 활용할 수 있다.	○	○
2. 나는 수업에서 배우는 내용들이 중요하다고 생각한다.	○	○
3. 나는 수업내용을 잘 배울 수 있다.	○	○
4. 나는 다른 친구들보다 더 좋은 공부법을 알고 있다.	○	○
5. 나는 시험에서 좋은 성적을 낼 수 있다.	○	○
6. 나는 다른 친구들에 비해 더 많은 것을 알고 있다.	○	○
7. 나는 시험에서 틀린 내용을 다시 익히려고 노력한다.	○	○
8. 나는 지금 배우는 것들이 나에게 많은 도움이 될 것이라고 믿는다.	○	○
9. 나는 선생님께서 낸 과제를 다른 친구보다 더 잘할 수 있다.	○	○
10. 나는 다른 친구들에 비해 공부를 좀 더 잘할 수 있다.	○	○
11. 나는 새로운 것을 배우기 위해 어려운 내용도 알고 싶다.	○	○
12. 나는 수업에서 배우는 내용들이 재미있다.	○	○
13. 나는 배운 공부 내용을 잘 이해한다.	○	○
14. 나는 다른 친구들에 비해 더 똑똑하다.	○	○
15. 나는 시험을 볼 때 자신감이 있고 편안하다.	○	○

'예'에 답한 문항이 12개 이상이라면 '나는 공부를 많이 많이 하고 싶어요', '나에게 공부는 좋은 일이고, 재미있는 일이고, 소중한 일이에요'라는 의미이다. 매우 높은 학습동기를 갖고 있는 아이이며 만약 15개의 질문 모두에 '예'라고 한 것이 아니라면, '아니요'라고 답한 그 문항의 이유를 찾아본 후 그 이유를 물어보고, 지금 느끼는 불편이나 어려움은 무엇인지 살펴보아야 한다. 학습에 대한 긍정적 가치를 높여주는 교육이나 대화가 부족했던 것인지, 틀린 문제나 어려운 문제를 재미있게 설명해주는 데 소홀했던 것인지, 원리 이해나 개념설명을 제대로 도와주는 교재나 강의가 부족했던 것인지 등 '아니요'라고 답한 이유를 구체적으로 알아내 해결한다. 지금도 충분히 잘하고 있는 아이지만, 그 과정에서 아

이의 학습효율성이 더 높아질 것이다.

'예'에 답한 문항이 10개 이상이라면 '그래도 나는 공부하고 싶은 마음이 자주 들어요!', '가끔 공부가 힘들 때도 있으니 잘 살펴보고 도와주세요'라는 의미이다. 비교적 높은 학습동기를 가지고 있지만 몇 항목에서는 학습이 마냥 즐겁고 쉬운 일이지만은 않다며 부정적인 답변을 하고 있다. '아니요'라고 대답한 항목에 대해 왜 그런 생각을 하게 되었는지 세심히 살필 필요가 있다. 과목별 개념 설명과 이해, 배운 내용에 대한 인출학습(잘 알고 있는지 스스로 점검하는 학습, 예를 들면 스스로 배운 내용의 문제 풀어보기, 배운 것을 보지 않고 설명해보기)이 잘 이루어지고 있는지, 모르는 내용에 대한 설명과 이해는 잘 이루어지는지, 공부에 대한 책임감을 과중하게 느끼는 것은 아닌지, 호기심과 흥미를 느낄 만한 학습내용이나 수업이 부족한 것은 아닌지 살펴본다. 특히 모르는 내용이나 배운 내용을 잘 설명해주는 동영상 강의나 선생님, 부모님의 유쾌한 학습조력, 스스로 모르는 문제를 찾고 이해할 수 있는 환경(자습서, 문제집, 백과사전, 학습 관련 서적) 제공 등도 잘 이루어지고 있는지 점검해야 한다. 만약 아직 자신이 왜 공부해야 하는지에 대한 생각이 정리되어 있지 않다면 부모님이 이와 관련된 책들을 함께 읽으며 공부의 가치와 의미를 단단하게 정립해주는 일이 꼭 필요하다.

'예'에 답한 문항이 8개 이상이라면 '저는 공부하고 싶을 때도 있지만, 하기 싫을 때가 더 많아요!', '왜 공부하기 싫은지 그 이유를 파악하고, 해결해주세요'이다. 지금 아이는 공부에 싫증을 느끼고 있을 뿐 아니라 공부를 싫어하게 된 부정적 경험 즉, 공부상처가 있는 상태이다. 왜 아이가 공부에서 멀어지게 되었는지 차근차근 따져보아야 한다. 감당하기 힘들 만큼 과중한 학업스케줄 때문인지, 주변 사람들이 아이의 성과나 성적에 너무 많은 스트레스를 주어 공부에 대한 걱정과 불안이 커진 것은 아닌지, 공부와 관련된 아픈 기억이나 상처가 쌓이며 공부와 멀어진 것은 아닌지 등등 그 원인을 살펴보아야 한다. 아이는 이미 공부가 싫은 것은 물론, 공부는 성적이나 점수 같은 타율적인 목적 때문에 억지로 하는 일이라고 생각할 수도 있다. 이런 상황이 지속되면 억지로 공부하는 아이, 공부 자체의 의미나 즐거움은 발견할 수 없는 아이가 되어 공부에서 영영 멀어질 수도 있다.

'예'에 답한 문항이 7개 이하라면 '왜 공부해야 하는지 전혀 모르겠어요!', '공부의 의미, 재미, 목적을 찾아주세요'이다. 지금 내 아이는 공부에 대해 심한 싫증을 느끼고 있다. 그 원인을 찾아보는 학습검사를 받아보거나 혹은 아이가 평소 하는 말과 행동을 통해 잘 관찰해본다. 학습과 관련된 부정적인 기억, 부모님의 공부 강요, 과중한 과제와 잦은 테스트, 재미없고 지루한 수업의 반복, 교사와의 부정적인 경험 등 셀 수 없이 많은 원인이 있을 수 있다. 혹은 학교나 학원에서 하는 수업을 따라갈 수학능력이 부족해 부정감이 가중될 수도 있다. 또 왜 인생에서 공부가 필요한지, 학습을 통해 성장하는 삶이 어째서 중요한지에 관한 의미나 가치를 받아들이지 못해서인지 살핀다.

우선 또래 수준에 미치지 못하는 수학능력 때문이라면 이를 높여주는 일이 시급하다. 한두 학년 이전의 학습 내용 가운데서 잘 이해하지 못한 것들이 있는지 살펴본다. 아이가 이런 사실을 잘 알지 못하거나, 혹은 알면서도 공부가 싫어 속일 수도 있다. 부모님이나 학습코치가 그 상세한 부분까지 살펴 차근차근 기초학습을 할 수 있도록 실력을 다져주어야 한다.

초등학교 4학년 현서는 공부가 무척 싫은 아이였습니다. 현서 부모님은 과외 선생님만 열 번 이상 바꾸며 갖은 노력을 기울였지만 현서를 바꾸기가 쉽지 않았습니다. 처음 현서 부모님은 일곱 살 터울이 지는 현서 큰누나의 진로검사를 위해 저를 찾아 왔습니다. 그런데 상담을 진행하던 중 현서의 학습심리에 관해서도 알아보기를 원했고 그렇게 현서는 얼떨결에 내키지 않은 학습검사를 받게 되었습니다.

유명 외고에 다니는 현서의 큰누나 지윤이는 매우 높은 낙관성과 학습효능감을 갖고 있습니다. 진로검사를 받으러 왔다지만 이미 자신의 진로에 관해 나름대로의 확고한 전망을 갖고 있는, 매우 모범적인 아이였습니다. 현서의 바로 위 누나 역시 공부를 무척 잘했고 또 즐기는 아이였습니다. 그런데 현서는 좀 달랐습니다. 무엇보다도 누나들과 달리 학습동기가 무척 낮았어요. 학습에 대한 긍정적인 생각이 거의 없는 상태였고요.

현서 부모님은 자녀들의 공부에 지원을 아끼지 않았고, 공부에 필요한 것이 있으면 무엇이든 바로 제공했습니다. 두 누나에게 그랬듯이 현서에게도 비싼 과외나 유명한 학원, 잘 가르친다고 소문난 선생님, 인기 강사의 동영상 강의, 가장 많이 팔린 참고서나 교재 등을 끊임없이 제공했어요. 그런데 부모님의 노력이 더해질수록 현서의 반응은 부정적이고 반항적으로 변했습니다. 언제부터인가 현서 입에서는 곧잘 "공부하기 싫다니까!"라는 투정이 터져 나오기 시작했습니다.

최근 들어 현서는 부모님이 방문을 열어놓고 감시하지 않으면 학원 숙제마저 하지 않는 지경에 이르렀습니다. 그렇다고 현서가 생활 전반에서 반항적이거나 도덕성이 부족한 아이는 결코 아니었어요. 귀찮을 수도 있는 엄마 심부름도 군말 없이 하는 착한 아이였으니까요. 다만 공부에 대해서만큼은 갈등이 심했습니다.

도대체 무엇이 문제였을까요? 현서는 왜 공부를 싫어하게 되었을까요? 부모님은 막연하게나마 자신들이 공부를 잘하는 누나들과 현서를 자주 비교하거나, 혹은 막내라고 너무 오냐오냐하며 응석을 받아주었던 것이 원인이지 않을까 짐작하고 있었습니다. 일단 저는 여러 차례 현서와 학습검사를 진행하고 부모님과 상담했습니다. 그리고 현서에게 이런 일이 생긴 이유를 차츰 깨닫게 되었죠. 문제는 바로 현서에게 '공부에 관한 긍정적인 생각'이 부족하다는 점에 있었습니다.

안타깝게도 현서는 공부를 하며 정말 재미있다는 생각을 한 경험이 없었습니다. 공부를 하면서 한 번도 재미를 느끼지 못했으니 공부에 대한 압박이 싫은 것이 당연했죠. 그래서 시간이 좀 걸리더라도 '공부는 재미있다'는 사실을 여러 번 경험하게 해주는 것을 목표로 삼았습니다.

현서와 같은 아이들을 만났을 때 통상적인 어린이 독서치료와 달리 특별히 진행하는 커리큘럼이 몇 가지 있습니다. 우선 공부에 관한 책 읽기를 비롯해서 공부에 관한 글쓰기, 공부에 관해 긍정적인 생각을 키워주는 재미있는 과제를 내주기도 합니다.

'책에 관한 책', '독서에 관한 책'들을 읽어주는 것도 독서애호감과 학습동기를 높이는 데 많은 도움을 줄 수 있습니다. 배움의 중요성과 가치에 대해 인식시켜줄 수 있기 때문입니다. 동화책의 주제나 주요 소재가 책, 혹은 독서인 책들을 말하는데 찾아보면 생각보다 이와 관련된 책들이 많이 있습니다. 다음은 이와 관련해 제가 강연이나 상담에서 부모에게 알려주는 도서 목록입니다.

배움의 중요성과 가치를 알려주는 그림책

돈 프리먼의 《도서관에서는 모두 쉿!》

카린 케이츠 글, 웬디 앤더슨 홀퍼린 그림의 《슬픔을 치료해 주는 비밀 책》

사라 스튜어트 글, 데이비드 스몰 그림의 《도서관》

클로드 부종의 《아름다운 책》

존 윈치의 《책 읽기 좋아하는 할머니》

쥬제 조르즈 레트리아 글, 안드레 레트리아 그림의 《내가 책이라면》

오니시 사토루의 《똑똑한 그림책》

프란치스카 비어만의 《책 먹는 여우》

마르타 아빌레스의 《도서관이 정말 좋아요》

니콜라 스미의 《책 읽어주세요, 아빠!》

엘리사 아마도 글, 마누엘 몬로이 그림의 《체피토, 뭐하니?》

미셸 누드슨 글, 케빈 호크스 그림의 《도서관에 간 사자》

소냐 홀트 글, 안나-클라라 티드홀름 그림의 《책만 읽고 싶어 하는 아이》

니콜라우스 하이델바흐의 《브루노를 위한 책》

칼라 모리스 글, 브래드 스니드 그림의 《도서관이 키운 아이》

제시 클라우스 마이어 글, 이수지 그림의 《이 작은 책을 펼쳐 봐》

미카엘라 먼틴 글, 파스칼 르메트르 그림의 《이 책을 절대로 열지 마시오》

찾아보면 좋은 책이 더 있을 기예요. 공부에 관한 긍정적인 생각을 심어주기 위해 4~5세부터 시작해서 초등학생에 이르기까지 주기적으로 이런 종류의 책을 읽어주는 것이 좋습니다.

열 사교육 안 부러운
서재 독서

저는 오래 전부터 서재 독서, 거실 학습 예찬론자입니다. 현서 가족에게도 이 방법을 상세하게 알려주었죠. 서재 독서를 실천하려면 우선 시간 배정이 필요합니다. 가령 오후 6시에서 8시까지는 거실에서 부모님과 아이가 공동 학습을 하고, 8시부터 10시까지는 아이가 자기 방에서 책을 읽거나 글쓰기를 하게끔 계획을 짤 수 있습니다. 스마트폰은 저녁식사를 하는 오후 6시까지만 사용할 수 있게 하고, 아빠나 엄마가 집으로 돌아오는 8시쯤 식사를 한다면 함께 밥을 준비해 먹고 정리하는 시간을 따로 정해볼 수도 있을 겁니다. 시간 배정은 전적으로 가족이 서로 의견을 모아 상황에 맞게 조정하면 됩니다.

보통 거실에 큰 텔레비전을 많이 두죠. 저희 집도 그렇지만 사실 시청 용도로는 잘 사용하지 않습니다. 대신 주말에 온 가족이 좋은 영화를 한 편씩 감상하는 데 정말 요긴하게 쓰고 있어요. 그리고 무엇보다도 아이들의 동영상 강의 시청용으로 유용하게 사용합니다. 새로 배웠거나 복습해야 할 학습 내용에 관한 개념 이해가 부족할 때, 이를 텔레비전 시청을 통해 해결하는 거죠. 초등학생이라면 EBS의 초등 콘텐츠가 나무랄 데 없이 좋습니다. 어려워하는 개념이 있으면 인터넷강의를 통해 기초 개념을 이해시켜주고, 학습지나 참고서로 해당 문제를 풀거나 스스로 정리하는 시간을 갖게 해줍니다. 중고등학교 때부터는 여러 회사의 맛보기 강의를 들어보면서 아이가 재미있어하는 인터넷강의 과목을 선택하면 됩니다. 거실을 교실 환경처럼 꾸며주면 더 좋아요. 텔레비전 앞에 실제 학교에서 쓰는 교실용 책상 하나를 구입해 놓는 것도 좋은 방법입니다.

수동적인 인터넷강의 듣기 수업보다는 능동적인 노트 정리가 훨씬 중요합니다. 그러니 강의 듣기가 1이라면 노트 정리에는 5 정도의 노력과 시간을 들여야 합니다. 그러고 나면 스스로 자체 시험을 치고요. 그리고 문제지로 관련 문제를 풀며 평가를 합니다. 이 모든 과정이 꼼꼼하게 스케줄로 짜여 진행된다면 더 좋습니다. 물론 이는 언제나 아이가 원하는, 혹은 수긍하는 것이어야 합니다.

아이가 동영상 강의 시청을 할 때 부모님도 함께 보는 것을 적극 권장합니다. 이때 감시의 느낌이 들어서는 안 되므로 "엄마도 재미있어서 보는 거야"라고 하는 것이 좋습니다. 그래야 동영상 시청 이후 확인학습을 할 때 아이를 좀 더 잘 도와줄 수 있습니다. 적어도 초등학교 졸업 때까지는 이 원칙을 따를 필요가 있습니다. 저는 10년 가까이 입시 현장에서 초등 전 과목은 물론 중등 국어·영어·사회, 고등 국어·문학·논술 수업 등을 다양하게 가르친 경력이 있고, 심지어 영재 아동을 위한 전문 수업도 오래 진행한 경험이 있어 아이들 수업과 지도에는 웬만큼 자신이 있는 편입니다. 하지만 아이와 함께 동영상 강의 시청을 하지 않은 채 질문을 받았을 때는 충분한 답을 해주지 못해 난감한 적이 여러 번 있었어요. 그래서 이후로는 가능한 한 아이와 함께 강의를 시청하고 때로는 함께 공부하며 문제도 풀면서 아이를 도와주고자 노력합니다.

부모가 아이와 함께 동영상 강의를 시청하며 학습을 돕는 것은 굉장히 유익한 방법이기 때문에 단지 아이가 어려워하는 부분을 복습하기 위한 용도가 아니라도 주당 2~3회 동영상 학습 프로그램을 통해 복습하는 방법이 매우 좋습니다. 아이와 함께 동영상 강의를 시청하는 것만으로도 해결되는 부분이 참 많기 때문입니다. 심지어 부족했던 대화 시간이 채워지기도 하죠. 30분에서 1시간 정도 동영상 강의를 함께 시청하고, 이후 아이가 문제나 필기를 통해 확인 학습을 할 때 도움을 주면 됩니다. 그렇게 공부한 내용을 부모님이 함께 점검해주는 것만으로도 아이의 학습 효율은 크게 높이집니다.

머지않은 미래에 우리 아이들은 아마도 거의 대부분의 학습을 동영상으로 하게 될 거예요. 이미 신종 코로나 바이러스로 인해 아이들의 학습 형태가 온라인 학습, 동영상 교육 쪽으로 상당 부분 옮아오고 있습니다. 이러한 상황에서 거실 학습이 일찌감치 가족 안에서 잘 시스템화되면 중학교, 고등학교에 가서도 특별한 사교육 없이 자기주도학습을 성공적으로 완성해나갈 수 있습니다. 이런 방식을 통해 국내 명문대는 물론 해외 명문대까지도 진학하는 아이들을 지금까지 참 많이 봐왔습니다.

공부를 제대로 시키려면 강남의 유명 학원에 다녀야 한다고 믿는 것은 어쩌면 매우 어리석은 편견입니다. 혹은 부모님의 편리한 자기만족일 수도 있습니다. 상담을 하다 보면 대개 아이가 초등학교 4학년에서 6학년 사이에 부모님이 아이의 공부를 도와주는 것에 부담을 느끼기 시작합니다. 그리고 곧장 아이의 교육을 사교육에 전담시킵니다. 하지만 저는 부모님이 조금만 노력하면 초등학교 졸업까지는 훌륭한 학습 조력자로 남을 수 있다고 믿습니다. 물론 사교육을 전혀 이용하지 말라는 것은 아니고, 아이가 필요로 하는 부분이 생겼을 때 시작했다가 또 그 목적이 달성되면 그만두는 식으로 자유롭게 활용하라는 의미입니다. 사실 학원이라는 것이 소비자가 필요에 따라 활용하는 것이어야 하지, 마치 하지 않으면 큰일이라도 날 것처럼 의존하고 종속되어야 할 무엇은 아닐 겁니다.

현서네는 엄마 아빠가 큰 식당을 운영하고 있었던 탓에 부모님이 서재 독서, 거실 학습을 직접 도와줄 수 없는 처지였습니다. 그래서 아빠 엄마가 쉬는 월요일을 빼고 나머지 엿새는 현서의 공부를 도와줄 선생님을 두 분 찾았습니다. 두 선생님 중 한 분은 제 조언에 따라 공감 능력이 뛰어난, 교육심리학 전공 대학원생이었고 또 다른 한 분은 현서가 좋아하는 과학을 잘 설명해줄 공대 박사과정 대학원생이었습니다. 두 분 모두 현서와 잘 맞아서 아이는 얼마 지나지 않아 선생님들을 잘 따르게 되었어요. 저는 이 과외 선생님들에게 현서의 공부만 지도할 것이 아니라 독서에도 관여해주게끔 조언했습니다. 그렇게 두 선생님은 일주일에 한 권 정도씩 현서 남매와 함께 책을 읽고 이야기를 나누었고요. 덕분에 현서는 물론 둘째 누나도 체계적인 공부와 독서를 하는 데 큰 도움을 얻을 수 있었습니다.

이후 현서 엄마는 일주일에 이틀 정도는 현서와 함께 저녁 시간을 보내는 것으로 일정을 조정했습니다. 그리고 엄마 아빠가 쉬는 휴일 저녁에는 가족이 함께 영화나 책을 보면서 가족애를 단단하게 했고요. 일상이 바뀌고 매일 규칙적으로 공부하게 된 현서는 얼마 지나지 않아 학교나 학원에서 치르는 시험에서 무척 좋은 결과를 얻었습니다.

공부에 관한 긍정적인 생각을 심어주는 책

고희경 글, 심윤정 그림의 《공부법을 알려 줘!》

이유라 글, 정혜원 그림의 《왜 국어 공부 안 하면 안 되나요?》 외 '왜 안 되나요' 시리즈

서지원 글, 김주리 그림의 《어린이를 위한 시험공부의 기술》

문재현 글, 고센 그림의 《초등학생이 꼭 알아야 할 공부 잘하는 101가지 방법》

양현 외의 《우리가 공부를 결심해야 하는 이유》

최효찬의 《세계 명문가의 공부 습관》

최지영의 《초등학생이 꼭 알아야 할 성공한 사람들의 공부 습관》

큰아이가 초등학교 입학할 무렵 가장 먼저 구입한 책이 바로 《공부법을 알려 줘!》였다. 아이는 상당히 애착을 갖고 이 책을 여러 번 읽었고, 기대했던 것보다 훨씬 좋은 반응을 보내주었다. 그동안 말은 안 했지만 공부에 관해 알고 싶은 것이 좀 있었는데 이 책에서 아빠가 해주지 않은 이야기들이 많이 나와 참 좋다는 말도 했다. 덕분에 아이는 일찌감치 공부 습관을 들일 수 있었고, 공부에 관한 좋은 생각들도 좀 더 일찍 마음에 자리잡을 수 있었다. 그 후 아이에게 비슷한 내용의 책들을 좀 더 추천했다. 이러한 종류의 책들은 아이에게 학습 내용이 아닌, 공부 자체에 관한 생각들을 정리해주는 역

할을 한다. 바로 공부에 관한 메타인지를 만드는 데 긍정적인 효과를 제공하는 것이다.

공부가 너무 싫었던 현서에게도 이러한 책들을 권해 좋은 효과가 있었다. 《우리가 공부를 결심해야 하는 이유》는 특히 현서가 가장 좋아했던 책이다. 대학 합격생들이 함께 쓴 책으로, 흠이 전혀 없는 책이라고 할 수는 없지만 현서는 이 책을 읽고 많은 생각을 하게 되었다. 책 제목처럼 아이들에게 공부에 대한 바른 생각, 학습동기를 심어줄 수 있는 다양한 내용을 담고 있다. 초등 4학년에서 6학년 정도의 아이에게 읽히기 적당하고, 중학생에게는 조금 쉬운 책이다. 이외에도 최효찬의 《세계 명문가의 공부 습관》이나 최지영의 《초등학생이 꼭 알아야 할 성공한 사람들의 공부 습관》은 초등학교 고학년이 읽을 만한 책으로 내용에 있어 상당히 안정감이 느껴진다.

박성혁의 《이토록 공부가 재미있어지는 순간》

오대교, 황성찬의 《공부톡 인생톡》

장회익의 《공부 이야기》

청소년 도서 중에도 이 분야의 책은 참 많다. 가볍게 읽을 수 있는 책으로 《이토록 공부가 재미있어지는 순간》, 《공부톡 인생톡》 같은 것들이 있고, 장회익의 《공부 이야기》는 청소년을 위한 책이기는 하나 수준이 조금 높아서 아이의 읽기 수준을 잘 고려해 권하는 것이 좋다.

사이토 다카시의 《내가 공부하는 이유》

하워드 가드너의 《진선미》, 《인간은 어떻게 배우는가》

《내가 공부하는 이유》는 중학생이나 고등학생 읽기에도 좀 어려울 수 있지만 읽기 능력이 뛰어난 친구라면 많은 도움을 얻을 수 있을 것이다. 이 책은 아이보다 부모님에게 더 추천하는 책이기도 하다. 부모님조차 공부에 관한 생각이 잘 정리되지 않아, 아이에게 인생에서 공부가 왜 필요한지 제대로 설명하지 못할 때가 많으니 말이다. 이 책을 통해 부모님부터 공부를 해야 하는 이유를 한 번쯤 정리해둔다면 앞으로 아이와 공부에 관한 대화를 나눌 때 보다 잘 이끌고 나갈 수 있을 것이다. 하워드 가드너의 두 책은 좀 더 높은 수준의, 명저로까지 분류되는 책들로 배움에 관한 근본적인 질문에 답하고 있다.

이 분야에 갈수록 다양한 책들이 출간되고 있지만 공부에 관한 정말 온당한 생각을 담고 있는 책을 만나기는 쉽지 않은 것이 현실이다. 특히 공부를 단지 자기계발이나 성공의 도구 정도쯤으로 여기는, 어리석은 생각을 담고 있는 책은 경계해야 한다. 그러한 책은 오히려 아이에게 공부에 관한 잘못된 생각을 심어줄 수도 있고, 심층적 학습자를 만드는 데 훼방꾼이 될 수도 있다. 그러니 표지나 목차만 보고 아이에게 책을 건네는 것은 무척 위험하다. 이와 관련해 졸저 《성장의 독서》도 참고해보기 바란다. 온당한 공부의 의미를 파악하는 데 도움을 얻을 수 있다.

독서모임과
하브루타 공부법

　교과서에도 실렸던 김율희의 《책도령은 왜 지옥에 갔을까?》는 책 읽기가 고립된 일이 되어서는 안 된다는 소중한 메시지를 담고 있습니다. 종일 책만 읽던 책도령은 어머니가 밥을 떠먹이지 않으면 끼니를 거를 정도로 책에만 빠져 살죠. 효도와는 거리가 먼 아이였습니다. 어머니는 죽는 순간까지 자식이 혹여 밥이나 굶지 않을까 걱정하죠. 그러다 그만 어머니가 돌아가시고 책도령은 정말이지 아무것도 할 줄 몰라 그만 굶어 죽고 말아요. 책도령은 책에 빠져 인간 도리를 다 하지 못했다는 죄로 지옥에 가고, 염라대왕에게 벌로 받은 임무를 하나씩 행하며 자신의 지난 잘못을 깨닫게 됩니다.

　이 책도령 같은 사람들을 주변에서 꽤 많이 만나게 됩니다. 우리 사회만큼 책을 혼자서만 읽은 사람들이 많은 곳이 또 있을까요? 독서모임을 한 번도 해보지 않은 사람들이 정말 많습니다. 또한 토론이 편 가르기나 감정싸움이 되고 마는 경험을 하는 경우도 많죠. 이 때문에 책은 함께 읽는 것이 아니라 혼자 고독하게 읽는, 개인적인 취미라고 생각하는 사람들이 대부분인 것 같아요. 20대 내내 일주일에 5~6개 독서모임에 참여했던 저로서는 그 즐거움과 유익을 제대로 경험해보지 못하는 사람들이 많다는 사실이 정말 안타깝습니다.

혼자서라지만 대단한 독서편력을 가진 이들도 분명 있습니다. 그런데 그런 분들을 만날 때마다 왜 특유의 옹졸함이 느껴질까요? 본인은 느끼지 못하겠지만, 언행에서 자폐적인 성향이 물씬 느껴진다고 하면 지나친 표현일까요? 물론 홀로 책을 읽은 분 중에 반듯한 사람이 전혀 없다는 뜻은 아닙니다. 다만 책을 몇만 권이나 읽었다는 사람에게서 사회성 부족이 심하게 느껴진다든지, 자기 딴에는 근사한 해석이라고 자부하는 책 분석이 지나치게 한쪽으로 치우친 관점에 머물러 있다고 느껴질 때면 거북하고 거슬리는 것은 어쩔 수 없습니다.

책은 혼자 읽는 것보다 누군가와 함께 읽을 때 얻게 되는 혜택이 정말 막대합니다. 무엇보다도 독서모임을 통해 경험할 수 있는 가장 큰 이점은 '객관화'와 '자기성찰'입니다. 실제로 혼자서만 책을 읽다 보면 아집과 편견, 독선에 빠지기가 정말 쉬워요. 깊이 있는 독서에 도달하는 것도 무척 어렵습니다. 그래서 초등학교 고학년부터는 독서 모임을 꾸려 다른 아이들과 함께 독서 대화를 나누게 하는 것이 꼭 필요합니다. 책 읽기를 고립된 개인 취미가 아닌, 누군가와 상호작용을 하기 위한 매개체로 만들어주기 위해서입니다.

제레미 리프킨의 《공감의 시대》에는 공부를 하는 과정에서 친구와 소통하고 공감하는 것이 얼마나 중요한지에 관한 설명이 나옵니다. 학습 연구자들은 왜 미국의 아시아계 학생이 아프리카계나 히스패닉계

학생보다 성적이 높은지 조사해보았어요. 이유는 무척 단순했습니다. 아시아계 학생은 다른 지역 학생보다 친구와 식사하거나 여가를 보내는 시간이 많았고, 공부할 때도 서로 의견이나 정보를 공유하는 경우가 많았습니다. 즉 부지불식간 이루어졌던 친구들과의 협동 학습이 높은 학업 성취의 원동력이었다는 것입니다.

최근 세계적인 인기를 끌고 있는 학습 방법으로 '구성주의 협동 학습'이라는 것이 있습니다. 아이들의 뇌와 정서를 효과적으로 자극해 자발적인 참여를 유도하는, 아주 혁신적이라는 평가를 받고 있는 공부법입니다. 이것을 일명 PBL Project Based Learning(프로젝트 수업)이라고 부릅니다(교수자와 학습자와의 관계를 중심으로 판단할 때는 '플립러닝 flipped learning'이라 부르기도 합니다). 선생님이 일방적으로 배워야 할 정보를 제공하기보다는 학생과 함께 토론하거나 학생이 의견을 개진하는 것을 학습의 중심으로 삼는 수업 방식입니다. 이 방식은 인간의 행동특성, 뇌 구조에 적합한 21세기형 수업 모델이라 평가받고 있습니다. 특히 이를 통해 학생들의 학습 효율이 월등히 높아지기 때문에 선진국에서는 교육 현장에 PBL 방식을 적극적으로 접목하고 있어요.

PBL의 핵심은 친구들과 함께 머리를 맞대 협력하며 능동적으로 문제를 풀어나가는 것입니다. 예전 세대들이 해왔듯이 홀로 이미 정해진 학습 내용을 숙지하는 것과는 많은 차이가 있죠. 서구에서는 이미 이 학습 모델에 대해 많은 연구가 이루어졌고 이를 모델링하여 검증한 후 교육 현장에 적용하고 있습니다.

협력 학습의 효과를 입증한 사례가 바로 수천 년 간 이어온 유태인 특유의 협력 학습, 하브루타 Chavrusa(אתּהזרבח) 공부법입니다. 하부르타는 유대어로 짝을 뜻하는 단어 '하베르'에서 유래한 말로, 우정, 친구라는 뜻을 갖고 있죠. 하브루타 공부법은 자신의 파트너와 상호작용, 특히 열띤 토론을 통해 서로 학업 성장을 도모합니다. 처음에는 가정에서 부모님과 상호 질문을 하는 것으로 시작해서 이후에는 선생님, 친구들과 열정적인 토론을 하는 것으로 자연스럽게 이어집니다. 하브루타 공부법은 심지어 대학에서도 가장 중요한 학습 방식으로 사용되고 있습니다. 미국의 유태인 중심 명문대학인 예시바대학교에서는 하부르타 공부법이 가장 원숙한 단계로 자리잡아 실제 학습에 적용되고 있습니다. 연구에 따르면 하브루타 공부법은 기존 주입식 학습법보다 최대 열 배 이상의 학습 효과가 있다고 합니다.

그러면 우리 아이가 이 하브루타 공부법을 체험할 수 있는 기회를 어떻게 만들면 좋을까요? 성공적인 독서모임을 하려면 일단 구성원부터 선정해야 할 것입니다. 이때 너무 무리할 필요는 없고, 초등 저학년 때부터 부모님들끼리 서로 소통하며 네드워크를 천천히, 조금씩, 단단히 만들어나가면 좋습니다. 아이들이 독서 대화를 해낼 만한 역량이 생기는 초등학교 고학년, 특히 4, 5학년 무렵이 되면 몇 명의 아이들과 함께하는 독서모임을 시작합니다. 본격적인 독서모임을 시작하기 전에 아이들끼리 모여서 미리 선행 체험, 난이도가 낮은 다양한 학습 놀이를 진행하는 것도 좋습니다. 예를 들면 함께 책을 읽고 그림책을 만드는 수업을 진행해보는 식으로요.

부모님들이 번갈아가며 이 독서모임의 지도를 담당할 수도 있겠지만, 가능하다면 좀 더 균형 잡힌 프로그램을 이끌 수 있는 독서 선생님을 일찌감치 섭외해두는 것도 좋습니다. 저 역시 이 문제에 관한 어려움을 토로하는 부모님들을 자주 만나게 되는데요. 어느 날 갑자기 도깨비방망이처럼 뚝딱 좋은 독서 선생님이 나타나지는 않겠지요. 그래서 모임을 시작하기 한두 해 전부터 독서모임을 이끌어줄 독서 선생님을 물색해둘 필요가 있습니다. 독서 커리큘럼 전반에 대해서는 물론 아이들의 독서모임에 필요한 바탕 지식을 가진 선생님과 함께한다면 독서모임 준비가 한결 쉬워질 것입니다.

본격적인 시작은 초등 고학년이 적당합니다. 초등 저학년들의 경우에는 아무래도 경험과 역량이 부족해 원만한 독서모임을 해내기가 힘듭니다. 이 시기에는 독서 토론이나 대화보다는 선생님의 일방적인 독서지도 비중이 높을 수밖에 없습니다. 그렇다고 초등 저학년 때에는 독서모임을 만들지 말아야 한다는 의미는 아닙니다. 조건과 여력이 되는 선에서 글쓰기, 미술, 공작, 그밖의 각종 독후 활동이 결합된 독서 학습 모둠을 꾸려보아도 좋고 그것이 힘들다면 엄마 아빠와 충분히 독서 대화를 하는 것만으로도 충분합니다.

하지만 초등학교 고학년부터는 친구와 좀 더 깊이 있는 독서 대화를 나누며 그것이 주는 막대한 이득을 경험하고 누릴 필요가 있습니다. 아이가 독서모임을 시작하면 부모님이 신경 써야 할 일들이 많이 늘어납니다. 장소, 시간, 스케줄 조정, 차량 운행 등등 세세하게 챙겨야 할 일이 생겨나니까요. 그럼에도 불구하고 아이가 누리게 될 혜택이 너무 커서 쉽게 포기할 수 없는 일이기도 합니다.

내 아이에게 어쩌면 평생을 함께할 소중한 독서 친구가 생긴다는 사실도 독서 모임의 혜택 중 하나입니다. 많은 부모님들이 걱정하는 것 중 하나가 바로 좋은 친구를 사귀는 것일 텐데요. 정말 이것만은 부모님의 뜻대로 잘 되지 않는 일이기도 합니다. 저 역시 아이들의 친구 문제 때문에 늘 노심초사했고 또한 상담을 하면서 진정한 친구가 고픈 아이들을 참 많이 만나기도 했습니다. 특히 부모님의 통제가 너무 심해 친구와 잘 놀지 못해 친구 욕구가 커진 경우 이것이 어느 한 순간 폭발하는 아이들도 많이 보았습니다. 그런데 아이가 그렇게 약해진 상태일 때 다가오는 친구들은 대부분 부모님들이 결코 바라지 않는, 나쁜 영향을 미치는 아이들일 때가 많습니다. 중학교 때까지 전교 1, 2등을 하다가 그렇게 고등학교에서 만난 나쁜 친구들 때문에 범죄까지 저지르는 아이의 경우도 참 안타까웠습니다.

인간에게는 누구나 크든 작든 관계 욕구, 인정 욕구, 정서 교류의 욕구가 있습니다. 친구는 이 중요한 욕구를 서로 채워주는 소중한 존재이지요. 아이에게는 속 깊은 마음을 나눌 수 있는 친구가 꼭 필요합니다. 이것은 부모님이 해줄 수 있는 것과는 다른, 친구와 함께할 때만 비로소 나눌 수 있는 정서적 소통이자 만족이죠.

이때 독서모임에서 만나는 독서 친구라면 이러한 친구 걱정을 크게 덜어낼 수 있습니다. 독서모임이 계기가 되어 부모님끼리도 서로 잘 알고 지내며 아이들도 서로 좋은 유대 관계를 맺을 수 있습니다. 독서모임이 아이에게 꼭 필요한 단단한 우정과 진실한 관계를 경험하게 해주는 소중한 '안전기지' 역할도 해주는 것이지요. 뿐만 아니라 독서모임은 아이들이 성장함에 따라 자연스럽게 공부모임으로 전환될 수 있습니다. 부모님들끼리 뜻을 모으면 아이들이 힘들어하는 수학이나 과학 과목을 함께 공부하는 학습 공동체를 꾸릴 수 있습니다.

경험상 구성원은 10명 내외가 적당합니다. 3~4명이 사정으로 빠져도 정해진 기일에 독서 모임이 차질 없이 진행될 수 있으려면 10명 내외는 되어야겠죠. 책 한 권을 정해 매주 혹은 격주로 모임을 가지면 됩니다. 아이가 힘들어하지 않는 선에서 모임을 2개 정도로 늘려볼 수도 있습니다.

지난 30년 가까이 아이들의 독서모임을 지도하면서, 이를 통해 아이들이 상상할 수 없을 정도로 많은 것을 얻고, 또 독서모임에서 만난 친구들과 오랜 시간 좋은 관계를 유지해나가는 것을 지켜보았습니다. 이제는 아이가 자라는 동안 꼭 해보아야 할 활동이 바로 독서모임 활동이라는 믿음을 갖기에 이르렀습니다.

그러니 어떤 일들이 벌어지는지도 제대로 알지 못하는 사교육 기관에 내 아이를 맡기기보다는 조금 어렵더라도 내실 있는 독서 대화가 이루어지는 독서모임을 만들어보는 것이 어떨까요?

꿈을 찾지 못한 아이를 위한
진로독서

　우빈이는 초등 6학년이었어요. 아빠는 요즘 우빈이가 부쩍 공부 의욕이 떨어진 것이 자기만의 꿈을 찾지 못했기 때문이라고 생각했습니다. 진로검사와 몇 번의 상담이 이어진 뒤 저는 우빈이와 아빠에게 스티븐 달드리 감독이 만든 영화 〈빌리 엘리어트〉를 함께 보고 오라는 과제를 주었습니다.

　〈빌리 엘리어트〉는 한 소년이 자신의 꿈을 펼쳐나가는 이야기를 담은 영화인데요. 12세인 빌리는 영국의 한 탄광촌에서 아빠와 형, 할머니와 함께 살고 있었죠. 아빠와 형은 광부였습니다. 아버지 캐시는 어린 빌리에게 권투를 가르칩니다. 하지만 빌리는 권투가 무척 싫었어요. 빌리는 우연히 여자아이들이 발레를 배우는 모습을 보고 반하고 말죠. 윌킨스 선생님의 도움으로 처음 발레를 배운 빌리는 점점 더 발레에 빠져들어요. 빌리에게 재능이 있는 것을 안 윌킨스 선생님은 빌리에게 왕립발레학교에 입학할 것은 권합니다. 하지만 아빠는 사내자식이 발레 따위를 배워서는 안 된다고 생각하고 있었습니다. 그러던 어느 날 빌리는 자신이 춤추는 것을 반대하는 아빠 앞에서 실력을 뽐내요. 아들의 재능을 깨달은 아빠는 결국 마음을 돌려 빌리가 왕립발레학교 오디션을 보러 가도록 허락합니다.

아이와 함께 영화를 본 우빈이 아빠는 많은 생각을 하게 되었어요. 사실 우빈이는 운동을 무척 좋아했어요. 영화 속 빌리처럼 신체운동지능이 최고 강점인 아이였죠. 아이는 항상 축구나 야구 같은 운동을 전문적으로 배워보고 싶어 했지만, 그럴 때마다 아빠가 반대하며 가로막았어요. 물론 아빠가 그렇게 한 데는 나름의 사연이 있었죠. 지금은 별어려움 없이 살고 있지만, 우빈이 아빠는 청소년 시절 운동을 하다가 부상으로 그만두며 몹시 방황했어요. 그래서 위험 부담이 큰 운동선수만은 우빈이에게 시키고 싶지 않았습니다. 다른 직업은 어떤 것이라도 좋지만, 운동선수만은 안 된다는 게 아빠의 생각이었습니다.

하지만 진로적성검사를 통해 알아본 우빈이는 운동선수나 트레이너, 운동코치 쪽이 매우 적합한 아이였어요. 우빈이는 이미 몇 해 전부터 축구클럽에 몹시 가고 싶었지만, 아빠의 반대로 그러지 못했습니다. 상담하며 생각이 바뀐 아빠는 결국 우빈이가 축구클럽에 가입하는 것을 허락해주었습니다.

"아이가 좋아하고 잘하는 일을 하게 해주는 것보다 더 중요한 일은 없을 거 같네요."

이렇게 우빈이 아빠가 생각을 바꾸게 된 데는 영화 〈빌리 엘리어트〉 외에도 교육학자 켄 로빈슨의 책 《엘리먼트》와 TED 동영상의 영향이 컸어요. 켄 로빈슨 경은 책과 TED 강연에서 자신의 재능, 소명과 맞지 않는 일을 하는 것이 가져다주는 불행과 비효율을 인상 깊게 설명하고 있습니다.

자녀의 진로 문제는 참으로 중요한 일입니다. 아이가 평생 하게 될 일을 찾고, 그 일에 맞는 대학, 학과를 고르는 일이기에 정말 신중히 고민을 거듭할 수밖에 없어요. 이와 관련해 앞서 2장에서 소개한 뇌 유형 검사 중 3가지 즉, 진로적성검사, 다중지능검사, 성격검사는 아이의 진로문제를 풀어나가는 데 무척 중요한 지침을 제공합니다. 그래서 10세 전후, 이 검사들을 통해 아이의 적성을 제대로 확인하고 그에 맞는 진로 계획을 세우는 것이 좋습니다.

10세. 독서양육이 완성되는 시기와 아이의 적성을 파악해 새로운 진로계획을 세우는 시기가 절묘하게 겹칩니다. 만약 이 10년 간 다양한 독서 경험과 풍부한 체험 활동을 해왔던 아이라면 진로를 정하거나 탐색하는 일이 한결 수월할 것입니다. 반면 경험 부족과 독서 결핍으로 진로에 대한 탐색이 충분하지 못한 경우에는 그다음 단계로 넘어가기가 참 힘듭니다. 그럴 때는 이 책에 소개한 간편 검사보다는 좀 더 전문적이고 종합적인 진로검사를 받아볼 필요가 있습니다. 국가 기관이나 공신력 있는 사설 심리검사 사이트에서 제공하는 다중지능검사, 성격검사, 진로적성검사를 아이와 함께 해보기 바랍니다. 우선 다중지능검사를 가장 먼저 추천합니다. 학교에서도 이 검사를 실시하겠지만, 고용노동부에서 운영하는 커리어넷이나 워크넷 사이트에서 쉽게 내 아이의 다중지능검사를 해볼 수 있어요.

검사를 통해 아이의 최고 강점지능을 찾았다면 그다음은 아이에게 맞는 직업과 학과를 골라보며 하나씩 탐색할 차례입니다. 일단 강점지능과 관련된 직업에 관해 간단하게 정리해보면 다음과 같습니다.

강점지능과 관련된 직업

지능 구분	정의	관련 직업
대인관계지능	타인의 감정과 생각을 분별하고 지각하는 능력, 타인이 어떤 일에 참여하도록 영향력을 행사하는 능력, 대인관계에 존재하는 수많은 암시들을 파악하는 능력	교사, 상담가, 정치가, 종교지도자, 간호사, 보육교사, 비서, 사회복지사, 성직자, 스튜어디스, 언어치료사, 여행가이드, 피부관리사, 호텔리어, 판매사원, 영업사원
자기성찰지능	자기이해와 관련된 지성과 그 지식을 바탕으로 적용하는 능력, 자기 자신을 정확히 알고 그에 따른 자아훈련, 자아발달, 자존감 형성을 도모하는 능력	철학가, 소설가, 상담가, 종교지도자, 목사, 승려, 신부
공간지능	시공간적으로 세계를 지각하는 능력, 시공간적 세계에 대한 지각력을 변형시키는 능력, 시공간적인 아이디어를 시각화하거나 그림으로 표현하는 능력, 공간적 구조에 자신을 적절하게 위치시키는 능력	관광가이드, 건축가, 실내장식가, 발명가, 화가, 엔지니어, 촬영감독, 사진작가, 촬영기사, 항해사, 각종 디자이너, 공예가, 수리공, 설계사, 무대장식가
신체운동지능	몸 전체를 사용하여 아이디어와 느낌을 표현하는 능력, 손을 사용하여 사물을 만들고 변형시키는 능력	배우, 운동선수, 무용가, 공예가, 수리공, 외과의사, 경찰관, 경호원, 체육지도자, 소방관, 운동지도자, 운동경기심판, 트레이너, 운동처방사, 군인
음악지능	음악에 대한 전반적인 이해와 음악에 대한 분석적이고 기능적인 능력, 음에 대한 지각력, 변별력, 변형능력, 표현능력	음악가, 음악비평가, 작곡가, 연주자, 가수, 음악감독, 국악인, 성악가, 지휘자, 음악치료사, 음향기술자
언어지능	단어를 효과적으로 사용하는 능력(말/글로 표현), 언어의 실용적 영역을 조작하는 능력	연설가, 이야기꾼, 정치가, 시인, 극작가, 편집자, 기자, 구성작가, 극작가, 방송작가, 소설가, 시인, 작가, 카피라이터, 칼럼니스트, 게임시나리오작가, 평론가, 방송기자, 번역가, 신문기자, 아나운서

논리수학 지능	수를 효과적으로 사용하는 능력, 논리 적으로 추론하고 비판하는 능력	수학자, 통계전문가, 과학자, 논리학 자, 컴퓨터프로그래머, 경영컨설턴트, 금융자산관리사, 기업분석가, 시장조 사분석가, 외환딜러, 증권 관련 종사 자, 펀드매니저, 감정평가사, 공인회 계사
자연친화 지능	생존을 위해 자연에 적응할 때 감각을 사용하는 능력, 자신의 환경에서 생존 하고 적용할 수 있는 능력	식물학자, 정원사, 수의사, 해양학자, 지질학자, 곤충학자, 기상연구원, 도 시계획기술자, 동물학자, 유전공학자, 천문학자, 항공우주공학기술자, 해양 수산기술자, 환경공학기술자, 환경기 사, 한의사

다중지능과 관련해서는 창시자 하워드 가드너의 저서를 참고하는 것이 가장 정확하겠지만, 그의 저서는 상당히 어렵기 때문에 조금 더 쉬운 책을 참조해도 괜찮습니다. 가령 곽윤정 외 여러 명이 지은 《내 아이의 강점지능》과 같은 책을 추천합니다.

다중지능검사와 함께 가장 많이 활용되는 직업적성검사는 존 홀랜 드가 고안한 홀랜드 직업적성검사인데요. 이 검사 역시 커리어넷이나 워크넷에서 누구나 해볼 수 있어요. 다중지능검사와 홀랜드검사는 서 로 연관성이 깊은데요, 차이라면 다중지능검사가 타고난 지능 특성을 중시하는 반면 홀랜드검사는 본인의 흥미와 적성을 좀 더 고려하는 검 사라고 볼 수 있습니다.

홀랜드검사에서는 R, I, A, S, E, C의 6가지 유형으로 성격과 적성 을 나누는데요. 성격 유형과 관련 직업을 대략적으로 연결해보면 다음 과 같습니다.

홀랜드 직업적성 결과에 따른 직업

유형	성격	어울리는 직업
R (현실형)	도구 사용을 즐기며, 손재주가 좋다. 운동도 좋아하지만 말하는 것은 그리 좋아하지 않는다. 현실적이고 조직적인 활동을 좋아하고 기계를 사용하는 것도 즐긴다.	기술자, 자동차 기계 및 항공기 조종사, 정비사, 농부, 어부, 엔지니어, 전기 및 기계 기사, 운동선수, 소방대원, 동물전문가, 요리사, 목수, 건축가, 도시계획가
I (탐구형)	책 읽기를 좋아하며 과학에 대한 호기심도 많다. 친구들과 놀기보다는 혼자 사색하는 것을 즐긴다. 개인적이고 단독적인 연구나 작업을 즐긴다. 공부를 좋아하고 수학을 잘한다.	과학자, 생물학자, 화학자, 물리학자, 인류학자, 지질학자, 의료기술자, 의사, 수학교사, 천문학자, 편집자, 발명가
A (예술형)	개성이 강하고 상상력이 풍부하며 감성 또한 넘쳐난다. 한 가지 일을 반복하는 일을 꺼린다. 이들은 예술이나 예능 계통에서 일하는 것이 적당하다. 자유롭고 얽매이지 않는 일을 선호한다.	예술가, 화가, 작곡가, 음악가, 무대감독, 작가, 배우, 소설가, 미술가, 무용가, 디자이너, 조각가, 연극인, 음악평론가, 만화가
S (사회형)	사람과 어울리기를 좋아하고 사람들과의 대화도 즐긴다. 타인에 대한 관심도 많고, 남을 돕는 봉사에도 열의를 보인다.	사회복지가, 교육자, 간호사, 유치원교사, 종교지도자, 상담가, 언어치료사, 승무원, 청소년지도자, 외교관
E (기업형)	사람들을 이끌고 누구와도 잘 지내는, 적극적이고 경쟁심이 많은 사람이다. 자신감이 넘치고 활동적이며 사람들로부터도 호감을 많이 받는 유형이다.	기업경영인, 정치가, 판사, 영업사원, 관리자, 연출가, 생활설계사, 매니저, 변호사, 탐험가, 사회자, 여행안내원, 광고인, 아나운서
C (관습형)	정확하고 빈틈이 없다. 정리정돈도 잘하고 규칙적인 일을 좋아한다. 대신 새로운 일에 도전하는 것을 두려워한다. 일단 시작한 일이나 맡은 일은 책임감 있게 끝까지 수행하려고 한다.	공인회계사, 경제분석가, 은행원, 세무사, 경리사원, 감사원, 안전관리사, 사서, 법무사, 통역사, 공무원, 약사, 비서, 보디가드

이와 관련해 부모님과 아이가 함께 볼 수 있는 《홀랜드 직업적성 백과사전》이라는 6권짜리 시리즈가 있습니다. 6가지 성격 유형에 따른 직업 분류와 각 직업의 특성을 설명하고 있는 책으로 아이와 함께 보기에 좋습니다.

이외에도 MBTI 검사의 아동 버전인 MMTIC도 한 번쯤 해보기를 추천합니다. MBTI 검사의 신뢰성에 관해서는 전문가 사이에도 의견이 분분하지만, 오랫동안 활용된 검사인 만큼 참고용으로 활용하는 것은 나쁘지 않습니다. MMTIC 검사는 내향-외향, 감각-직관, 감정-사고, 판단-인식 유형과 같이 서로 대별되는 두 성향을 짝지어 총 16가지의 성격 유형을 분류합니다. 16가지 유형에 적합한 직업과 대략적인 성격 특성을 요약하면 다음과 같습니다.

MBTI 성격 특성과 적합한 직업군

ISTJ형	ISFJ형	INFJ형	INTJ형
신중하며 조용하고 의지가 강하면서 집중력도 뛰어남. 현실적이고 실용적·보수 성향. 징획한 접근 선호. 회계사, 경찰관, 악기제작, 교도관, 예산담당, 주식중개, 부동산개발, 사서, 교사, 법률 연구원, 법원 서기, 전자제품 수리, 정비사, 웹기획, 수의사, 의무기록 관리.	조용하고 끈기 있음. 타인의 눈에 띄지 않음. 뒤에서 남을 돕는 일을 즐기며 따뜻하고 책임감 강함. 세심한 관찰이 필요한 일에 적합. 치위생사, 안경사, 영양사, 보육교사, 악기수리, 비서, 신용 상담가, 법률 보조원, 실내장식, 보석세공사	진실과 성실성을 중시하고 사려 깊음. 평생 의미와 내적인 조화를 추구. 창의적이고 상상력이 뛰어나며, 예술 분야에 애정을 품음. 관습이나 전통에 얽매이지 않음. 상담가, 임상심리학자, 박물관 연구원, 종교인, 예술가, 디자이너, 편집자, 의료행정, 직무 분석, 고객관리, 컨설턴트.	가장 독립적인 유형. 조용하고 신중하며, 대인관계 싫어함. 철저한 준비. 지적 활동 중시. 까다로운 성미. 강한 신념의 소유자. 경제학자, 예산담당자, 과학자, 시스템 분석가, 인류학자, 정신과의사, 소송변호사, 조종사, 토목기사, 칼럼니스트, 건축가.

ISTP형	ISFP형	INFP형	INTP형
신중하며, 독립적 성향. 개인적이어서 대인관계 어려움. 실천 중심. 연장이나 도구 사용 즐김. 자기만의 공간 필요함. 법률가, 카레이서, 조종사, 관제사, 기술자, 통신전문가, 응급의학자, 운동생리, 증권분석, 구매대행, 항공기 정비사, 트레이너.	점잖고 겸손. 감수성 예민함. 조화로운 인간관계, 미적 감각이 뛰어남. 말보다는 행동이나 제스처로 의사소통. 깊은 배려심. 연기력이 뛰어남. 패션디자이너, 목수, 재단사, 물리치료사, 약사, 측량기사, 삼림감독, 고고학자, 원예전문가, 회계담당, 보험조사관.	평생 내적 의미와 조화를 추구하며, 진실성과 성실성을 가짐. 이들은 창의적이고 상상력이 뛰어나 예술계통 일을 하면 좋고, 하려고 함. 타인의 성장과 발전에도 관심 많음. 예술가, 교수, 번역가, 종교인, 영양사, 물리치료사, 윤리학, 사회과학, 심리상담가, 철학자.	개인적 성향, 속마음을 드러내지 않음, 복잡하지만 흥미로운 문제를 혼자 해결하길 좋아함. 일상에 대한 무관심. 논리와 분석을 즐김. 컴퓨터나 웹 구축, 물리학자, 성형외과 의사, 변호사, 경제학자, 인류학자, 정보전문가, 수학자, 철학자, 천문학자, 사진작가, 예술가, 칼럼, 영화감독.

ESTP형	ESFP형	ENFP형	ENTP형
새로운 환경이나 상황에 잘 적응. 사교적, 정력적, 능동적인 성격. 매력적인 인물로 평가됨. 관대하고 개방적인 인물. 적응력이 뛰어나며 생활 감각이 풍부한 사람. 소방관, 손해사정사, 장교, 선장, 딜러, 재무상담, 주식중개, 은행원, 스포츠캐스터, 기자, 여행가이드, 기능보유자, 승무원, 공인중개사.	다정다감하고 친절함. 느긋한 성품. 인간관계 즐김. 쾌활, 정력적이며, 삶에 대한 열정이 강함. 관찰력이 뛰어남. 상식이 풍부하고, 적응력이 뛰어남. 초등교사, 특수교사, 응급실 간호사, 개인트레이너, 여행사 직원, 사진작가, 무용수, 농부, 앵커, 홍보전문가, 비서, 접수담당자, 웨이터, 환경운동, 동물학자,	사교적이고 수다스러우며, 사람들과 어울리기 좋아하는 성미. 언어적으로 민첩하고 규칙을 싫어하는 성격. 타인을 이해하는 능력 특출. 권위나 규칙을 싫어함. 독창성 중요시함. 작가, 실내장식가, 예술가, 편집자, 그래픽디자이너, 광고기획, 카피라이터, 교사, 아동 복지, 상담가, 사회복지사, 주택관리사, 발명가, 인력개발, 식당 경영, 고용담당자.	매력과 카리스마가 넘치는 사람. 활력과 열정이 강한 성격. 타인과 어울리기를 좋아함. 매사 주인공이 되려함. 자기주도성이 강함. 언변이 뛰어남. 직관적인 인물. 감정 표현 풍부함. 기업가, 발명가, 사진작가, 광고디렉터, 프로듀서, 컴퓨터분석, 정치인, 사회학자.

ESTJ형	ESFJ형	ENFJ형	ENTJ형
전통적이면서도 활달하고 친절함. 감정적 판단 기피. 단호한 면모. 논리적 판단가. 리더십도 있으며, 목표를 정해 이를 실천해나가는 데 강점이 있음. 보험설계사, 환경감시원, 법원서기, 항공기 조종, 엔지니어, 프로젝트관리, 감사와 관리직, 간호부장, 예산담당, 치과의사, 변호사, 약사, 교장.	가장 친절하고 사교적인 사람. 현실적인 조력자. 예절 중시, 외적 표현 즐김. 감정에 솔직함. 신념이나 가치관이 강함. 참을성이 강하며, 능동적인 성격의 소유자. 어려운 이를 돕기를 즐김. 호스피스, 재활치료, 초등교사, 운동코치, 사회복지사, 법률 보조인, 홍보전문가, 급식관리, 호텔지배인, 승무원, 기금조성, 비서, 접수담당.	조화로운 인간관계 유지. 대인능력 탁월. 독창적인 방법으로 인사 해결. 청중의 마음을 읽음. 대중연설가의 소질, 기지가 넘치고 외교적 수완이 뛰어남. 공동선을 추구하며 조화롭게 집단을 이끎. 광고기획, 작가, 연예인, 정치인, 그래픽디자이너, 심리학자, 종교인, 교사, 사회복지사, 요양시설 운영, 영양사, 재활치료, 인력개발, 호텔리어, 고객관리, 고용담당자.	의지가 강하며, 묵묵하게 끝까지 책임을 완수하는 인물. 비교적 사교적이고 활력이 넘치며 민첩한 행동과 언행. 일관성 있게 전략을 수행함. 여러 일을 동시에 효과적으로 진행하는 수완. 회사임원, 식당운영, 공인중개사, 지점장, 재무상담, 벤처투자, 경제학자, 사업컨설팅, 노사관리, 변호사, 심리학자, 조종사, 네트워크와 시스템 관리.

아이가 MMTIC 검사를 했다면 폴 티저, 바바라 티저 부부가 함께 지은《나에게 꼭 맞는 직업을 찾는 책》을 읽어보기 바랍니다.

좀 더 세밀한 적성 탐색을 하고자 한다면 두뇌유형검사, 다중지능검사, 진로적성검사, 성격검사 등 여러 가지 검사를 종합해 아이의 적성과 적합한 직업을 찾아낼 수 있는데요. 이런 검사를 통해서 아이의 적성을 확인하는 것도 중요하지만, 이를 진로 활동의 출발점으로 삼는 것이 더욱 바람직합니다. 각각의 검사를 통해 아이의 유형과 어울리는 직업을 알게 되었다면 이후에는 아이와 함께 각각의 직업에 관한 탐색을 해보고, 관련 서적을 찾아서 읽어보는 거죠. 진로 검사를 받는 즉시 곧장 딱 한 가지 직업, 한 가지 학과를 택해야 하는 것은 아닙니다. 아이의 적성에 관해 좀 더 분명히 파악하고 큰 틀에서 진로계획을 세워나가는 데 이러한 검사들로부터 도움을 받는다고 생각하면 충분합니다.

앞서 소개했던 우빈이에게 저는 여러 가지 다양한 선택지를 알려주었어요. 만약 운동선수가 되겠다고 마음먹었다고 해도 존재하는 운동 종목이 수백 개 이상 되니, 좀 더 다양하게 실전 체험을 해보고 자신에게 꼭 맞는 종목을 찾는 과정이 필요하다고 알려주었습니다. 실제로 우빈이는 상담 기간 동안 처음으로 골프를 경험해보고 축구만큼이나 골프가 재미있다는 생각도 하게 되었습니다.

또 선수가 되는 길도 있지만, 체육교사나 헬스트레이너, 스포츠마케터 같은 다양한 스포츠 관련 직업이 존재한다는 사실을 일러주었습니다. 그리고 저와 함께 축구와 관련된 직업 18가지를 상세하게 소개하는 책,《축구직업설명서》(김환, 정다워 지음)를 함께 읽었습니다. 이를 통해 우빈이는 축구를 좋아한다고 해서 모두 축구 선수가 될 필요가 없다는 생각도 하게 되었고요. 이후 우빈이는 자신이 축구선수가 된다고 해도, 꼭 뛰어난 선수가 된다는 보장은 없으니, 처음부터 축구와 관련된 여러 가지 직업을 알아보고, 좀 더 자신이 잘할 수 있고 보람을 느낄 수 있는 일을 찾아보겠다는 생각에 이르게 되었습니다.

많은 아이들이 10대에 들어서면서 자신의 진로에 관해 깊은 고민을 합니다. 또한 이러한 상황에서 자신에게 도움을 줄 만한 진로 멘토를 만나지 못해 방황이 깊어지는 경우도 흔합니다. 저만 해도 누구보다 작가가 되고 싶었지만 10대 시절 이런 진로 고민에 대해 제대로 답을 해준 멘토는 단 1명도 만날 수 없었습니다. 지금 돌이켜보면 조금만 잘못 생각해 다른 길로 빠졌다면 어쩔 뻔했나 하고 가슴을 쓸어내릴 때가 한두 번이 아닙니다. 체계적인 진로설계가 없으면 상당 부분 운에 기댈 수밖에 없습니다. 제가 지금의 재능과 적성에 딱 맞는 직업을 선택하기까지는 제 노력과 선택만큼이나 운도 크게 작용했을 것이라 생각합니다. 자신과 잘 맞지도 않은 일을 평생 하며 우울증까지 걸린 중년의 내담자를 더러 만나게 될 때면 더욱 더 이런 생각을 하게 됩니다.

하지만 이제는 상황이 많이 달라졌죠. 더 이상 진로를 운에 맡겨서는 안 됩니다. 조금만 노력하고 관심을 갖는다면, 내 아이의 진로 탐색을 대단히 체계적으로, 또 치밀하게 진행할 수 있어요. 제 두 아이의 경우는 10세가 되기 전 이미 수십 가지 이상의 진로검사를 통해 타고난 적성과 재능을 거의 완벽하게 파악했습니다. 앞으로 아이들은 진로 멘토의 도움을 주기적으로 받으며 다양한 직업 프로그램을 경험하고 직업을 탐색해나갈 것입니다.

하지만 가장 중요한 일은 아이 스스로 노력하는 일입니다. 아무리 좋은 진로검사, 진로 멘토, 직업 체험 프로그램이 있다고 해도, 아이 본인의 자기성찰과 노력, 실천이 없다면 모두 허사일 테니까요. 따라서 이런 이유에서라도 꼭 필요한 것이 독서, 특히 진로 독서입니다. 진로 독서란 자신이 하고 싶은 일, 일의 가치, 삶의 목표에 관한 전반적인 지식과 이해를 도와줄 책을 꾸준히 접하는 것을 말합니다. 다음의 도서 목록을 통해 아이 스스로 자신의 진로를 탐색하고 알아볼 수 있도록 도와주기 바랍니다.

이숙현 외 공저의《이 책 읽고 원하는 대학 가자!》

이 분야에서 가장 신뢰할 만한 책이다. 900페이지에 달하는 방대한 분량에 주요 학과의 현직 전공 교수들이 해당 학과에 지원하는 데 도움이 될 만한 교양서적, 36개 주요 학과와 해당 학과 교수가 추천하는 책 600권이 망라되어 있다. 똑같은 전공을 한 교수라고 해도 권하는 책이 얼마든지 다를 수 있기에 이 책만 맹신해서는 안 되겠지만, 진로 고민을 해소하는 데 많은 도움을 얻을 수 있는 책임에는 분명하다(다만 출간 연도가 조금 지난 탓에 각 학과별 추천 도서에 대한 개정이 필요한 부분도 있다).

로먼 크르즈나릭의《인생학교-일》

토니 험프리스의《나를 위한 일의 심리학》

와시다 고야타의《하고 싶은 일이 무엇인지 모르는 사람들에게》

존 버드의《나에게 일이란 무엇인가?》

티나 실리그의《스무 살에 알았더라면 좋았을 것들》

이 책들은 진로 고민과 관련해 일에 관한 의미와 가치, 심리학적 사실들을 다루고 있다. '진로'라는 키워드로 검색해보면, 초등학생이나 중학생 수준의 쉬운 책들이 난무하고 있다. 제대로 된, 내용의 질이 보장된 책으로 기준을 삼을 필요가 있을 때 로먼 크르즈나릭의《인생학교-일》이 도움이 될 것이다. 특히 이 책은 부모님이 먼저 읽어보기 바란다. 진로를 파악하는 데 필요한 내용이 거의 빠짐없이 들어 있기 때문에 아이의 읽기능력이 자라면 직접 읽게 해주는 것도 좋다. 또 토니 험프리스의《나를 위한 일의 심리학》도 일에 관한 다양한 의미와 가치를 생각해볼 수 있게 해주는 좋은 책이다. 일본 철학자 와시다 고야타의《하고 싶은 일이 무엇인지 모르는 사람들에게》는 10대 시절, 일에 관한 고민을 가진 아이들에게 도움을 줄 수 있는 책이다. 조금 어려운 책이지만, 존 버드의《나에게 일이란 무엇인가?》, 티나 실리그의《스무 살에 알았더라면 좋았을 것들》역시 이 분야에서 고전이 된 책이다.

명작 소설과 청소년 도서를
권하는 시기

　우리 아이에게 언제쯤 명작 소설이나 괜찮은 청소년 도서를 권할 수 있을까요? 셰익스피어의 《햄릿》이나 톨스토이의 《부활》, 조세희의 《난쟁이가 쏘아올린 작은 공》 같은 작품은 언제쯤 접하는 것이 좋을까요? 만약 초등학교 5학년 아이가 BTS를 좋아하게 되었고, 그래서 BTS가 자신의 작품에서 인용하고 있는, 헤세의 《데미안》이나 어슐러 르 귄의 단편 〈오멜라스를 떠나는 사람들〉을 읽고 싶어 한다면 과언 어떻게 해야 할까요? 아직 초등학생이니 조금 기다렸다가 중학교에 입학한 후에, 고등학생이 되어서 권하는 것이 나을까요?

　만약 시냅스 독서법을 잘 실천해왔다면, 이런 책을 권할 시기가 좀 더 빨리 찾아올 수 있습니다. 초등학교 5학년이나 6학년쯤, 아니 그보다 앞서서 4학년 때라도 아이가 이런 책을 보고 싶어 할 수 있습니다. 이런 명작들에 특별히 나이 제한이 있는 것은 아닙니다. 아이가 읽을 수만 있다면, 또 아이가 원하기만 한다면 언제 읽어도 괜찮습니다.

가능하면 아이의 읽기 수준을 고려한 책 읽기가 좋겠지만, 그렇지 않다고 해서 꼭 나쁘기만 한 것은 아닙니다. 저는 지그문트 프로이트의 《정신분석입문》을, 단지 책 제목이 마음에 든다는 이유로 15세에 구입했습니다. 부산 보수동의 헌책방에서 이 책을 발견해 직접 1,500원을 주고 구입한 이 책은 훗날 저의 인생 책 10권에 속하게 될 정도로 제게 큰 영향을 주었습니다. 하지만 15세 중학생으로서는 무척 무모한 도전이었지요. 스스로 누구 못지않은 읽기 실력이 있다고 자부하고 있었지만, 처음 몇 줄조차 이해할 수 없을 정도로 난해한 책을 만나고 거의 난생 처음 책 읽기에서 큰 좌절감을 느꼈던 기억이 생생합니다. 하지만 그런 경험이 오히려 약이 되었습니다. 이후 저는 대학교에서 정말 열심히 정신분석학을 공부했고, 마침 정신분석학에 조예가 깊었던 마광수 선생에게 직접 정신분석학을 배우는 행운까지 얻었지요. 그리고 20대 중반이 지나기 전에 프로이트와 융, 아들러 전집까지 모두 읽어낼 수 있었습니다. 이처럼 자신의 읽기능력을 넘어서는 책 읽기가 무조건 나쁜 영향을 주는 것은 아닙니다.

실제 연구에서도 조금 어려운 책을 통한 동기 유발이나 언어 계발 효과가 증명된 바 있습니다. 아이가 보는 책이 모두 다 어려워서는 안 되겠지만, 매 시기 자신의 읽기능력보다 조금 어려운, 몇 권의 책 읽기에 도전하는 일이 가지는 긍정적인 효과는 무척 큽니다. 그러니 거실 책장에 아이들 책은 물론 엄마 아빠가 아끼고 좋아하는 책도 잘 보이게 꽂아둘 필요가 있습니다. 그렇게 조금 어려운 책들을 자연스럽게 접하면서 적당한 시기가 되면 책의 내용이나 의미에 관해 말해줄 수 있을 것입니다.

저도 이런 방식으로 두 아이에게 뛰어난 문학작품에 관한 이러저러한 이야기를 들려줄 때가 있습니다. 《노인과 바다》가 가지는 의미는 어떤 것이고, 《자기 앞의 생》이 어째서 중요한 작품인지 등의 설명해주는 식으로요. 이런 노출이 계속된다면 아이들은 자신의 수준보다 조금 높은 문학작품이나 책을 자연스럽게 접할 수 있을 거예요. 하지만 아무리 좋은 책이라도 아이가 흥미보다 어려움이나 난처함을 더 많이 느낀다면 곤란하겠죠. 그러니 아이가 조금 어려운 책을 접했다면 반드시 아이의 생각과 느낌을 물어보아야 합니다.

"어때, 읽을 만해?"

"네가 생각했던 그런 책이니?"

"시작 부분이 흥미진진하니?"

이처럼 가벼운 질문으로 아이의 생각과 느낌을 넌지시 점검해보는 것이 좋습니다. 아무리 좋은 책이라도 아이의 독서애호감을 꺾는 독서 경험은 좋지 않으니까요. 만약 아이가 어렵고 힘들어하는 책이라면 읽는 시기를 미뤄도 상관없습니다.

이런 이야기를 드리는 이유가 있습니다. 독서양육이 비교적 잘 이루어진 경우, 아이의 독서 단계가 부모님의 기대보다 상당히 빠르게 비약하는 상황을 너무나 자주 봐왔기 때문입니다. 이런 경우 부모님이 준비되어 있지 않으면 우왕좌왕할 수밖에 없거든요. 그러니 항상 아이의 독서 발달을 면밀히 예의주시하며 준비할 필요가 있습니다.

다음은 초등학교 고학년의 독서 발달에 따른 부모님의 대응에 관한 지침입니다. 기억해두었다가 아이의 독서 변화에 따라 적용해보기 바랍니다.

1. 아이가 읽는 작품의 수준을 항상 살핀다. 작품 자체의 수준을 가늠하는 많은 기준이 있다. 심지어 외국 명작이라고 할지라도 번역이 서툴다면 좋은 작품이 될 수 없다. 아이의 수준도 고려해야 한다. 아이에게 맞는 수준이란 자신이 읽기에 조금 어려운 내용이 좋다는 연구가 많다. 따라서 한두 학년 위의 책을 읽으려는 욕심을 굳이 꺾지 않는다. 한편 내용이나 주제 때문에 책을 제한할 수는 있다. 명작의 반열에 든 작품이라 하여 아이에게 《채털리 부인의 사랑》이나 《북회귀선》, 혹은 이념적 성향이 지나치게 강한 《태백산맥》을 읽히는 것은 그리 바람직하지 않다. 유명한 외국 수상작을 무조건 선호할 이유도 없다. 번역 과정에서 모국어가 가진 에너지가 상당 부분 죽기 때문이다. 오히려 국내 작가의 작품 가운데 말의 질감이 풍부한 것들, 특히 시의 경우는 국내 작가의 것을 먼저 권하는 것이 좋다. 셰익스피어의 소네트 번역보다는 김소월의 시가 훨씬 많은 것을 전해줄 수 있다. 동화책들을 충분히 섭렵하는 것도 중요하다. 부모님이 미처 알려주지 않아 읽지 못하는 명작 동화책이 많이 있을 수 있다. 오래된 국내 작가의 동화들을 쭉 훑는 것도 권하고 싶다. 옛말을 배우는 것은 언어발달에 무척 유익하다. 연구에 따르면 영미권 아이의 경우 셰익스피어의 고어古語 작품을 읽는 것이 아이들의 언어능력 발달에 매우 효과적이다. 그러니 아이의 수용 능력이 감당한다면 염상섭의 《삼대》 같은 작품을 읽히는 것도 매우 유익한 일이 될 것이다.

2. 긍정적인 주제와 내용을 가진 책을 고르는 것을 추천한다. 아이들이 부정적 심리나 생각보다 먼저 알고 가꾸어야 할 것은 긍정적인 인생 덕목이다. 기형도의 《입 속의 검은 잎》은 분명 빼어난 시집이지만 우울과 불안의 수위가 매우 높다. 그보다는 마크 트웨인의 《허클베리 핀의 모험》, 《톰 소여의 모험》이 아이의 정서 발달에 훨씬 유익하다. 다음에 나오는 성격 강점 24가지를 살펴 책을 선택하는 좋은 지침으로 삼을 수 있다. 책의 내용을 살필 때 다음과 같은 주제들이 풍부하게 포함되어 있는지 확인해보자.

6가지 덕성	지혜와 지식	용기	사랑과 인간애	정의감	절제력	초월성
24가지 대표 강점	호기심, 학구열, 판단력, 창의성, 사회성지능, 예견력	호연지기, 끈기, 지조,	친절, 사랑	시민정신, 공정성, 지도력,	자기통제력, 신중성, 겸손	심미성, 감사, 낙관주의 (희망), 용서, 영성, 유머감각, 열정

3. 부정적인 세계관을 전파하는 내용의 책은 삼간다. 인정받은 외국 작품들 가운데서도 더러 인종주의적 편견이나 서구 중심적 세계관이 스며든 경우가 많다. 여성 비하나 혐오의 내용을 담은 경우도 드물지 않다. 가령 미국인이 사랑하는 소설, 마거릿 미첼의 《바람과 함께 사라지다》는 인종주의적 문제 때문에 논란이 많은 작품이다. 또 아시아 작가의 작품 중에는 집단주의적 사고나 여성 비하의 풍습이 든 내용들이 종종 포함되어 있다. 아이들이 굳이 먼저 알 필요가 없는 내용이 담겼는지 세심하게 살펴 작품을 선별할 필요가 있다.

4. 긍정적 정서가 중요하기는 하나 작품이 꼭 해피엔딩일 필요는 없다. 결론이 비극이나 실패로 끝난다고 해도 아이들을 긍정적인 자기정립으로 이끄는 작품이라면 마다할 이유가 없다. 권정생의 《엄마 까투리》는 분명 슬픈 결말로 끝나지만 아이들에게 가족의 소중함이라는 큰 가치를 일깨워주는 작품이다. 다만 피할 수 없는 운명이나, 운명론적 사고, 불운의 연속들을 부각해서 다룬 작품은 신중하게 선택해야 한다. 가령 김동리나 서정주의 작품 가운데는 운명론에 기댄 것들이 많다. 만약 이들의 작품을 읽혀야 한다면 충분한 부연 설명을 덧붙여주어야 한다.

5. 풍부한 언어표현이 담긴 작품이라면 더 좋을 것이다. 아이들은 책에서 가장 많은 언어를 배운다. 좋은 책은 가장 좋은 국어교사이다. 국내 작가의 작품 중 특히 언어 표현에 공을 들인 것들이 많다. 혹은 외국 작가의 작품

일지라도 탁월한 번역을 선사하는 역자들도 많다. 아이보다 먼저 책의 언어미와 모국어 구사력을 점검하고 권할 필요가 있다.

6. 황순원, 채만식, 마해송, 강소천, 윤석중, 이원수, 정채봉과 같은 한국 아동문학의 산맥들을 잘 살펴보자. 우리 아동문학의 역사는 매우 길고 다채로우며 아동문학사라고 하는 특별한 문학사가 존재할 정도이다. 그러니 인터넷 속의 지나치게 많은 정보들에 현혹되지 말고 어린 시절 부모님이 읽었던 작품들을 되돌아보면 어떨까? 이때 원종찬 외 3명이 지은 《동아시아 아동문학사》 같은 책을 통해 뛰어난 작가와 작품의 면면을 파악해보는 것도 좋은 방법이다.

7. 위인전은 신중하게 검토한다. 너무 많은 위인전은 좋지 않다. 하지만 위인전은 꼭 필요하다. 일단 아이가 관심을 가진 분야와 그 미래에 관련된 내용을 담은 위인전을 골라본다. 어려움을 이겨내고 실패를 극복하는 구체적인 과정을 담고 있는 책이라야 바람직하다. 시중에 지나치게 많은 위인전이 범람하고 있는데 품질이나 수준의 차이가 분명히 존재하니 유의해서 고를 필요가 있다.

8. 사회적 이슈를 다룬 책들에 주목한다. 예를 들어 《모두가 행복한 지구촌을 위한 가치 사전》처럼 아이들이 세상과 더불어 살아가는 지혜를 얻는 데 도움을 줄 만한 책이 좋다. 사회적 삶에 대한 감각은 아이에게 영성과 도덕성을 북돋우는 좋은 자양분이라고 할 수 있다. 아이라고 해서 세상만사에 둔감하게 만드는 것은 옳지 않다. 아이에게 세계시민, 사회인으로서 알아야 할 가치를 심어주는 일을 게을리하지 않아야 한다.

9. 다독보다는 숙독이 아이들의 독서를 제대로 성숙하게 이끌어준다. 이와 관련해 앞서 소개한 하시모토 다케시 선생님의 슬로리딩 교육을 염두에 두자. 또 핀란드 가정에 가보면 장서 수가 그리 많지 않다. 몇 권의 소중한 책을 여러 번 반복해 읽고 자신의 생각을 만들어내는 것이 온당한 독서이다. 지나치게 많은 독서는 아이의 심성을 오히려 해칠 수 있다. 그러

니 부모님의 욕심보다는 아이의 리듬과 수용 능력을 늘 중심에 두자.

10. 환상성과 현실감을 적절히 배합한 책을 선별한다. 아이들이 접하는 작품 가운데는 비현실적 내용이 주를 이루며 상상을 자극하는 환상문학 장르가 존재하지만, 사회의 진실한 이면을 다룬 리얼리즘 문학도 존재한다. 환상성은 아이의 상상력을 신장하는 좋은 매개일 수 있으나 비현실적 기대감을 심어줄 수 있고, 적나라한 리얼리즘 문학은 지나치게 건조한 세계관을 심어줄 여지가 있다. 이 둘은 모두 필요하기에, 둘 간의 역동적인 상호작용이 이루어지도록 작품을 선택하고 배합하는 것이 좋다. 가장 중요한 것은 아이의 취향이다. 우선 아이에게 판타지 소설, SF 소설, 추리소설, 리얼리즘 소설의 대가들이 쓴 작품을 골고루 읽어볼 기회를 제공하자.

제7장

청소년

자기주도학습을 완성하는 완성하는 수준별 독서 강화기

공부가 기쁨으로 바뀌는 순간
시냅스 독서법

아이를 공부로
끌어당기는 2가지 힘

생애 초기 10년이 지나도 아이의 독서는 계속되어야 합니다. 아니 더 본격적으로 활발히 진행됩니다. 독서양육의 황금기는 분명 생애 초기 10년이지만 이 시기를 놓쳤다고 해서 희망까지 놓쳐버렸다는 의미는 아닙니다. 중학생, 고등학생 그리고 성인이 되어버린 경우라 하더라도, 얼마든지 독서를 통해 공부를 잘 하게 되고, 인격적으로 성숙해지는 과정을 누릴 수 있습니다. 다만 생애 초기 10년보다 더 많은 노력을 기울여야 하는 것은 사실입니다.

"정말 자신이 필요하다고 느끼면 스스로 공부하겠죠."

중고생 아이의 공부 문제 때문에 저를 찾아온 부모님들 가운데 이런 말을 하는 분이 참 많습니다. 하지만 이것은 부모의 바람일 뿐, 생애 초기 10년의 독서양육이 온전히 이루어지지 못해 이미 학습에 문제가 생겨버린 아이가 스스로 공부하기를 기대하고만 있어서는 안 됩니다. 헛된 희망으로 아이의 문제를 외면하는 것이기 때문입니다.

그런데 정말 드문 일이지만 책도 보지 않던 아이가 갑자기 열심히 공부하는 경우를 보게 될 때가 있습니다. 그런 아이에게는 과연 어떤 변화가 생긴 걸까요? 제 경험상 그것은 2가지 힘이 절묘하게 맞아떨어져 아이를 변화시킬 때였습니다.

　하나는, 부모가 노력만 하면 어렵지 않게 얻을 수 있는 동력으로, 바로 아이와 관계를 회복하면서 얻게 되는 힘입니다. 공부가 많이 뒤처진 경우 아이의 심리를 살펴보면 부모에게 신뢰나 안정감을 느끼지 못할 때가 대부분입니다. 이때 부모가 아이를 대하는 태도를 바꾸고 대화에도 주의를 기울이면 양자 사이에 다시 신뢰가 형성되고 조언할 수 있는 관계로 나아갑니다. 부모로서는 어려운 일일 수 있지만 아이의 공부를 변화시키기 위해서는 반드시 달성해야 할 과제입니다.

　나머지 하나의 힘은 아이 스스로 자기 인생을 좀 더 멋지게 설계하겠다는, 주어진 일에 충실하겠다는 결심을 할 때 생깁니다. 사실 이 마음은 본디 모든 아이에게 잠재합니다. 자신의 삶을 멋지게 만들고 싶지 않은 인간은 없으니까요. 다만 자신의 의미, 자신의 가치, 자기의 길을 아직 온전히 깨닫지 못해 이 생각에서 멀어진 것뿐입니다.

　그렇다면 무엇이 아이에게 삶의 의미를 알려줄 수 있을까요? 천만다행으로 뛰어난 멘토를 만날 수 있다면 이 일이 쉬워질 것입니다. 그러나 좋은 부모를 만나기보다 더 어려운 일이 좋은 멘토를 만나는 일입니다. 아이를 가르치겠다고 다투어 손을 드는 사람들 대부분은 멘토로서의 자격이 터무니없이 부족하거나, 오직 돈벌이에만 급급할 때가 대부분이지요. 그러나 실망할 필요는 없습니다. 아주 가까운 곳에 무한한 능력을 가진 영혼의 멘토가 존재하니까요. 바로, 책입니다.

아이가 이 모든 난관을 뚫고 일어나게 도울, 아이의 영혼을 강력하게 이끌어줄 '인생 책'을 만날 수만 있다면 아이의 공부와 인생은 바뀔 수 있습니다. 실의에 빠지고 방황하는 내 아이가 자신의 영혼과 의식을 성장시킬 인생 책 한 권을 만난다면, 그보다 확실한 해결책은 없습니다.

최고의 멘토,
인생 책을 찾아라

저는 한 권의 인생 책이 얼마나 강력한 힘을 가졌는지 누구보다도 잘 알고 있습니다. 3세 무렵부터 그림 그리는 일을 가장 좋아했고 내내 화가가 되겠다는 꿈을 가진 저는 16세 무렵 여러 시정으로 그 꿈을 접어야 했습니다. 그 때문에 심한 방황과 좌절의 늪에 빠졌습니다. 그때 저를 구한 것이 바로 헤르만 헤세의 《데미안》이었습니다. 《데미안》은 제게 자신의 인생을 있는 힘껏 살아야 한다는 사실을 깨닫게 해주었습니다. 주인공 싱클레어를 자기발견으로 이끌어주는 데미안의 어머니 에바 부인은 싱클레어에게 이렇게 말합니다.

"싱클레어, 어린아이로군요! 당신의 운명은 당신을 사랑하고 있는데요. 언젠가 그것은 완전히 당신 것이 될 겁니다. 당신이 꿈꾼 대로요. 당신이 변함없이 충실하면요."

이 문장은 제게 '운명의 문장'이 되었습니다. 저는 다시 화가가 아닌 작가의 꿈을 꾸게 되었고, 공부에도 열성을 갖게 되었지요. 고1 반에서 꼴찌에 가까웠던(반 전체 57명 중에 54등을 받은 적이 있습니다. 제 뒤로는 모두 운동부 친구들이었고요) 제 성적은 고3이 끝날 무렵 반에서 3등까지 올랐고, 재수를 하며 연세대 국문과에 진학할 수 있었습니다.

책이 저를 구한 건 그때만이 아니었습니다. 서른 즈음 학내 사태에 휩쓸리며 학교를 그만두고 나와야 하는 처지가 되었습니다(그 경험은 제 책《살아낸 시간이 살아갈 희망이다》에 자세히 적혀 있습니다). 정신적인 좌절이 너무 컸던지라 목숨을 포기할 생각마저 하게 되었습니다. 그때도 몇 권의 인생 책들이 저를 지옥에서 구해주었습니다.

스캇 펙 목사의《아직도 가야 할 길》, 빅터 프랭클의《죽음의 수용소에서》, 웨인 다이어의《행복한 이기주의자》, 마틴 셀리그만의《낙관성 학습》, 데이비드 번스의《필링 굿》과 같은 책들이 누더기 같았던 제 영혼을 치유하고 단단하게 해주었습니다. 그 후 저는 인생 목표를 독서치료사, 문학치료사로 정하고 지금까지 연구와 상담을 계속해오고 있습니다. 저의 개인적 체험은 제 상담에도 고스란히 녹아들었습니다.

이후 수많은 청소년과 청년 들을 상담하며 그들 역시 좋은 책을 통한 치유와 성장을 할 수 있다는 사실을 확인했습니다. 한 권의 책이 상처 입은 마음을 치유하고, 살아갈 용기를 회복하게 해주는 장면을 수없이 목격했습니다. 그런 일은 청년이나 중장년에게서도 얼마든지 일어나지만, 특히 청소년의 경우에는 놀랄 만큼 극적인 모습으로 나타나곤 합니다. 공부 혹은 다른 정신적 상처로 인해 고통받고 있던 10대들이 인생 책을 만나 전혀 다른 길을 걷게 되는 모습, 어린 시절의 저처럼 마음이 흡사 지옥이나 사막과도 같았던 아이가 한 권의 인생 책을 만나 온전히 깨어나는 모습은 정말 말로 표현할 수 없는 감동 그 자체입니다.

어디서 인생 책을 만날 것인가?

아이의 인생 책을 찾는 일은 1년, 2년 그리고 그 이상의 긴 호흡으로 진행해야 합니다. 이를 위해 아이와의 관계를 개선하고, 건강한 학습 습관을 만들고, 아이와 함께 책을 읽을 수 있는 공간으로 집을 가꾸는 과정이 선행되어야 합니다. 그렇게 아이가 부모의 책 추천을 수긍하고 따를 만한 마음이 충분히 준비되었다면 아이에게 인생 책이 될 만한 후보작들을 권해봅니다. 이때 가능한 한 부모님이 먼저 그 책을 정독한 뒤 권하는 것이 정석입니다. 자신도 읽지 않은 책을 아이에게 권하는 것은 효과가 반감되거나 혹은 부작용이 있을 수 있기 때문입니다. 가벼운 마음으로 아이와 함께 고전을 읽어나간다는 생각을 하면 좋습니다.

가장 자주 추천하는 방법은 믿을 만한 세계문학전집을 참조하는 것입니다. 인생 책이 꼭 문학작품이어야 할 필요는 없겠지만 경험상 뛰어난 문학작품만 한 것이 없습니다. 민음사나 문학과지성사, 열린책들, 펭귄북스 같은 믿을 만한 출판사의 세계문학선에서 후보를 골라보는 것은 인생 책을 만나는 가장 손쉬운 방법입니다. 하지만 이 역시 범위가 너무 넓다고 느껴질 수 있습니다. 대략 추려도 1,000권이 훌쩍 넘을 테니까요. 이때 다음의 지침서들을 참고해보기 바랍니다.

해럴드 블룸의 《독서 기술》

데이비드 미킥스의 《느리게 읽기》

퍼트리샤 마이어 스팩스의 《리리딩》

가메야마 이쿠오 등의 《절대지식 세계문학》

석학 해럴드 블룸의 《독서기술》은 좋은 문학작품을 찾는 데 큰 도움이 되는 지침서이다. 해럴드 블룸은 영미문학계에서 가장 존경받던 비평가 가운데 한 사람으로, 20세기와 21세기를 관통하는 영문학계의 거장이기도 하다. 이 책은 자신이 읽은 격조 있는 세계명작 가운데서 엄선한 명작들에 관한 깊이 있는 설명을 제공한다. 물론 그중에는 생소한 것도 있다. 대중이 잘 아는 이반 투르게네프에서부터 이탈로 칼비노, 그리고 대중들이 쉽게 접하지 않았을 월터 새비지 랜도나 존 키츠, 너새네이얼 웨스트 같은 뛰어난 작가의 작품들을 소개한다. 세르반테스의 《돈 키호테》, 찰스 디킨스의 《위대한 유산》, 도스토예프스키의 《죄와 벌》 같은 익숙한 작품부터 헨릭 입센의 《헤다 가블레르》, 윌리엄 포크너의 《내가 죽어 누워 있을 때》, 토머스 핀천의 《제49호 품목의 경매》 같은 생소한 작품까지 등장한다.

그다음으로 추천하는 책은 영문학자 데이비드 미킥스의 《느리게 읽기》에 나오는 도서 목록이다. 이 책 역시 많은 문학작품을 거론한다. 게다가 이 책의 장점은 어떻게 문학작품을 읽어야 하는지에 관한 방법까지 제시한다. 누누이 강조했듯 그것은 느리게 깊이 읽기다.

또 한 권의 지침서는 퍼트리샤 마이어 스팩스의 《리리딩》이다. 좋은 책은 결코 한 번만 읽어서는 안 된다는 사실을 확신하게 해주는 책이다. 스팩스는 영문학과 교수를 은퇴하며 한 가지 계획을 세운다. 지금까지 읽어온 많은 문학작품을 1년 동안 '다시 읽어보는Rereading 것'이었다. 이 경험을 저자는 통해 다시 읽기(혹은 깊이 읽기)가 가진 놀라운 힘을 실감했다. 그녀가 다시 읽기를 통해 새삼 가치를 깨달은 작품은 루이스 캐럴의 《이상한 나라의 앨리스》였다. 저자는 여느 책들과는 달리 《이상한 나라의 앨리스》를 다시 읽으며 큰 감명을 받았는데, 주인공 앨리스가 힘들고 변화무쌍한 상황에서도 좀처럼 용기를 잃지 않고 굳건히 자기를 지켜내는 모습에서 감명을 받았다고 말한다. 인생 책이 될 만한 후보 가운데 가장 재미있고 쉬운 책이다.

《절대지식 세계문학》도 좋은 지침서이다. 일본의 원로 문학가들이 엄선한 220권의 문학작품을 정리한 것으로, 인생 책 목록을 탐색하기에 적합한 안내서이다. 좀 더 욕심을 낸다면 같은 시리즈로 나온 《절대지식 세계고전》도 멋진 길라잡이가 된다. 인류의 대사상가들이 지은 214권의 사상서를 잘 정리해주고 있는데, 다만 이런 세계고전을 읽어내는 일은 대학생이나 대학원생에게도 버거운 일이고, 부모가 지도하기에도 어려움이 따를 것이다. 고전에 조예가 있는 전공자의 도움을 받거나 독서모임을 꾸린 부모들이 서로 협업해 진행할 필요가 있다.

아이가 좀 더 편안하게 인생 책을 찾게 하려면 부모님이 직접 읽고 추천하거나 좋은 지도 선생님을 찾아 독서모임을 꾸리는 것이 가장 안정적이고 효과적이라 성공확률도 높습니다. 만약 이 방법이 어렵다면 다음의 몇 가지 방법을 생각해볼 수 있는데 첫째, 영화 감상을 매개로 문학작품을 찾아봅니다. 명작소설을 원작으로 한 명작 영화를 찾아보는 것이지요. 아이가 고전 영화에 거부감이 없다면 안소니 퀸이 주연한 헤밍웨이 원작의 영화 〈노인과 바다〉 혹은 카잔차키스 원작의 영화 〈그리스인 조르바〉가 퍽 강렬한 인상을 줄 수 있는 작품입니다. 요즘의 영화가 가지기 힘든 아우라와 울림을 갖춘 고전 작품입니다. 이런 영화를 먼저 감상하고 난 뒤 자연스럽게 원작 소설을 권하면 좋습니다.

다음의 방법 역시 경험상 효과가 퍽 좋은 방법으로 뮤지컬이나 만화영화를 활용하는 것입니다. 뮤지컬 〈레 미제라블〉로 흥미를 돋운 후 빅토르 위고의 원작을 읽게 하는 식이지요. 원작이 주는 감동은 영화나 뮤지컬의 감동을 능가할 것입니다. 혹은 부모와 아이가 함께 애니메이션 〈빨간머리 앤〉을 감상한 후 소설을 건네보아도 좋습니다.

소설이나 희곡이 아닌 논픽션 가운데서도 힘을 가진 책이 많습니다. 헬렌 켈러의 인생을 객관적으로 다룬 도로시 허먼의《헬렌 켈러, A Life》와 같은 책이 여기에 속합니다. 헬렌 켈러는 "인생은 과감한 모험이든가, 아니면 아무것도 아니다"라고 했지요. 이 책을 통해 그가 왜 이런 말을 했는지 실감할 수 있습니다. 아이는 이 책에서 자신에게 주어진 난관을 온몸으로 맞서며 자기만의 인생을 창조한 위대한 인간을 만날 것입니다.

인생 책을 접한 아이는 달라집니다. 부모의 조언과 설득에도 좀처럼 마음이 움직이지 않던 아이가 귀를 열기 시작하고, 내일을 위해 용기를 낼 것입니다. 그렇게 부모의 어깨도 한결 가벼워집니다. 이 모든 것이 빼어난 문학작품이 가진 근원적인 힘에서 비롯되는 일입니다.

책을 읽을 수 있는
공간의 비밀

사진으로 본 중2 현준이 방은 엉망이었습니다. 정리된 곳을 찾기 힘들었죠. 어지럽게 헝클어진 옷가지들, 책꽂이에는 책과 참고서가 마구잡이로 꽂혀 있었습니다. 가장 큰 문제는 책상이었습니다. 책상에는 온갖 잡동사니들이 즐비하게 늘어져 있었습니다. 책을 읽거나 공부를 할 만한 상태가 전혀 못 되었지요.

아이가 책을 읽고 공부하게 하려면 환경부터 바뀌어야 합니다. 집이 바뀌어야 책을 읽고 공부도 할 수 있습니다. 단적으로 미니멀리즘이 필요합니다. 최근 유행하는 미니멀리즘은 단순함과 간결함을 추구하는 문화적 흐름으로, 제2차 세계대전 전후부터 다방면에 걸쳐 일어난 유서 깊은 문화 운동이기도 합니다. 집에 미니멀리즘을 적용한다는 것은 쓸모없는 물건들을 정리해 물건 가짓수와 종류를 최소화하는 것입니다.

풍요 속의 빈곤이라는 말처럼 너무 많은 물건은 마음을 복잡하게 하고, 아이의 마음에서 독서와 공부가 차지할 공간마저 빼앗고 맙니다. 심심해야, 물건이 없어야 아이가 다시 책을 잡고 교과서를 펼칠 수 있습니다.

현준이는 밤늦도록 게임을 하다가 부모에게 발각되었고 그 때문에 상담까지 받게 된 사례였습니다. 그렇다고 현준이가 큰 심리적 문제를 가진 것은 아니었습니다. 공부를 하지 않았을 뿐 여느 중2 학생과 다를 바 없었습니다. 그런데 현준이 집에는 물건이 넘쳤습니다. 1년에 한 번도 쓰지 않는 물건들이 즐비했습니다. 현준이 어머니 역시 현준이 방 물건만이라도 치워야겠다는 마음이 굴뚝같았지만, 미처 실행하지 못하고 있었습니다.

상담받기 전 현준이 부모님은 현준이가 스마트폰을 너무 많이 본다며 저녁 이후에는 스마트폰을 쓸 수 없도록 압수해 안방에 두었습니다. 혹시 아이가 쓸까 봐 오래된 스마트폰도 죄다 처분했고요. 그런데 현준이는 부모 몰래 자신의 용돈으로 게임을 할 수 있는 중고폰을 샀습니다. 개통이 되지 않은 폰이라도 집에서 와이파이로 얼마든지 게임을 즐길 수 있으니까요.

첫 상담에서 제가 출연했던 MBC 다큐멘터리 〈고맙습니다, 작은도서관〉을 보여주며 환경의 중요성을 알려주었습니다. 그 다큐멘터리에는 제가 한 학생의 집을 방문해 학습 환경을 바꾸어주는 장면이 나옵니다. 아이는 방을 정리하면서 좀 더 편안하게 독서할 수 있게 됩니다. 현준이 부모님에게도 집 안 구석구석을 있는 그대로 찍어와 달라고 부탁했습니다. 그리고 사진을 보며 바꿔야 할 점을 차근차근 설명했습니다. 골자는 아이의 방을 공부하거나 책을 읽을 수 있을 만한 환경으로 바꾸어주는 것입니다.

아이 방이 스마트폰 사용실이 되지 않게 하라

요즘 중고등학생 아이들 상당수가 자기 방 침실에 누워 새벽까지 스마트폰을 합니다. 아이 방 책상에 게임하기에 최적화된 성능 좋은 컴퓨터까지 놓여 있는 경우도 많습니다. 아이들은 방에서 인터넷강의나 학습을 해야 한다는 이유로 컴퓨터가 필요하다고 말하지만, 관찰해보면 컴퓨터의 주 용도가 그것이 아닐 때가 많습니다. 또 스마트폰 사용 시간을 줄이는 문제로 부모와 아이가 옥신각신하기 일쑤이지요. 아이의 스마트폰 사용 시간을 제한하고, 아이 방에서 컴퓨터를 빼내라고 조언하면 부모님이 먼저 겁을 먹을 정도입니다.

너무 많은 자유, 아니 방종을 아이에게 이미 줘버렸다면 이제 어떻게 해야 할까요? 냉정히 질문해보아야 합니다. 아이는 무슨 권리로 자신의 책임 즉 공부, 진로활동, 독서, 글쓰기 등을 하지 않고 마음껏 스마트폰을 써도 될 권리가 있는 걸까요? 아무리 생각해도 아이에게 그럴 권리는 전혀 없습니다. 변화는 분명 고통을 수반합니다. 하지만 합당한 일이라면 절대 포기해서는 안 됩니다. 부모도 바뀔 테니, 너도 바뀌어야 한다고 설득해야 합니다. 부모가 먼저 아이 앞에서 스마트폰을 오래 붙잡고 있는 모습을 보이지 말아야 합니다. 부모는 텔레비전을 시청하면서 아이보고는 방에서 공부나 숙제를 하라고 하는 일은 없어야 합니다.

우선 아이가 혼자 자기 방에서 스마트폰을 마음껏 보는 일부터 제한해야 합니다. 방문을 잠그고 스마트폰에 중독될 정도로 보도록, 아이 방이 스마트폰 사용실이 되도록 방치해서는 안 됩니다. 힘들다면 가족회의를 열어 각자의 상황에 맞게 점진적으로 스마트폰 사용을 줄여나가야 합니다. 상담실에서 제가 가장 많이 제안하는 방법은 거실에 스마트폰 보관함을 만들고 부모, 아이 모두가 스마트폰을 일정 시간, 특정 요일에 스마트폰을 넣어두는 것입니다.

앞서 거실에서 가족이 함께하는 거실 독서를 제안한 바 있는데, 여건이 된다면 방 하나를 따로 마련해 가족 도서관을 만드는 방법도 고려할 수 있습니다. 가족 도서관에서는 가족이 모두 모여 공부와 독서만 하고, 자신의 방에서 어느 정도 자유를 누릴 수 있게 하는 것입니다. 물론 집집마다 사정이 다를 테니 적절히 응용하기 바랍니다.

코로나19로 인해 언택트 시대가 급습하면서 가정학습의 중요성이 커지고 있습니다. 10년 가까이 소형 텔레비전 하나로 버티던 저는 최근 거실에 제법 큰 텔레비전이 필요해졌다는 생각을 하게 되었습니다. 학교 선생님 대신 인터넷 선생님이 필요해졌기 때문입니다. 아이가 텔레비전을 통해 인터넷강의를 시청할 때 가급적 부모님도 함께 보는 것이 좋습니다. 중학교 고학년이나 고등학교 과정의 내용은 부모님이 봐도 이해하기 쉽지 않은 내용이 많지만, 아이 혼자 덩그러니 인터넷강의를 보게 하는 것보다는 훨씬 안정감을 줄 수 있으니 가능한 한 부모가 같이 수업을 듣고, 그것이 힘들다면 곁에서 음악이나 영화 감상을 하면서라도 함께 있어주는 것이 좋습니다.

꼭 필요한 것들만 갖춘 공부방

아이 방의 묵은 책들을 정리하는 것도 필요합니다. 모두 버리라는 뜻은 아닙니다. 죽을 때까지 가져가야 할 책도 있는 법이니까요. 아이가 애착하는 책이라도 그림책이나 동화책 같은 연령에 맞지 않은 책은 딴 곳에 치우는 것이 맞습니다. 대신 필요한 참고서와 사전, 백과사전류 그리고 각종 청소년 도서와 명작 소설들을 채워줍니다.

아이가 작가나 학자가 될 생각이 아니라면, 아이 방에 너무 많은 책을 두는 것도 좋지 않습니다. 제 주관적인 의견이지만, 책이 300권을 넘지 않는 것이 좋습니다.

방 안의 물건도 적으면 적을수록 좋습니다. 침대가 아이의 공부에 방해가 된다고 말하는 전문가도 많습니다. 침대가 있으면 눕고 싶은 마음이 들기 마련이니까요. 침실을 따로 마련할 여유가 있다면 개인 서재 혹은 공부방에서는 아이가 공부와 독서만 하고, 잠은 따로 침실에서 자는 것도 좋습니다.

새 술은 새 부대에 넣으라는 말처럼 아이, 부모 모두 큰맘을 먹고 아이 방의 가구를 모조리 새로 바꾸어보는 것도 꽤 효과가 있습니다. 아이 방의 물건들을 모두 치우고, 새 책상, 새 의자, 새 책꽂이를 사서 새롭게 정리해주는 방법입니다.

공부방이 정리되었으니 바로 공부를 시키면 될까요? 아닙니다. 경험상 부모의 바람처럼, 공부방을 정리했다고 아이가 금방 공부를 하게 되는 경우는 흔치 않습니다. 의욕이 사라졌던 아이가 다시 책을 읽고 스스로 공부를 시작하려면 시간이 걸립니다. 우선 자기 서재, 혹은 공부방에서 앞서 소개한 인생 책 읽기부터 시작하는 것이 좋습니다. 그리고 이를 바탕으로 긴 호흡으로 공부 습관을 바꾸어나가는 것이 바람직합니다.

건강한 독서, 공부 환경 체크리스트

문항	✓
1. 아이의 방과 책상이 잘 정리되어 있다.	○
2. 게임이나 텔레비전 때문에 공부를 못 하는 경우가 없다.	○
3. 스마트폰과 컴퓨터 사용으로 공부에 방해받는 일이 없다.	○
4. 숙제 외에 예습, 복습 등 자습하는 시간이 2시간 이상이다.	○
5. 부모님과 자주 대화하는 편이다.	○
6. 가족의 활동이 아이의 독서나 공부를 방해하지 않는다.	○
7. 공부에 필요한 도구나 책은 미리 준비해둔다.	○
8. 공부할 때 음식을 가까이 하지 않는다.	○
9. 가장 공부가 잘 되는 장소는 집이다.	○
10. 마음이 통하는 친한 친구가 3명 이상 있다.	○

'예'라고 답한 문항이 7개 이상이면 우수한 편, 3개 이하면 나쁜 편이다. 이 리스트는 아이의 방을 바꾸는 원칙으로 활용할 수도 있다.

1. 매일 조금씩이라도 독서하게 도와라.

2. 자녀의 책 선택을 존중하라.

3. 독서활동을 칭찬하고 격려하라.

4. 독서친화활동(서점 방문, 도서관 이용, 북페스티벌 참가 등)을 주기적으로 실천하라.

5. 독서할 수 있는 환경을 조성하라(거실에서 텔레비전 치우기, 다양한 서적 진열하기).

6. 저녁에 온 가족이 함께 책 읽는 시간을 가져라.

7. 서로 읽은 책으로 대화하는 시간을 가져라.

8. 아이의 적성과 흥미를 파악한 후 가장 알맞은 도서를 찾아보라.

9. 부모가 솔선수범하라. 아이보다 더 많이 책을 읽어라.

10. 가능하다면 독서 멘토와 협업하라.

지금 당장 사교육 쇼핑을
멈춰야 하는 이유

저는 20대부터 30대 초반까지 꽤 오래 사교육 강사로 지냈습니다. 보람 있는 일도 많았지만, 부조리하고 모순된 일도 많이 경험했습니다. 특히 사교육 기관이 아이의 실력 향상보다 돈벌이에 급급하는 모습을 접할 때면 자주 자괴감을 느꼈습니다. 사교육 현장을 떠난 후, 사교육이 과연 아이 공부나 독서에 도움이 되는지 아니면 해가 되는지 생각해보게 될 때가 있었습니다. 오랜 생각 끝에 내린 결론은 제로섬 게임이라는 것입니다. 장단점을 더하고 빼면 결국 '제로'에 가깝다는 말입니다. 사교육이 공부나 입시에는 작은 도움이 될 수 있을지 모르겠지만 독서에서만큼은 손해를 입힌다고 확신합니다. 독서는 버지니아 울프처럼 자기만의 서재에서 조용하고 은밀하게 일상적으로 이루어져야 비로소 실질적인 효과를 나타냅니다. 사교육을 잘 활용해 도움을 받는 아이도 있겠지만 시간과 돈, 에너지만 낭비하며 사교육에 끌려다니는 부모와 아이가 훨씬 더 많은 것이 사실입니다.

이미 우리 사회에는 대학 입학이 아이의 실력보다 부모의 능력 혹은 사교육의 힘에 의해 좌우된다는 생각이 공고해졌습니다. 사교육 시장에 많은 능력자들이 존재하는 것은 사실입니다. 분명히 아이의 실력을 단기간에 괄목할 만한 수준으로 높이는 사람들도 있습니다. 하지만 한참 수준이 떨어지는 아이의 실력을 과대 포장해 괜찮은 대학까지 입학시키는 잔꾀를 부리는 업자들도 있습니다. 이러한 부류의 사람들을 실제로 저도 많이 만나보았고, 또 여럿 알고 있습니다. 그들은 대개 보통 사람은 도저히 감당할 수 없는 수업료를 받습니다. 그런 강사에게 아이를 맡길 만큼 경제력이 있는 사람도 분명히 있겠으나 그럴 수 없는 부모님이 대부분입니다.

　상당수의 부모님이 차선으로 근처 학원에라도 아이를 보내야 한다는 생각을 버리지 못합니다. 공고한 사회인식, 그로 인한 불안한 마음 때문에 아이를 꾸역꾸역 사교육에 내모는 것입니다. 그런데 냉정하게 한번 생각해볼까요? 아이가 지금 학원에 쓰고 있는 시간과 에너지 그리고 돈으로 더 효율적이고 생산적인 무엇을 할 수는 없는 걸까요? 인터넷강의도 듣고 좋다는 학원도 다니지만 너무나 많은 수의 아이들이 그저 멍하니 강의만 듣다가 시간을 허비할 때가 많습니다. 한 달에 수백만 원 사교육을 시키고도 학교 성적도, 대학입시도 실패한 아이들도 많습니다. 사실 상담한 아이의 상당수가 여기에 해당합니다. 부모가 최선을 다해 경제적인 뒷받침을 했건만 왜 이런 결과가 생긴 걸까요?

　세상이 바뀌었습니다. 생각의 전환이 필요합니다. 사교육을 이용하는 가장 큰 이유는 강사의 강의력 때문입니다. 그런데 한 반에 20명이 넘는 강의실에서 아이들이 할 수 있는 건 그저 칠판을 물끄러미 쳐다

보는 것뿐입니다. 아이와 강사가 긴밀하게 피드백을 주고받으며 아이가 모르는 부분까지 살뜰이 챙겨주기란 거의 불가능에 가깝습니다.

좋은 강의를 듣는 것보다 더 중요한 것은 관련 내용을 스스로 복습하고, 그 내용을 잘 습득했는지 셀프테스트 하고, 배운 내용 중 이해되지 않는 부분을 꼼꼼히 확인하는 것입니다. 최고 수준의 강의를 충실하게 수강했다고 해도 스스로 복습하기, 관련 문제 풀기, 모르는 내용에 관한 보충 설명 찾아보기와 같은 후속 과정 없이 오로지 '듣기만' 하는 수업은 속빈 강정에 지나지 않는다는 사실을 알아야 합니다.

초등학교 때까지는 부모가 조금의 정성과 시간만 기울이면 얼마든지 사교육을 대신할 수 있습니다. 그런데 아이가 중고등학교에 진학하는 순간 부모님이 아이의 공부에 도움을 주기가 쉽지 않습니다. 부모님의 용기가 꺾여버리고 마는 변곡점이 바로 이 순간입니다. 물론 혼자서 잘 해내는 아이도 있겠지만 대부분의 아이들에게는 학습 과정을 돕고 지지해줄 조력자가 꼭 필요합니다.

규현이는 자신에게 필요한 조력자를 사교육에서 잘 찾아 활용한 경우입니다. 규현이는 올해 고려대에 입학했습니다. 진로상담을 위해 방문한 아이의 사교육 내력은 참 놀라웠습니다. 규현이의 부모님이 아이의 사교육에 가장 많은 돈을 지출했을 때도 한 달에 채 100만 원이 되지 않았습니다. 규현이는 중학교 3학년 때부터 모 업체의 인터넷 강의를 열심히 수강했습니다. 강의만큼은 최고 수준을 제공하는 업체였습니다. 그리고 규현이에게는 3년 넘게 함께한 과외 선생님이 있었습니다. 연세대 영문학과에 다니던 대학생으로, 나중에는 조금 올려주긴 했지만 일주일에 두 번 수업하고 과외비 30만원을 지급한 것이 다였습니다. 아이는 공부하던 중 모르는 것을 물어보고 또 어려운 부분에 대한 설명을 다시 듣는 방식으로 과외 선생님과 시간을 보냈습니다.

규현이는 독서나 논술 학원도 따로 다니지 않았습니다. 중학교 때까지는 교내 독서 동아리를 했고, 고등학교 때는 대학생 과외 선생님이 추천하는 책을 읽고 독후 대화를 자주 나누는 것이 다였다고 합니다. 몇 차례 강남의 입시 컨설팅 업체에서 코칭을 받은 적도 있었지만, 교육비로 수천만 원을 쓴 대학 동기들에 비하면 규현이는 거의 돈을 쓰지 않은 축에 속했습니다. 그렇게 줄곧 아이의 공부를 도왔던 과외 선생님은 학교를 졸업하며 외국으로 유학을 갔고, 그 선생님과의 이별이 너무 슬픈 나머지 규현이는 펑펑 눈물을 쏟기도 했습니다. 그만큼 인간적으로 정이 쌓였던 것입니다.

물론 규현이 사례가 모든 아이에게 적용될 수 있는 건 아니겠지만, 한 달에 수백, 아니 그 이상의 사교육비를 써도 좋은 결과가 나오지 않는 사례에 비해 규현이와 같은 사례도 얼마든지 존재할 수 있다는 사실을 잊지 않았으면 좋겠습니다. 결국 중요한 것은 아이 자신이 공부의 주체가 되어야 한다는 점입니다.

말콤 글래드웰은 자신의 책 《다윗과 골리앗》에서 교육에서 가장 중요한 것은 교사의 질이라고 말합니다. 또한 그 질의 핵심은 수업을 듣는 아이에게 얼마나 많은 영감과 정신적 감화를 주고 있는가입니다. 아이가 자기 자신을 믿고, 학습을 중요하게 여기고, 학습 과정에서 겪는 숱한 난관을 이겨나갈 수 있는 주인의식을 북돋워주는 교사가 질이 높은 교사입니다. 다시 말해 선생님의 실력과 더불어 덕성, 교육 가치관이 가장 중요합니다.

아이의 공부를 감당하기 어려워 마지못해 사교육에 맡기는 경우라 하더라도 다음의 2가지 사항을 고려해보기 바랍니다. 가장 우선이 되어야 하는 것은 말콤 글래드웰이 강조했던 것처럼 '좋은 선생님'을 찾는 일입니다. 좋은 선생님이 꼭 강남의 유명한 '일타' 강사일 필요는 없습니다. 해당 과목과 관련된 전공을 하고 있는 대학원 박사 과정 선생님들 가운데 강사를 찾아보는 것도 방법입니다. 실력은 충분하지만 학업으로 인해 학원 강사 일을 할 수 없는 분도 많기 때문에 잘 찾아보면 좋은 선생님을 모실 수 있습니다. 그러니 무작정 강남으로 이사하겠다는 맹모삼천보다는 정말 좋은 선생님을 찾고 또 찾는 삼고초려가 필요합니다.

두 번째 고려할 사항은 아이의 학습 파트너를 찾는 일입니다. 규현이의 경우처럼 선생님과 1대 1로 만나는 경우도 좋겠으나 아이의 성향에 따라 개인 과외보다 소모임 그룹 학습이 더 적합한 경우도 많습니다. 특히 친구들과 같이 공부할 때 학습동기가 부쩍 성장하는 아이라면 더욱 그러합니다. 이때에는 서로 잘 어울리는 아이들, 비슷한 수준과 성향을 가진 아이들을 찾는 것이 좋습니다. 그저 좋은 선생님을 내 아이에게 붙잡아두려는 생각으로, 경제적인 부담을 덜기 위한 목적만으로, 수준에 맞지도 않은 여러 명의 아이들로 교실을 채우려 해서는 안 됩니다. 사교육 현장에서는 속된 말로 학원 다니는 80퍼센트 아이들은 들러리라고 말합니다. 그런 일이 생겨서는 안 될 것입니다.

아이들이 서로 비슷한 수준과 성향을 갖고 있다면 2명도 좋고, 3명도 좋습니다. 이러한 아이들을 중심으로 마치 유아들을 공동양육하듯이 아이에게 양질의 교육을 제공할 수 있는 학습공동체를 부모님들이 서로 합심해 만들어보는 겁니다. 부모님들도 아이의 공부와 커리큘럼 운영에 세세히 참여해 계획을 세워보고, 아이가 주체적으로 자기주도 학습을 할 수 있도록 돕는 역량 있는 교사를 찾아보는 것입니다. 그러면 쓸데없는 돈과 에너지·시간 낭비를 막을 수 있어 매우 효율적입니다. 물론 풀어야 할 숙제가 적지 않겠지만 구더기 무서워 장 담그기를 포기해서는 안 되겠지요. 지혜로운 운영으로 아이들에게 질 높은 교육을 제공하는 학습 공동체가 지금도 상당수 운영되고 있습니다.

자기주도학습을 이끌어내는
부모의 말

코로나19로 원격수업이 일상화되면서 이제 전적으로 아이의 자기 주도성에 의지해 학습이 이행될 수밖에 없는 상황이 되었습니다. 아이 스스로 자기 공부를 해낼 힘과 동기를 가지는 것이 더없이 중요해진 것입니다. 물론 이런 변화에 잘 적응하는 아이도 있겠지만 아무래도 뒤처지는 아이들이 더 많습니다. 자기주도학습을 잘할 수 없는 아이들은 이러한 상황에서 공부와 더 멀어질 수밖에 없습니다. 상담에서도 '아이가 원격 수업 중에 스마트폰으로 게임을 하고 있다'며 속상해하는 부모님들을 자주 만납니다.

결국 아이가 스스로 공부하려면 아이의 마음속에 '학습동기'가 확고하게 자리잡고 있어야 합니다. 그렇다면 아이의 동기를 자극하기 위해 가장 중요한 요소는 무엇일까요? 연구자들은 첫째, 성취 경험, 둘째, 간접 경험, 셋째, 언어적 설득과 정서적 지지, 이 3가지 요소를 들고 있습니다. 아이의 학습동기를 자극하는 3가지 요소는 서로 우열을 가릴 수 없을 정도로 모두 중요하기 때문에 잘 기억해두기 바랍니다.

첫째, 성취 경험입니다. 아이가 어떠한 일을 더 자주 도전하고, 더 자주 성공할수록 그 일을 하고자 하는 동기가 높아집니다. 물론 도전한다고 모두 성공하지는 않습니다. 하지만 실패를 통해서 배우는 것도 많으니 실패를 두려워해서는 안 됩니다. 우선 큰 욕심 내지 말고 쉬운 부분부터 문제를 풀고 그 과정에서 재미를 느낄 수 있도록 도와주어야 합니다. 실패는 대개 재미없는 공부를 억지로 한 결과입니다. 교재, 동영상 강의, 학원 선생님의 교수 능력, 개인적 학습 기술 등 다양한 몰입 요소들을 세심하게 점검해 재미없는 공부가 되지 않도록 살펴야 합니다.

둘째, 간접 경험입니다. 모든 일을 직접 경험하며 배울 수는 없습니다. 책이나 미디어 등의 간접적인 체험을 통해서도 아이는 어떠한 일을 잘 해낼 수 있는 효과적인 방법을 체득하고, 그것을 바탕으로 자신감도 느낄 수 있습니다. 아이들에게 독서와 공부가 중요한 이유 중 하나입니다.

이와 관련해 자기주도학습의 핵심인 시간관리 기술, 학습 스케줄 작성과 점검 요령을 잘 알려주는 책을 선택해 아이가 먼저 공부법에 대해 인지하게 만들어주면 좋습니다. 스스로 시간을 관리하도록 일지를 쓰게 하거나 시간계획을 세우고 매일 체크할 수 있도록 하면 학습 관리 능력과 기술을 높일 수 있습니다. 시중에 《EBS 공부의 왕도》를 비롯해 다양한 공부법 책들이 있으니 아이와 함께 골라 읽어보고, 특히 헨리 뢰디거의 《어떻게 공부할 것인가》는 부모님이 먼저 읽어보면 좋은 책입니다.

셋째, 언어적 설득과 정서적 지지입니다. 이는 상당 부분 부모와 교사의 몫입니다. 아이가 자신의 일에 능동적으로 도전하고, 성취 경험을 해볼 수 있도록 대화와 설득을 통해 돕는 것입니다. 그리고 힘든 상황을 맞이하거나 스스로 풀 수 없는 문제를 만났을 때에는 그 해결책을 제시하고 낙담하지 않도록 마음을 다독이는 것도 여기에 포함됩니다.

그런데 대체 어떻게 해야 아이를 설득하고 성취동기가 자라는 말을 전할 수 있는지 고민하는 부모님들이 있습니다. 아이에게 공부나 독서 이야기를 꺼내면 매번 서로 싸움만 하다 끝난다며 안타까워하는 부모님도 많고요. 이와 관련해서 큰 도움을 받을 수 있는 책이 몇 권 있습니다. 그중 우선적으로 권하고 싶은 것은 바로 마셜 B. 로젠버그의 《비폭력 대화》입니다. 심리학자인 저자는 우리 안의 선한 본성을 자극해 공감 능력을 더 키워주는 비폭력대화Nonviolent Communication 기법을 고안했습니다. 비폭력대화의 핵심은 다음과 같이 4단계의 훈련된 대화를 진행하는 것입니다.

첫째는 관찰observation입니다. 대화를 함께하는 두 사람 사이에 무슨 일이 일어났는지, 벌어진 상황을 있는 그대로 주목하는 것입니다. 나의 유불리를 따지지 않고 상대방의 언행을 있는 그대로 관찰합니다.

"지금 예서는 숙제를 하지 않고 있구나." (O)

둘째는 느낌feeling을 말하는 것입니다. 상대의 언행이나 지금 처한 상황에서 느끼는 감정을 솔직히 표현하는 것이죠. 내가 느낀 솔직한 감정을 상대에게 드러내는 것은 두 사람 사이 마음의 벽을 허무는 가장 좋은 방법입니다. 대신 이때에도 상대의 사정에 대한 평가, 해석은 가급적 배제하는 것이 좋습니다. 비난이나 지적을 최대한 삼가야 하는 것도 중요합니다.

"엄마는 예서가 숙제를 하고 있지 않아서 조금 걱정이 돼." (O)

셋째는 나의 욕구need를 솔직히 표현하는 것입니다. 이것이 가장 어렵습니다. 내가 진짜 원하는 것이 무엇인지 생각해보고 그것을 자신의 느낌과 연결해 말해야 하는데 많은 부모님들이 자신의 진짜 욕구를 숨기고 즉각적인 감정에 치중해 다음과 같이 말하곤 합니다.

"너, 정말 계속 이렇게 숙제 안 하면 엄마가 혼낸다고 했지!" (×)

이것은 진심을 담은 말이 아닌, 본질을 흐리는 말입니다. 또한 감정이 섞인 비난은 인격 모독으로 변질되기 쉽습니다. 비난이나 공격이 자신의 진짜 욕구는 외면한 채 충동적으로 몰아치는 감정의 연쇄반응에 압도당해 있다는 것도 문제입니다.

"예서야, 넌 왜 매번 엄마를 이렇게 힘들게 만드니?" (×)

이러한 말의 가장 큰 문제는 아이를 비난하는 것이 자신의 진짜 욕구를 해결하는 데 아무 도움이 되지 않는다는 사실입니다. 이러한 비

난을 들은 아이 마음에는 앞으로는 숙제를 미리 잘 해야겠다는 생각
보다는 '엄마는 나만 보면 항상 화를 내'라든가, '엄마가 화를 낼 때마
다 나는 정말 무서워' 같은 부정적인 생각이 가득찹니다. 따라서 자신
이 느낀 순간적인 감정 속에 숨어 있는 진짜 욕구를 발견하고, 그것을
부드럽게 전하는 연습이 필요합니다. 특히 이것은 자녀와 대화를 나눌
때 반드시 지켜야 할 금과옥조와 같습니다.

> "엄마는 우리 예서가 숙제를 미리 잘하는 멋진 사람이 되었으면 정말 좋
> 겠어." (O)

비폭력대화의 마지막은 부탁request입니다. 우선 감정 대신 내면의 진
짜 욕구를 비폭력적으로 전한다면 아이의 마음도 상당히 달라집니다.
이때 조심해야 할 것은 부탁의 말이 부모의 욕구만 주장하는 이기적인
것이 되어서는 안 된다는 점입니다. 또 내 욕구를 상대가 제대로 알아
차리고 받아들일 수 있도록 인격적인 부탁의 말로 전달하는 것이 중요
합니다.

> "엄마는 예서를 위해 네가 제일 좋아하는 간식을 준비할게. 예서는 숙제
> 를 미리 하면 어떨까? 숙제 마치고 엄마랑 맛있게 먹자." (O)

이렇게 신뢰와 협력, 공감의 마음으로 아이에게 부탁해봅니다. 이
렇게 말할 수만 있다면 멀어졌던 마음의 거리도 좁혀지고, 부모와 아
이의 신뢰와 사랑이 더욱 깊어질 것입니다. 비폭력대화의 목표는 비난

과 지적을 멈추고, 자신의 고유한 욕구를 상대에게 부드럽게 전달하는 것에 있습니다. 결코 상대에게 자신의 욕구를 설득해 원하는 것을 취하기 위한 도구가 아닙니다. 자기 이익만을 추구하는 것이 아닌 공존이 비폭력 대화의 진짜 목표입니다.

훌륭한 삶의 모델을
제시하는 문학작품

　민호는 중학교 1학년까지는 성적이 학교에서 상위권이었습니다. 전교 10등 안에 든 적도 있었지요. 하지만 중학교 2학년 첫 중간고사를 시작으로 성적이 점점 하락했습니다. 고등학교에 입학하면서는 반에서 하위권까지 떨어지고 말았죠(특목고나 자시고가 아닌 일반 인문계 고등학교였습니다). 민호 엄마도 걱정이 많았지만 당사자인 민호도 답답했습니다. 자신이 공부를 등한시한 것도 아니고 남들만큼 공부한다고 하는데도 성적이 왜 점점 떨어지는지, 그 이유를 모르겠다고 하소연했습니다.

　두 번째 상담에서 저는 민호에게 지금까지 읽었던 책들 중 특히 감명 깊었던 책, 재미있었던 책을 쭉 적어보라고 했어요. 그 목록을 보니 민호는 또래에 비해 책을 꽤 많이 읽은 아이였습니다. 특히 초등학교 때는 정말 열심히 읽었더군요. 중학교 때도 심심할 때면 책을 보았고요. 다만 고등학교에 들어와서는 내신과 입시 공부에 쫓겨 책을 읽지 못하고 있었습니다.

그런데 지금까지 읽었던 책 목록을 쭉 훑어보면서 중요한 특징을 하나 발견할 수 있었어요. 문학작품을 거의 읽지 않았다는 사실이었습니다. 남자아이치고는 감수성이 뛰어난 데다, 언어지능까지 높은 아이가 문학작품을 거의 읽지 않았다니, 조금 이상했습니다. 성향을 보면 문학작품을 무척 좋아했을 아이였던지라 무슨 특별한 이유가 있었던 것은 아닐지 궁금했습니다.

곧 그 이유를 알게 되었습니다. 민호 부모님은 초등학교 고학년부터 중학교 내내 민호를 독서논술 학원에 보냈습니다. 성적에 도움이 되리라 기대했던 이유도 있고 민호가 그나마 빠지지 않고 잘 다닌 학원이었던 까닭입니다. 게다가 그 학원은 토론 수업이 활성화되어 있어 평판도 좋은 편이었습니다. 민호는 싫든 좋든 일주일에 한 편 이상 책을 읽었지만 학원의 연간 커리큘럼에는 문학작품이 전혀 들어 있지 않았습니다. 문학작품이 특목고 입시나 대입에 도움이 되지 않는다는 이유에서였습니다.

저는 이런 독서 이력이 민호에게 어떤 영향을 미쳤을지 궁금했습니다. 그리고 몇 차례 더 상담을 하면서 민호가 공부에 싫증을 느끼고 학습 의욕이 떨어졌던 이유를 하나씩 알게 되었습니다. 그것은 바로 민호의 마음에 열정적인 학습을 이끌어갈 만한 강력한 학습동기가 미처 생기지 못한 것이었습니다. 민호의 마음속에는 항상 이런 의문이 도사리고 있었습니다.

"뭐 그렇게까지 애쓰면서 공부할 필요가 있을까?"

민호는 공부를 하다가 고비를 만날 때면 그릿(끈기)을 발휘하지 못한 채, 놀고 싶고 쉬고 싶은 유혹에 넘어가고 말았습니다. 유복한 집안에서 남부럽지 않게 자란 민호는 공부가 자신에게 가져다줄 변화에 대해 그리 큰 기대가 없었습니다. 돈이야 아버지가 물려준 것만으로도 부족할 게 없고, 성공 같은 건 골치 아프니 애써 노력하고 싶지 않다는 말도 했습니다. 학원이 끝나면 자연스럽게 아이들과 어울려 피시방에서 게임을 하거나 여자 친구를 사귀는 일에 에너지를 쏟았습니다. 그나마 열의를 갖고 하는 일이라면 좋아하는 캐릭터 피규어를 사서 하나씩 진열장에 채우는 일 정도가 다였습니다.

저는 민호에게 이런 질문들을 던졌습니다.

"인생에서 의미 있는 일은 무엇일까?"

"인생은 고통스러운 일이라고 하는데, 무엇을 하면서 살면 그나마 가치 있는 삶일까?"

"세상과 사회, 타인을 위해 내가 할 수 있는 가치 있는 일은 과연 무엇일까?"

민호는 그러한 물음에 아직까지 자기만의 답을 찾지 못한 상태였습니다. 아니, 그런 문제에 대해 답 같은 걸 찾고 싶지도 않은 상태였습니다.

민호는 상담을 시작하고 두세 달이 지난 후부터 저와 함께 많은 문학작품을 읽었습니다. 다행스럽게도 민호는 문학치료 프로그램을 무척 잘 따라주었죠. 아이는 세상에 이런 멋지고 대단한 소설들이 존재한다는 사실을 미처 몰랐다며 감탄할 때가 많았습니다. 다음은 민호와 함께 읽었던 책들 가운데 아이가 특히 감명 깊게 읽은 책입니다.

에밀 아자르의 《자기 앞의 생》

헤르만 헤세의 《데미안》

허먼 멜빌의 《필경사 바틀비》

F. 스콧 피츠제럴드의 《위대한 개츠비》

조지 오웰의 《동물농장》

앙드레 지드의 《좁은 문》

톨스토이의 《부활》

도스토예프스키의 《죄와 벌》

이탈로 칼비노의 《보이지 않는 도시들》

루이제 린저의 《생의 한 가운데》

제롬 데이비드 샐린저의 《호밀밭의 파수꾼》

장 폴 사르트르의 《구토》

프레데릭 백의 《나무를 심은 사람》

어네스트 헤밍웨이의 《노인과 바다》

니코스 카잔차키스의 《그리스인 조르바》

　　사실 민호는 조금 특별한 경우였어요. 저를 찾아온 아이들 중에서
도 읽기능력이 뛰어난 편이었습니다. 독서양육을 제대로 경험하지 못
해 읽기와 글쓰기 자체를 어려워하는 아이들의 경우 책을 편하게 읽게
되고 책 읽기에 흥미를 느끼는 데에만도 대부분 1년 이상이 걸리곤 합
니다. 하지만 민호는 주로 성인을 대상으로 하는 문학치료도 잘 따라
갈 정도로 읽기능력이 좋았고, 그 덕분에 결과도 매우 빨리 나타났습

니다.

　민호는 1년 만에 완전히 다른 사람이 되었어요. 무엇보다도 모든 일에 대단히 의욕적으로 바뀌었습니다. 그 원인은 대체 어디에 있었을까요? 문학작품은 어떻게 아이를 변화시킬 수 있었던 걸까요?

　명작 문학작품에는 뛰어난 모델링modeling 효과가 있습니다. 여기서 '모델링'은 교육학 용어이기도 한데요. 어떤 사람이 다른 사람의 사고, 태도 또는 행동을 관찰하고 모방해 자기 삶을 긍정적으로 변화시키는 동인으로 삼는 것을 말합니다. 심리학자 앨버트 반두라는 이런 모델링이 성공하기 위해서는 무엇보다도 학습자가 그 모델에 주의집중해야 하고, 모델을 제대로 숙지해야 하며, 모델을 따를 수 있는 내적 능력을 갖고 있어야 하며, 이런 과정을 이끌고 나갈 만한 내적 동기를 충분히 갖추어야 한다고 밝힌 바 있습니다.

　문학작품 감상과 독후 활동이 자라는 아이들에게 미치는 가장 뛰어난 영향은 모델링 활동입니다. 작품 속의 다양한 주인공들을 보고 느끼며, 작품에 대해 자신만의 해석을 곁들여 자기 삶의 모델을 차츰 찾아가게 해주는, 대단히 중요한 성장 활동 가운데 하나라고 할 수 있죠. 시시하고 뻔한 짧은 동영상이 줄 수 없는 큰 감명을 제공하는 문학작품의 모델링 효과는 무척 강력하며 심지어 심대하다고까지 할 수 있습니다.

　사실 변화는 아이에게만 있었던 것이 아닙니다. 아이와 함께 민호 엄마에게도 많은 변화가 일어났습니다. 특히 교육학자 윌리엄 데이먼의《무엇을 위해 살 것인가》를 통해 민호 엄마의 생각이 많이 달라졌습니다. 이 책은 교육과 사회가 자라나는 세대에게 인생의 목적을 제시해주는 사명을 가지고 있다고 말합니다. 그리고 저자는 사람에게 합당한 목적의식이 있을 때 미래로 힘차게 전진할 수 있다고 주장합니다. 문제는 요즘과 같은 혼돈의 시대에는 대부분의 사람들이 자기만의 목적의식을 잃어버리기가 쉽다는 것입니다. 이는 비단 아이나 청소년, 청년들만의 문제는 아닐 거예요. 성인들 가운데서도 가치 전도나 가치 상실의 정신문제에 시달리는 경우가 많으니까요. 그래서 데이먼은 현대의 많은 청소년과 젊은이들이 삶의 목적과 의미를 잃어버린 '목적 상실병'에 시달리고 있음을 안타까워합니다. 가치 부재의 부모님과 사회, 교육이 이 목적상실병을 유발하는 주범이라고 비판합니다.

이때 정말 필요한 일이 바로 아이에게 뛰어난 문학작품을 소개해주는 일입니다. 그러면 아이는 부모님이나 선생님이 미처 제공하지 못한 성장의 영양소를 책에서 골고루 얻을 수 있습니다. 그러려면 기본적으로 아이의 마음속에 책과 독서를 그 어떤 것보다 아끼는 독서애호감이 존재해야 하겠지요. 그것은 이 책에서 제안하는 생애 초기 10년의 독서양육이 꼭 필요한 또 하나의 이유이기도 합니다.

민호가 고2 여름을 맞이하던 어느 날, 저는 민호 엄마와 제법 긴 상담을 할 기회가 생겼습니다. 1년 사이 민호는 무척 많이 바뀌었고 어머니는 민호의 멋진 변화에 크게 기뻐했습니다. 그러면서 푸념 섞인 후회의 말도 듣게 되었습니다. 아이가 그동안 뒤처진 공부를 하느라 잠까지 설쳐가며 분투하고 있는 모습이 무척 안타깝다면서 아이에게 이런 기회를 좀 더 일찍 제공하지 못한 것이 후회가 된다는 말이었습니다.

"민호가 좀 더 일찍 선생님 도움을 받을 수 있었다면 얼마나 좋았을까요? 사실 2년 전에도 선생님께 아이를 데려오려고 했었는데, 만약 그때 아이가 선생님을 만났으면 저렇게 고생하지 않고 지금쯤 자기 길을 잘 찾아나가고 있을 텐데 말이죠."

저는 민호 어머니에게 이렇게 말씀드렸습니다.

"아직 전혀 늦지 않았습니다. 이제 겨우 고등학교 2학년인걸요. 저도 지금 하고 있는 이 일을 찾아낸 때가 서른이 한참 지나서였어요. 어머니, 저에 비하면 민호에게는 아직 시간이 너무너무 많이 남아 있습니다."

- 도서에 따른 연령 분류는 대략적인 것으로, 도서 선택 시 아이의 읽기 능력과 성향을 고려하기 바랍니다.

- 목록 중에는 절판되어 서점에서 구하기 힘든 도서도 포함되어 있습니다. 이 경우, 도서관 검색을 추천합니다.

0~3세

난 자동차가 참 좋아	마가렛 와이즈 브라운 글, 김진화 그림	비룡소
날님 안녕	하야시 아키코 지음	한림출판사
달을 먹은 아기 고양이	케빈 헹크스 지음	비룡소
똑똑한 그림책	오니시 사토루 지음	보림
미피	딕 브루너 지음	비룡소
뽀뽀해, 쪽쪽	캐런 카츠 지음	보물창고
뽀삐의 여행	딕 브루너 지음	아가월드(사랑이)
사과가 쿵	다다 히로시 지음	보림
안아 줘, 꼬옥	캐런 카츠 지음	보물창고
'보아요' 시리즈 두드려 보아요 물아 보아요 찾아 보아요 걸어 보아요	안나 클라라 티돌름 지음	사계절

가끔은 혼자서	케빈 헹크스 지음	마루벌
곰 사냥을 떠나자	마이클 로젠 글, 헬린 옥슨버리 그림	시공주니어
과일이 최고야	이시즈 치히로 글, 야마무라 코지 그림	천개의바람
과자 마녀를 조심해!	정희재 글, 김영수 그림	책읽는곰
괴물들이 사는 나라	모리스 샌닥 지음	시공주니어
까마귀 소년	야시마 타로 지음	비룡소
까만 크레파스와 요술기차	나카야 미와 지음	웅진주니어
꼬마기차와 커다란 동물들	크리스토퍼 워멀 지음	해피북스
꿈틀꿈틀 애벌레 기차	니시하라 미노리 지음	북스토리아이
나랑 친구할래?	최숙희 지음	웅진주니어
난 토마토 절대 안 먹어	로렌 차일드 그림	국민서관
내가 가장 슬플 때	마이클 로젠 글, 퀸틴 블레이크 그림	비룡소
내가 골을 넣었어요!	엘리자베스 드 랑빌리 글, 마리알린 바뱅 그림	시공주니어
내가 얼마나 큰지 보여주겠어	장 프랑수아 뒤몽 지음	문학동네
내가 책이라면	쥬제 죠르즈 레트리아 글, 안드레 레트리아 그림	국민서관
내게는 소리를 듣지 못하는 여동생이 있습니다	J.W 피터슨 글, D.K. 래이 그림	웅진주니어
넌 할 수 있어, 꼬마 기관차	와티 파이퍼 글, 조지 도리스 하우먼 그림	비룡소

이 책에서 소개한 도서 목록

상상하는 책	노먼 메신저 지음	웅진주니어
놀이터의 왕	필리스 레이놀즈 네일러 글, 놀라 랭그너 멀론 그림	보물창고
더 높이, 더 멀리	장피에르 베르데 글, 피에르 봉 그림	파랑새어린이
도서관	사라 스튜어트 글, 데이비드 스몰 그림	시공주니어
도서관에 간 사자	미셸 누드슨 글, 케빈 호크스 그림	웅진주니어
도서관에서 모두 쉿!	돈 프리먼 지음	시공주니어
도서관이 정말 좋아요	마르타 아빌레스 지음	파란자전거
도서관이 키운 아이	칼라 모리스 글, 브래드 시니드 그림	그린북
두더지 사진사 아저씨	데니스 하슬리 글, 줄리 캔거스 그림	기탄교육
마음이 아플까 봐	올리버 제퍼스 시음	아름다운사람들
말괄량이 기관차 치치	버지니아 리 버튼 지음	시공주니어
바람이 멈출 때	샬럿 졸로토 글, 스테파노 비탈레 그림	풀빛
밥 먹기 싫어요	안나 카살리스 글, 마르코 캄파넬라 그림	키득키득
버스를 모는 아이	페니 대일 지음	예림당
버스를 타고	아라이 료지 지음	보림
브루노를 위한 책	니콜라우스 하이델바흐 지음	풀빛
비만은 안 돼요	이현 글, 픽토스튜디오 그림	국민서관
상상하는 책	노먼 메신저 지음	웅진주니어
생각하는 1, 2, 3	이보나 흐미엘레프스카 지음	논장
생각하는 ㄱ, ㄴ, ㄷ	이보나 흐미엘레프스카 지음	논장

소피가 화나면, 정말 정말 화나면	몰리 뱅 지음	책읽는곰
숲 속으로	앤서니 브라운 지음	베틀북
슬픔을 치료해 주는 비밀 책	카린 케이츠 글, 웬디 앤더슨 홀퍼린 그림	봄봄출판사
아름다운 책	클로드 부종 지음	비룡소
아버지의 꿈	그레이엄 베이커 스미스 지음	노란상상
안 돼, 데이비드!	데이비드 섀논 지음	주니어김영사
야, 우리 기차에서 내려	존 버닝햄 지음	비룡소
엄마 까투리	권정생 글, 김세현 그림	낮은산
에드와르도, 세상에서 가장 못된 아이	존 버닝햄 지음	비룡소
오소리가 우울하대요	하이어원 오람 글, 수잔 발리 그림	보물창고
'울랄라 채소 유치원' 시리즈	와타나베 아야 지음	비룡소
유치원이 가기 싫어요!	안나 카살리스 글, 마르코 캄파텔라 그림	키득키득
이 작은 책을 펼쳐 봐	제시 클라우스마이어 글, 이수지 그림	비룡소
이 책을 절대 열지 마시오!	미카엘라 먼틴 글, 파스칼 르메트르 그림	토토북
작은 기차	마가릿 와이즈 브라운 글, 레오 딜론, 다이앤 딜론 그림	웅진주니어
지하철은 달려온다	신동준 지음	초방책방
채소가 최고야	이시즈 치히로 글, 야마무라 코지 그림	천개의바람
책만 읽고 싶어 하는 아이	소냐 홀트 글, 안나 클라라 티드홀름 그림	크리에이트 키즈북스
책 먹는 여우	프란치스카 비어만 지음	주니어김영사
책 읽기 좋아하는 할머니	존 윈치 지음	물구나무 (파랑새어린이)

이 책에서 소개한 도서 목록
•

책 읽어주세요 아빠!	니콜라 스미 지음	베틀북
체피토, 뭐하니?	엘리사 아마도 지음	북스토리아이
축구선수 윌리	앤서니 브라운 지음	웅진주니어
출발! 달려라 기차	요코미조 에이이치 지음	한림출판사
칙칙폭폭 기다란 기차들	로버트 크라우서 지음	비룡소
칙칙폭폭 꼬마 기차	로이스 렌스키 지음	비룡소
친구를 모두 잃어버리는 방법	낸시 칼슨 지음	보물창고
친구야, 미안해	와타나베 아야 지음	비룡소
탈무드	이지훈 해설 한상남 옮김	삼성출판사
토끼와 거북이	제리 핑크니 지음	열린책들
편식쟁이 마리	솔르 다드 지음	시공주니어
하늘을 나는 배, 제퍼	크리스 반 알스버그 지음	웅진주니어
행복한 꼬마 괴물	미스 반 하우트 지음	보림
행복한 청소부	모니카 페트 글, 안토니 보라틴스키 그림	풀빛
화가 둥! 둥! 둥!	김세실 글, 이민혜 그림	시공주니어
화물열차	도널드 크루즈 지음	시공주니어
후루룩 냠냠 라면기차	이노우에 요스케 지음	효리원
'꼬마과학그림책' 시리즈 우리 몸 색깔 바다 소방서 기차 건축 아기 공항	케르스틴 M. 슐트 외 지음	크레용하우스

개념수학 논리수학 놀이수학	안노 미쓰마사 지음	한림출판사
공룡 백과사전	데이비드 램버트 외 지음	비룡소
공부법을 알려 줘!	고희경 글, 심윤정 그림	계림
과자 집의 마녀가 나타났다!	실비아 론칼리아 글, 로베르토 루치아니 그림	웅진주니어
구석구석 재미있는 세상 1 : 기계와 운송수단 편	사라 해리슨, 피버 데니스 지음	책그릇
기발한 지식책	리처드 혼 글, 트레이시 터너 그림	웅진주니어
나 뚱보 아니야	마리 끌로드 베로 글, 레아 웨베르 그림	교학사
나는 나의 주인	채인선 글, 안은진 그림	토토북
나무를 심은 사람	장 지오노 글, 프레데릭 백 그림	두레아이들
내 짝꿍 최영대	채인선 글, 정순희 그림	재미마주
마법의 설탕 두 조각	미하엘 엔데 글, 진드라 케펙 그림	소년한길
무릎 딱지	샤를로트 문드리크 글, 올리비에 탈레크 그림	한울림어린이
속이 뻥 뚫렸어!	엔리즈 그라벨 지음	토토북
아름다운 가치 사전 1, 2	채인선 글, 김은정 그림	한울림어린이
어린이과학사전	오픈키드어린이사전 편찬위원회 지음	열린어린이
양파의 왕따 일기 1, 2	문선이 지음	푸른놀이터
여우 아저씨, 황금똥을 부탁해!	김주현 글, 서영경 그림	주니어중앙

이 책에서 소개한 도서 목록

왕따, 남의 일이 아니야	베키 레이 멕케 글, 토드 레오나르도 그림	보물창고
왜 국어 공부 안 하면 안 되나요?	이유라 글, 정혜원 그림	참돌어린이
왜 그렇게 우울해요	베스 앤드루스 글, 니콜 웡 그림	루크북스
이산화탄소, 탈 것으로 알아보아요	미우라 타로 지음	사계절
이 세상에 태어나길 참 잘했다	박완서 글, 한성옥 그림	어린이작가정신
이솝 우화	이솝 지음	비룡소
이웃집 영환이	남상순 글, 이상권 그림	사계절
책도령은 왜 지옥에 갔을까?	김율희 글, 이윤희 그림	예림당
축구 소녀 레나가 어떻게 수학을 좋아하게 되었지?	키르스텐 보이에 글, 신지수 그림	계림(절판)
축구가 좋아!	크리스티네 뇌스틀링거 글, E.디틀 그림	비룡소
축구치 하람이, 나이쓰!	윤여림 글, 이갑규 그림	천개의바람
태양이 준 선물	다이앤 스튜어트, 쥬트 댈리 지음	한국삐아제
'한국헤밍웨이 심리감성동화' 시리즈 난 우울해요	한국헤밍웨이 편집부 지음	한국헤밍웨이
'마음과 생각이 크는 책' 시리즈 나, 스트레스 받았어! 슬플 때도 있는 거야 화가 나는 건 당연해! 나랑 친구할래?	미셸린느 먼디 글, R.W. 앨리 그림	비룡소
21세기 웅진학습백과사전	웅진다책 편집부 지음	웅진다책
DK 공룡 백과	존 우드워드 외 지음	비룡소

15소년 표류기	쥘 베른 지음	-
거짓말쟁이 천재	울프 스타르크 글, 하타 코시로 그림	크레용하우스
괜찮아, 괜찮아, 두려워도 괜찮아 괜찮아, 괜찮아, 슬퍼도 괜찮아	제임스 크라이스트 글, 정은영 그림	길벗스쿨
괜찮아, 이제 걱정하지 마	강선영 지음	생각을담는어린이
교과서와 함께 보는 어린이 과학사전	오픈키드 어린이사전 편찬위원회 지음	열린어린이
기발한 지식책	리처드 혼 외 지음	웅진주니어
나니아 연대기	C. S. 루이스 글, 폴린 베인즈 그림	시공주니어
나를 빛나게 하는 자아존중감	김현태 글, 나일영 그림	은하수미디어
난 곰인 채로 있고 싶은데	J. 슈타이너가 글, J. 뮐러 그림	비룡소
마지막 잎새	O. 헨리 지음	-
모두가 행복한 지구촌을 위한 가치 사전	레오 G. 린더 외 글, 야노쉬 그림	내인생의책
샬롯의 거미줄	엘윈 브룩스 화이트 글, 가스 윌리엄스 그림	시공주니어
세계 명문가의 공부 습관	최효찬 지음, 천현정 그림	스콜라
수학 귀신	한스 마그누스 엔첸스베르거 글, 로트라우트 수잔네 베르너 그림	비룡소
아낌없이 주는 나무	셸 실버스타인 지음	시공주니어
아라비안 나이트	리처드 F. 버턴 원저	-
어떻게 만들어졌을까	빈 슬래빈 외 지음	문학수첩 리틀북스
어린이를 위한 그릿	전지은 글, 이갑규 그림	비즈니스북스
어린이를 위한 시험공부의 기술	서지원 글, 김주리 그림	위즈덤하우스

이 책에서 소개한 도서 목록

엄마, 국어 공부는 왜 해?	한현주 글, 박연옥 그림	팜파스
여자아이의 왕국	이보나 흐미엘레프스카 지음	창비
왕따	이윤학 글, 전종문 그림	문학과지성사
왕따 대장이 들려주는 왕따 퇴치법	트루디 루드위그 글, 베스 애덤스 그림	고래이야기
왜 나를 미워해	요시모토 유키오 지음	보리
용감할 수 있는 용기 나일 수 있는 용기 사랑할 수 있는 용기	도메니코 바릴라 글, 엠마누엘라 부솔라티 그림	고래이야기
이상한 나라의 앨리스	루이스 캐럴 지음	-
초등학생이 꼭 알아야 할 공부 잘하는 101가지 방법	문재현 글, 고센 그림	대일출판사
성공한 사람들의 공부 습관	김세정 지음 최지영 그림	참돌어린이
축구직업설명서	김환 외 지음	풋볼리스트
톰 소여의 모험	마크 트웨인 지음	-
파스칼의 실수	플로랑스 세이보스 지음	비룡소
해리 포터	J. K. 롤링 지음	문학수첩
허클베리 핀의 모험	마크 트웨인 지음	-
'사이언스 일공일삼' 시리즈 원 삼각형 사각형	캐서린 셀드릭 로스 글, 빌 슬래빈 그림	비룡소
DK 대백과사전 우주	마틴 리스 편저	사이언스북스

E=mc²	데이비드 보더니스 지음	웅진지식하우스
공부 이야기	장회익 지음	현암사
공부톡 인생톡	오대교 외 지음	북작
구토	장 폴 사르트르 지음	-
그리스인 조르바	니코스 카잔차키스 지음	-
나를 위한 일의 심리학	토니 험프리스 지음	다산라이프
나에게 일이란 무엇인가?	존 버드 지음	이후
난쟁이가 쏘아올린 작은 공	조세희 지음	이성과힘
내가 공부하는 이유	사이토 다카시 지음	걷는나무
내가 죽어 누워 있을 때	윌리엄 포크너 지음	민음사
노인과 바다	어니스트 헤밍웨이 지음	민음사
데미안	헤르만 헤세 지음	
돈 키호테	미겔 데 세르반테스 지음	푸른숲주니어
동물농장	조지 오웰 지음	민음사
모모	미하엘 엔데 지음	비룡소
무엇을 위해 살 것인가	윌리엄 데이먼 지음	-
바람의 열두 방향	어슐러 르 귄 지음	시공사
바보 이반	톨스토이 지음	-
반지의 제왕	존 로널드 톨킨 지음	-
보이지 않는 도시들	이탈로 칼비노 지음	민음사
부활	톨스토이 지음	-
빅터 프랭클의 죽음의 수용소에서	빅터 프랭클 지음	청아출판사
빨강 머리 앤	루시 모드 몽고메리 지음	-
생의 한가운데	루이제 린저 지음	민음사
삼대	염상섭 지음	

이 책에서 소개한 도서 목록

생의 한가운데	루이제 린저 지음	문예출판사
스무 살에 알았더라면 좋았을 것들	티나 실리그 지음	웅진지식하우스
아직도 가야 할 길	M. 스캇 펙 지음	율리시즈
어린 왕자	생텍쥐페리 지음	-
연금술사	파울로 코엘류 지음	문학동네
우리가 공부를 결심해야 하는 이유	양현 외 지음	예담friend
우아한 거짓말	김려령 지음	창비
위대한 개츠비	F. 스콧 피츠제럴드 지음	민음사
위대한 유산	찰스 디킨스 지음	-
이 책 읽고 원하는 대학 가자!	이숙현 외 지음	주니어김영사
이토록 공부가 재미있어지는 순간	박성혁 지음	다산북스
인생학교-일	로먼 크르즈나릭 지음	쌤앤파커스
일의 심리학	리사 매슈먼 외 지음	학지사
자기 앞의 생	로맹 가리 지음	-
절대지식 세계고전	사사키 다케시 외 지음	이다미디어
절대지식 세계문학	가메야마 이쿠오 외 지음	이다미디어
제49호 품목의 경매	토머스 핀천 지음	민음사
제인 에어	샬롯 브론테 지음	-
좀머 씨 이야기	파트리크 쥐스킨트 글, 장자크 상페 그림	열린책들
좁은 문	앙드레 지드 지음	-
죄와 벌	도스토예프스키 지음	-
빅터 프랭클의 죽음의 수용소에서	빅터 프랭클 지음	청아출판사
청소년을 위한 뇌과학	니콜라우스 뉘첼 외 지음	비룡소
청소년을 위한 시간의 역사	스티븐 호킹 지음	웅진지식하우스

톨스토이 단편선	톨스토이 지음	인디북
파리대왕	윌리엄 골딩 지음	-
폭풍의 언덕	에밀리 브론테 지음	-
필경사 바틀비	허먼 멜빌 지음	-
하고 싶은 일이 무엇인지 모르는 사람들에게	와시다 고야타 지음	와우라이프
해럴드 블룸의 독서 기술	해럴드 블룸 지음	을유문화사
햄릿	셰익스피어 지음	-
헤다 가블레르	헨리크 입센 지음	지만지드라마
헬렌 켈러, A life	도로시 허먼 지음	미다스북스
호밀밭의 파수꾼	제롬 데이비드 샐린저 지음	민음사
홀랜드 직업적성 백과사전	넥서스 편집부 지음	넥서스

이 책에서 소개한 도서 목록

10대의 사생활	데이비드 윌시	시공사
EBS 공부의 왕도	EBS 공부의 왕도 제작팀 지음	예담friend
공감의 시대	제레미 리프킨 지음	민음사
공부 못하는 아이는 없다	박민근 지음	청림출판
공부호르몬	박민수, 박민근 지음	21세기북스
긍정으로 교감하라	매리 S. 커신카 지음	물푸레
까다롭고 예민한 내 아이 어떻게 키울까?	일레인 N. 아론	이마고
나는 초민감자입니다	주디스 올로프 지음	라이팅하우스
나에게 꼭 맞는 직업을 찾는 책	폴 D. 티저 외 지음	민음인
낙관성 학습	마틴 셀리그만 지음	물푸레
낙관적인 아이	마틴 셀리그만 지음	물푸레
내 아이의 강점지능	곽윤정 외 지음	21세기북스
뇌 기반 교수-학습 전략	다이앤 코넬 저	학지사
느리게 읽기	데이비드 미킥스 지음	위즈덤하우스
다윗과 골리앗	말콤 글래드웰 지음	김영사
당신은 뇌를 고칠 수 있다	톰 오브라이언 지음	브론스테인
독서 기술	남미영 지음	21세기북스
동아시아 아동문학사	원종찬 외 지음	청동거울
드라이브	다니엘 핑크 지음	청림출판
리리딩	퍼트리샤 마이어 스팩스 지음	오브제
마음의 작동법	에드워드 L. 데시 지음	에코의 서재
몰입	미하이 칙센트미하이	한울림
무엇을 위해 살 것인가	윌리엄 데이먼 지음	한국경제신문사
비폭력 대화	마셜 B. 로젠버그	한국NVC센터
산만한 내 아이 집중력 높이는 방법	리처드 궤어 외 지음	리스컴